话说内蒙古

正蓝旗

高家鑫◎编著

内蒙古人民出版社

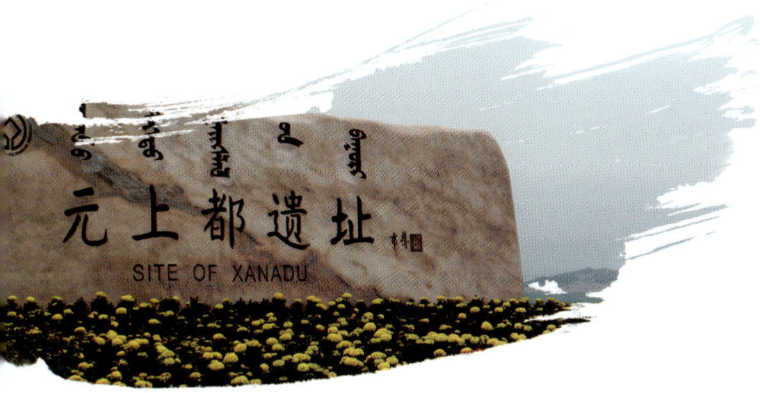

图书在版编目(CIP)数据

话说内蒙古·正蓝旗 / 高家鑫编著 . - 呼和浩特：内蒙古人民出版社，2017.10
ISBN 978-7-204-15072-4

Ⅰ. ①话… Ⅱ. ①高… Ⅲ. ①正蓝旗一概况 Ⅳ. ①K922.6

中国版本图书馆 CIP 数据核字(2017)第 281437 号

话说内蒙古·正蓝旗

HUASHUO NEIMENGGU ZHENGLANQI

丛书策划 吉日木图 郭 刚
策划编辑 田建群 张 钧 南 丁 王 瑶 贾大明
本册编著 高家鑫
责任编辑 王 瑶 孙红梅 南 丁
责任监印 王丽燕
封面设计 南 丁
版式设计 朝克泰
丛书名题字 马继武
蒙古文题字 哈斯毕力格
出版发行 内蒙古人民出版社
地 址 呼和浩特市新城区中山东路 8 号波士名人国际 B 座 5 楼
网 址 http://www.impph.cn
印 刷 内蒙古恩科赛美好印刷有限公司
开 本 710mm×1000mm 1/16
印 张 21.5
字 数 330 千
版 次 2017 年 10 月第 1 版
印 次 2019 年 4 月第 1 次印刷
印 数 1—4000 册
书 号 ISBN 978-7-204-15072-4
定 价 86.00 元

图书营销部联系电话：(0471)3946267 3946269
如发现印装质量问题，请与我社联系。联系电话：(0471)3946120 3946124

总序

内蒙古自治区是我国第一个省级少数民族自治地区。全区共划分为9个地级市、3个盟、2个计划单列市，下辖52个旗（其中包括鄂伦春、鄂温克、莫力达瓦达斡尔３个少数民族自治旗），17个县，11个盟（市）辖县级市，23个市辖区，共103个旗、县、市辖区，首府呼和浩特市。

内蒙古东西直线距离2400千米，南北跨度1700千米，土地总面积118.3万平方千米。广袤的土地蕴含着丰富的自然资源：从东到西的森林、草原、沙漠等地形地貌，天然地形成了独特的旅游资源；丰富的煤、铅、锌、稀土、风力等矿产资源和清洁能源，为煤化工产业、有色金属产业、清洁能源产业的发展提供了支撑；地跨“三北”（东北、华北、西北），毗邻八个省区，与俄罗斯、蒙古国接壤，国境线长达4200千米，有建成我国向北开放的重要桥头堡和充满活力的沿边经济带的天然区位优势；依托于气候、优质土壤和草场、水源充足等优势，农牧业的发展已融入现代化建设当中。

这是一方自然资源丰富的沃土。它是北方少数民族生息和发展的中心地域，孕育了游牧文明、草原文化，在与农耕文化的不断碰撞中，相互融合，相互促进，共同谱写了中华文明的恢宏乐章。仰韶文化、红山文化是中华史前文化的一部分，战国时期赵武灵王着胡服、学骑射，两汉与匈奴交往、和亲，两晋南北朝时期的鲜卑族建立了雄踞北方的北魏王朝，隋唐与突厥建立了宗藩关系，契丹民族建立了辽代政权，蒙古民族创立了疆域广阔的大元王朝，明清与鞑靼、瓦剌等民族建立了藩属关系——历史上，北方少数民族或雄踞一方与中原交好，或入主中原，在不断风起云涌中铸就了内蒙古丰富、厚重的历史文化魂魄。进入近现代以后，内蒙古也走在抗敌御侮的前沿，为新中国的成立做出了巨大贡献。

这份丰厚的历史积淀当中，涌现了诸多杰出人物，他们或是一方霸主，统领一域；或是一代天骄，建万世之基；或是贤良能臣，辅助建国大业；或是时势英雄，救人民于水火；或是在各自领域内创造历史价值的名人雅士。这些人有耶律阿保机、成吉思汗、忽必烈、哲别、术赤、耶律楚材、乌兰夫、李裕智、尹湛纳希、玛拉沁夫、纳·赛音朝克图等。

物华天宝，人杰地灵。广袤的土地除了养育了一代代的草原人，也成就了它丰富的地域文化：马头琴音乐、呼麦、长调等民族音乐，好来宝、二人台、达斡尔族乌钦等曲艺，安代舞、顶碗舞等民族舞蹈，刺绣、剪纸、民族乐器制作、生活用具制作等传统工艺，蒙医药、正骨术等传统医药医术，婚丧嫁娶等独特的礼仪习俗。内蒙古在音乐舞蹈、民间艺术、文学史诗、传统医药、手工技艺、民俗风情等方面都取得了独有的成就。

悠久历史文化滋养下的内蒙古，在中国共产党的领导下，迈向新的历史征程。内蒙古自治区成立以来，党和国家一直重视内蒙古的发展，也给予各类政策和经济支持。内蒙古也不负众望，各项事业均取得了令人瞩目的成就：经济保持平稳增长，人民的生活水平不断提高；民主法治建设得到有效推进；建立了具有民族特色的教育体系，民族教育水平不断提高；民生改善工作成绩斐然；生态文明建设取得较大成就；四通八达的立体交通网，把内蒙古与世界各地拉近……

纵观几千年历史，内蒙古在历史的长河中扮演了重要的角色，这不仅源于自然条件的得天独厚，也源于草原儿女的自立自强。曾经，这片沃土上的民族大多以口耳相传的方式传承着自己的文化，但是仍有不少历史的碎片撒落在当地的史籍当中，这些史料汇集成册，将成为向世人介绍内蒙古的名片。为此，我们组织全区103个旗县（市辖区）的有关部门和专家学者，借助各地的丰富史料，把散见于各种资料中的人文历史、民俗文化、民间艺术、壮丽风光、当代风采、支柱产业等等汇编在一起，编纂出一套能够代表内蒙古总体面貌、能够反映时代特色和文化大区风范的大型读物——《话说内蒙古》，以展示我区经济发展、文化繁荣、民族团结、边疆安宁、生态文明、各族人民幸福生活的六大风景线。

一本书，一支笔浓缩的仅仅是精华中的精华，不足以穷尽所有旗县（市辖区）的方方面面。若本书为你敞开一扇了解内蒙古之窗，那么，读万卷书不如行万里路，内蒙古将以最大的热情迎接你！

赛拜侬——

欢迎你到草原来！

序

正蓝旗位于内蒙古中部、锡林郭勒盟南部，东邻克什克腾旗和多伦县，西接正镶白旗，南连太仆寺旗、河北省沽源县，北靠锡林浩特市、阿巴嘎旗和苏尼特左旗。全旗总面积10182平方千米。南部是美丽的金莲川草原，占全旗总面积的34%；北部是浩瀚的浑善达克沙地，占全旗总面积的66%。全旗辖3个镇、4个苏木、2个国有农牧场，127个嘎查村（社区、分场），旗政府所在地为上都镇。人口8.3万人，其中蒙古族3.2万人，是一个以蒙古族为主体的多民族聚居地区。正蓝旗水资源丰富，有河流21条，湖泊147个。野生动植物资源丰富，有植物708种，其中有中草药材甘草、麻黄、黄芪等200余种，还有马鹿、狍子、天鹅、大雁、野猪等珍禽、稀有动物20余种。

正蓝旗文化底蕴深厚，历史上是蒙古察哈尔八旗之一，1675年建旗至今，已有340多年的历史。正蓝旗是蒙元文化发祥地、察哈尔民俗文化典型代表、中国蒙古语标准音示范基地、“中国察干伊德文化之乡”、“中华诗词之乡”，是蒙古族现当代文学奠基人纳·赛音朝克图的家乡，是世界遗产元上都遗址所在地，也是草原丝绸之路的起点、茶马古道的重要道路节点。

这里，至今还留有匈奴东王府黑城遗址、汉代李陵台遗址。这里，是历史上辽、金、元朝皇帝的避暑胜地，金朝还营建了戍边城市桓州。在这里，一代天骄成吉思汗大败金兵；忽必烈建金莲川幕府，筑开平城，建上都，完成了统一中国的大业。当时的元上都使者云集，万国来朝，意大利旅行家马可·波罗拜见元世祖忽必烈，芬兰使者献名马给元惠宗。中外文化交流的不断发展，元朝的大一统局面使中国成为当时亚欧大陆的中心、世界的心脏，上都也成为当时欧洲贵族雅士神往之地。因此，史学界一直有“一座元上都、半部元朝史”的说法。西方人看到马可·波罗的游记之后，十分向往这块东方富庶之地，把上都比作世外桃源。英国诗人柯勒律治读《马可·波罗游记》后，写下了千古名篇《忽必烈汗》。

这里是锡林郭勒草原南部交通最发达的地区，旗境内国道207线、510线、239线和省道105线纵横交错；过境集通铁路、锡多铁路为正蓝旗融入环渤海经济圈、振兴东北老工业基地和呼包鄂经济圈提供了便利条件；规划兴建了上都机场、蓝张快速铁路。总的来说，正蓝旗即将建成完善的立体交通网络。

这里，蓝天、白云、绿草、沙地、湖泊、河流、古榆、原始森林、文物古迹浑然一体，美不胜收。作为4A级景区、内蒙古14个品牌旅游景区之一、内蒙古唯一的世界遗产——元上都遗址所在地，受到国内外游客的青睐。如今，来金莲川赏花，到元上都访古，已成为京津游客的时尚之选。正蓝旗依托深厚的历史文化、美丽的自然风光、优越的区位和交通条件，成为京北蒙元文化和草原生态文化旅游胜地。

正蓝旗工业发展较快，以上都电厂为核心的电力产业是全旗的第一支柱产业。上都电厂投资150亿元，装机规模372万千瓦，直接为首都供电。此外，风力发电、光伏发电也初具规模。

正蓝旗物产丰富、人杰地灵、历史文化底蕴深厚，如今迎来了历史上最好的发展机遇。《话说内蒙古·正蓝旗》以忠实记录正蓝旗古今风貌为宗旨，供未来发展借鉴，本书的出版将会是一件功在当代、利在千秋的大事。高家鑫同志主动担当，克服困难，埋头苦干，孜孜以求，历时两个春秋完成了本书的写作，难能可贵，实属不易。作为他的老朋友，能为本书作序，我倍感荣幸。

沙·东希格

2017年7月19日

目录 Contents

美丽蓝旗/1
悠悠岁月/19
延伸阅读/27
文博史迹
李陵台/31
太平城/33
侍郎城/33
金长城/37
记载兴建开平府的石刻资料/39
元上都遗址/40
元上都司天台/56

元上都关厢区/57
元上都铁幡竿渠/58
元上都遗址周边墓葬群/60
元上都寺庙/62
元上都石人/62
元上都遗址文物/63
元上都东凉亭遗址/68
《拂郎国贡马图》/69
羊群庙元代祭祀遗址/71
魏王碑/71
明德拉庙/72
前半台村的土围子/73
察哈尔盟第一党支部纪念馆/74
纳•赛音朝克图文化纪念馆/75
元上都遗址博物馆/77
延伸阅读/79

历史名片

金莲川幕府/91
建在陨石坑中的首都/91
古老的生态城市/92
世界宗教城/92
13—14世纪的世界大都会/93
“草原丝绸之路”的起点/94

北京城的中轴线因元上都而偏转/95
世界最早的马拉松比赛——贵由赤比赛/96
元上都国宴——诈马宴/96
蒙汉文化交互融合的草原古都/99
明清北京城“样板宫城”/100
元代两都巡幸路线/101
南坡之变/102
正蓝旗的御马厂/103

古今名人

一代天骄成吉思汗桓州大败金兵/107
在元上都登基或复位的元朝六位皇帝/107
上都文臣武将/115
达延汗/132
阿尤希国师/132
清代名人/133
近现代、当代名人/134
先烈英雄/149
时代儿女/160
延伸阅读/163

民俗文化

节庆娱乐/167
民间艺术/205
文化遗产与文化交流/215

延伸阅读/238

民间传说

千古史谜：元代皇帝为何没有陵墓/245
浩雅日宝恩巴的故事/245
玛拉日图庙传说/246
乌兰台敖包/246
饮马井/247
大汗夫人扎楠达日在正蓝旗草原的故事/247
有趣的肩胛骨/248
北斗七星的故事/249
骆驼与鹿的故事/250
昌图敖包/250
巴拉根仓的故事/250
北围子的戏台/251

壮丽景观

金莲川草原/256
上都河/258
乌和尔沁敖包/261
小扎格斯台淖尔/266
浑善达克沙地/268
黑风河/276
高格斯台河/276
蓝旗榆/278

塔安图经文泉/279

风味特产

金莲花茶/283

正蓝旗奶食/283

牛肉干/285

正蓝旗糖果/285

酸马奶/286

当代风姿

正蓝旗与北京的深厚历史渊源/289

靓丽的城镇建设/290

循环环保的经济发展格局/296

京北文化旅游胜地/297

幸福的正蓝旗儿女/300

展望未来/301

上都诗词

描写两都巡幸和象辇的诗/305

描写元上都城市布局和建筑的诗/306

滦京八景/张嗣德/309

上都十五首/楚石/311

陟玩春山纪兴/忽必烈/315

上京即事五首/萨都剌/315

忽必烈汗/柯勒律治/316

窗口/纳•赛音朝克图/318

成吉思汗的马鞍/仁·斯琴朝克图/319

上都魂——写在元上都遗址申报世界遗产成功之际/
李慧兰/320

描写正蓝旗的其他诗篇/323

后记 /330

美丽蓝旗

HUASHUONEIMENGGUzhenglanqi

美　丽　蓝　旗

MEILILANQI

全国人大常委会原副委员长、著名社会学家费孝通到正蓝旗考察后，挥毫题词："美丽富饶的正蓝旗。"

正蓝旗为清代察哈尔八旗之一，建于康熙十四年（1675年），因旗色为蓝色，得名正蓝旗。这里是蒙元文化的发祥地、察哈尔蒙古民俗文化的典型代表。

正蓝旗位于内蒙古自治区（以下简称"自治区"）锡林郭勒盟南部，东经114° 55′ ~ 116° 38′，北纬41° 46′ ~ 43° 12′。总人口8.3万，其中蒙古族占38.6%，是一个以蒙古族为主体的多民族聚居区。旗政府所在地上都镇是自治区卫生城镇、自治区八星级文明城镇和小城镇建设先进单位。正蓝旗辖宝绍岱、赛音呼都嘎、那日图、扎格斯台4个苏木，桑根达来、上都、哈毕日

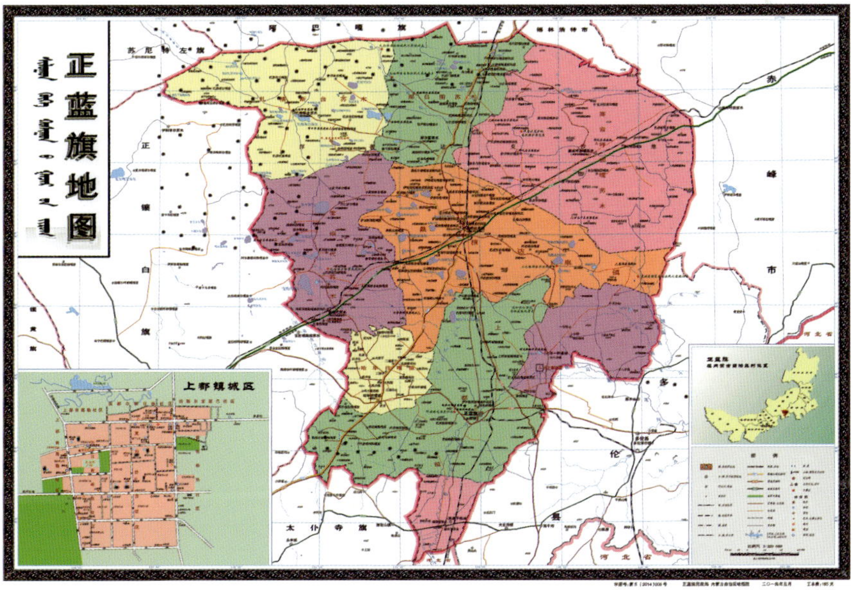

正蓝旗地图

嘎3个镇，黑城子、五一2个农牧场，127个嘎查村（社区、分场）。它位于锡林郭勒盟南部的天然典型草原上，是锡林郭勒盟南部面积最大的旗县，面积10182平方千米。

正蓝旗自然风光美不胜收。这里集中了锡林郭勒草原几乎所有的地貌类型。旗南部为美丽的金莲川

金莲川草原

草原，占旗总面积的34%；北部为壮美的浑善达克沙地，占旗总面积的66%。这里湖泊河流众多，有河流21条、湖泊147个，还有古榆、疏林等森林资源……可谓风光无限。

正蓝旗地势西南高、东北低，平均海拔1300米，全旗最高峰乌和尔沁敖包海拔1673.9米。全年降雨

浑善达克沙地

浑善达克沙地景观

量365.1毫米，主要集中在7、8月份。全年无霜期104天，冬天有180天的冰雪期。这里四季分明，景色优美：春季生机盎然，夏季郁郁葱葱，秋季层林尽染，冬季白雪皑皑。正蓝旗曾获第20届“亚洲金旅奖·中国最美村镇”和“中国最美村镇”称号。

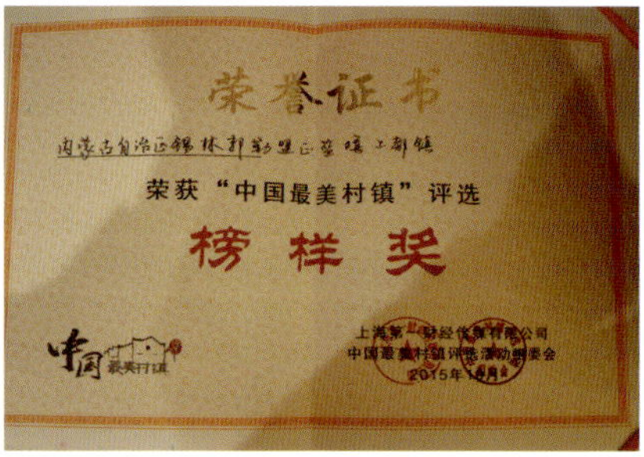

上都镇获“中国最美村镇”榜样奖证书

小扎格斯台淖尔（一）

小扎格斯台淖尔（二）

正蓝旗冬季沙地景观

正蓝旗野生动植物资源丰富。有植物708种、珍稀野生动物20余种，已列入国家和地区重点保护的动物有天鹅、大雁、狐狸、狍子、野兔等。

正蓝旗生态环境优美，被评为

自治区级园林县城、第二批自治区级特色景观旅游名镇，那日图苏木高格斯台嘎查评为为全国生态文化村。

正蓝旗是避暑胜地。这里属中温带大陆性季风气候，年平均气温 1.5℃，最高气温 35.9℃，最低气

夏季正蓝旗的沙地景观

温 36.6℃。夏季凉爽宜人，历史上辽、金、元三朝皇帝曾在此避暑。

正蓝旗文化底蕴深厚。旗内有世界遗产元上都遗址，该遗址也是自治区唯一一处世界遗产。正蓝旗还是中国蒙古语标准音示范基地，是现当代蒙古族文学奠基人纳·赛音朝克图的诞生地，是中国察干伊德之乡，也是中华诗词之乡，是自治区文化传承魅力名镇、第一批自治区级历史文化名镇。境内还有 1 项国家级非物质文化遗产——察干伊德（奶制品制作技艺），1 项自治区级非物质文化遗产——察哈尔服饰制作技艺，3 项国家地理标志保护产品——奶豆腐、奶皮子、察哈尔羊肉。

文化旅游节服饰展演

正蓝旗是锡林郭勒盟交通最便

正蓝旗草原风光

远眺纳·赛音朝克图雕塑

上都镇一角

捷的地方。境内国道207线、510线、239线，省道308线、105线纵横交错；过境集通铁路、锡多铁路以及在建的蓝张铁路为正蓝旗融入京津冀、环渤海经济圈、振兴东北老工业基地和呼包鄂经济圈提供了便利；上都支线机场列入国家“十二五”规划，正在推进，将于“十三五”期间建成通航……

正蓝旗矿产资源丰富，品种多，储量大。已探明矿藏16种，矿点12个，矿化点5个，矿床9处，其中金属矿有金矿3处、铁矿9处。非金属矿有褐煤、石灰石、石英砂、硅石、萤石、膨润土、珍珠岩、松脂岩等。探明硅石储量1000万吨，褐煤6.5亿吨，天然碱6万吨。有储量丰富的二氧化碳气田1处。

上都镇腾飞路街景

悠悠岁月

HUASHUONEIMENGGUZhenglangqi

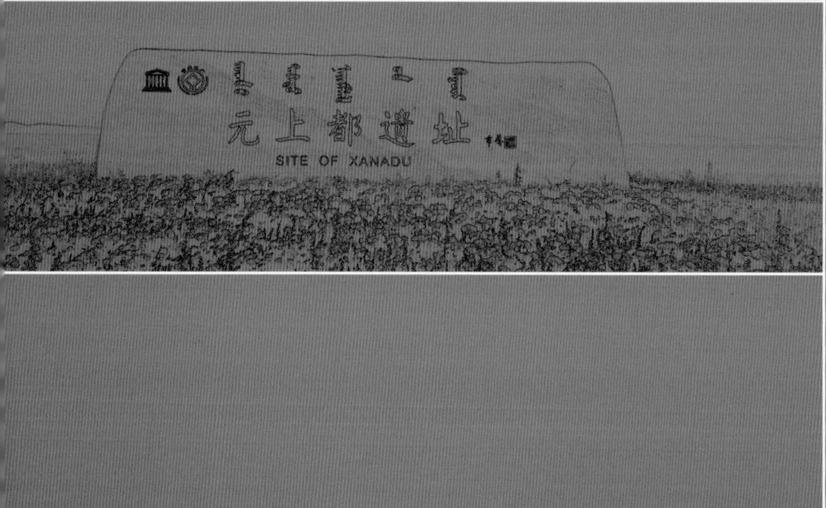

悠悠岁月

YOUYOUSUIYUE

1256年，忽必烈命谋士刘秉忠在正蓝旗建城；1259年，城郭建成；1263年，升为上都，成为13世纪世界的心脏。2012年，元上都遗址成功申报为世界遗产，再次为世界所瞩目。

正蓝旗历史悠久、文化灿烂。早在旧石器时代，就有游牧民族在这片辽阔的草原上繁衍生息。春秋战国时期，这里是东胡、乌桓的活动区域。秦时这里是匈奴的驻牧地，匈奴东王府就建在这片草原上，李陵台遗址就在正蓝旗黑城子。西汉时，这里为上谷、渔阳郡北境。东汉时为鲜卑所居。北魏时，柔然徙于此地，归燕州管辖。辽朝在这里设置归化州、桓州，成为辽朝皇帝捺钵避暑的地方。12世纪初，女真灭辽，建立金朝，在曷里浒东川北岸建桓州城，治理金朝西北边陲，这里成为金朝西京路桓州府所在地，又是金朝西北路招讨司建帐之地。金世宗完颜雍将曷里浒东川更名为“金莲川”，言“莲者连也，取其金枝玉叶相连之义”，亦经常率骑兵来此消夏围猎。

时任国家文物局局长单霁翔到正蓝旗主持元上都申遗会议

上都镇街景

1211年，成吉思汗亲率大军南下攻金，“下金桓州，得几百万马匹，分属诸军，军势大振”。宪宗元年（1251年），蒙古大汗蒙哥命弟忽必烈总领漠南汉地军国庶事，驻帐于金莲川。忽必烈广召天下名士，在这里组成了著名的“金莲川幕府”。宪宗六年（1256年），忽必烈命刘秉忠在此选址建城。宪宗九年（1259年），城郭建成，命名为开平府。中统元年（1260年）三月，忽必烈在此继蒙古大汗之位，开平府为汗城；中统四年（1263年），诏令开平府升为上都，开启了上都的辉煌历史。至元元年（1264年），忽必烈改燕京（今北京市）为中都（后称大都），并于至元四年（1267年）开始营建，至至元十三年（1276年）建成。至此，元朝确立了上都至大都的两都巡幸制度。元朝历代皇帝每年夏秋季巡幸上都，避暑行猎，处理朝政大事。至正十八年（1358年）以后元上都几经战乱，直至至正二十八年（1368年）元朝灭亡，变成了一片废墟。

明朝在这里置开平卫，屯田驻防。宣德五年（1430年），明朝将开平卫从上都移到独石口。随着明朝势力衰落，蒙古部重返故地，进行游牧生产，这里成为蒙古右翼诸部领地。康熙十四年（1675年），

元上都明德门遗址

元上都大安阁遗址

元上都 殷子健／摄

旗、正蓝旗分别建立人民政权，正蓝旗政府驻那日图。1949年，明安旗与太仆寺右翼旗合并为明安太仆寺联合旗（简称“明太联合旗”）。

1956年9月，撤销明太联合旗，正蓝旗政府从那日图迁至黄旗大营子。1956年11月，明安旗、太仆寺右翼旗、正蓝旗和宝昌县三区合并为正蓝旗，驻那日图，旗长为苏格尔。随后，旗政府驻地从那日图迁到黄旗大营子。黄旗大营子先后改名为敦达浩特镇、上都音高勒镇，2003年更名为上都镇。

察哈尔布尔尼（林丹汗的孙子）举兵反清，兵败身死。清廷遂将察哈尔余部编入八旗序列，设总管治理，正蓝旗为察哈尔八旗左翼旗，建旗时辖6个苏木。清代，正蓝旗南部为皇太后牧场——太仆寺右翼旗，北部为原正蓝旗属地，东部为多伦印务处辖地，西部为正黄、镶黄、正白羊群（清时牧业单位）地方。

民国时期，正蓝旗归察哈尔省察哈尔特区管辖，1945年获得解放。

1946年，明安旗、太仆寺右翼

民俗专家沙·东希格为新闻媒体记者介绍元上都历史

延伸阅读

元代的站赤制度

有元一代，邮驿事业有了很大发展。元朝建立了历史上疆域最大的帝国。为了加强统治，元朝在邮驿方面进行了积极的改革,扩大了驿路范围。

早在成吉思汗时代，就在西域地区新增了许多驿站。窝阔台和拔都更把蒙古驿路一直横贯到欧洲，形成联通欧亚大陆的一条长长的驿路。元世祖忽必烈统一中原后，建立了严密的站赤制度，更加有效地发挥了邮驿通信的作用。

所谓“站赤”，是蒙古语“驿传”的音译。专家考证，“站赤”原指管驿传的官员，后来泛指驿站和驿传。根据波斯史家拉施特在《史集》中的记载，元朝的驿路分为三种：一称“帖里干道”，意为“车道”；二称“木怜道”，意为“马道”；三为“纳怜道”，意为“小道”。从地区上讲，帖里干道和木怜道多用于岭北至上都、大都间的邮驿；纳怜道仅用于西北军务,因其大部分驿站在今甘肃省境内，所以亦称“甘肃纳怜驿”。

站赤制度是一个系统而严密的驿传制度。广义地说，包括驿站的管理条例、驿官职责、驿站设备以及对站户的赋税征收制度等。元世祖忽必烈制定《站赤条例》，是有关驿传的基本管理条令。其基本内容有10多项，诸如驿站的组织领导、马匹的管理、驿站的饮食供应、马匹验收、站官约束、符牌检验、牧地管理、对使臣的监督和按时提调等。元朝时各驿站设有驿令和驿官，他们的职责是：如数供应良马，检验驿使凭证，清点驿站设备等。这些关于驿站管理和驿官考核的具体条例，对元代邮驿事业发展起到了保障作用。

元朝的驿路四通八达。史学家认为，元朝驿站制度之盛是我国历史上少见的，它是“元朝政府的神经和血液网络”，对维持统治具有重大作用，也促进了我国边疆地区的交通发展。今东北三省属元朝的辽阳中书行省，设有南、北两大驿路干线，向北延伸到黑龙江入海处的奴尔干城，南抵高丽王都开京（今朝鲜开城市），共有135个驿站，管理驿马6515匹、驿车2621辆、驿牛5259头、驿狗3000只。今甘肃地区是元朝通往西域、中亚的必经之路，有驿站47处，驿站拥有驿马可达300匹，最少的也有30匹。

元朝通过驿路与西方进行频繁的交往。当时中西国际驿路共有三条：一条从今蒙古国通往中亚，另一条是通往叶尼塞河、鄂毕河、额尔齐斯河上游的驿路，第三条为经甘肃走廊通往中亚、欧洲的传统丝绸之路。清初史学家万斯同说："元有天下，薄海内外，人迹所及，皆置驿传，使驿往来，如行国中。"在今呼和浩特市先后发现的波斯银币和金币，可以说是元朝与西方经济文化交流频繁、驿路畅通的物证。

元朝的驿站都备有驿舍，这和宋朝的馆驿一样，是招待使臣住宿的房舍，其陈设之华丽也和宋馆驿相近。驿站负责给使臣配备交通工具，陆行有马、驴、牛，水行有舟，山行有轿，东北边远地区更有在冰上行动自如的驿狗。据统计，元朝 1119 处驿站约有驿马 45000 匹；在东北的哈尔滨有狗站 15 处，供应驿狗 3000 只；南方一些水运发达地区，以水路运输为主，有水驿 420 多处，备驿船 5920 多艘。这些交通设施，构成了元朝在全国的驿路交通网。

文博史迹

HUASHUONEIMENGGUzhenglanqi

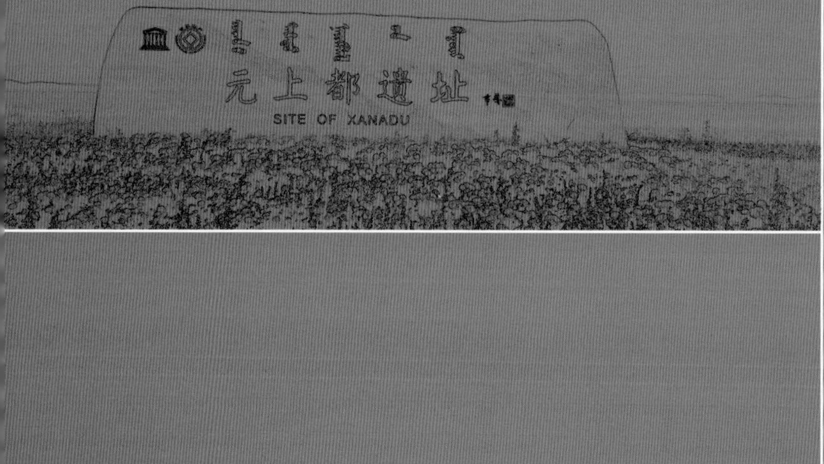

文博史迹

WENBOSHIJI

正蓝旗历史悠久，文化底蕴深厚。汉李陵台、辽太平城、金桓州城、元上都……在这里上演了一幕幕惊心动魄的历史，气吞山河，回味悠长。

李陵台

一位青年诗人说："因为李陵，人们没有忘记望乡台；因为望乡台，人们也没有忘记李陵。"早在2000多年前，正蓝旗这片热土就因匈奴和汉代的东王府而闻名。如今汉李陵台遗址尚存，位于正蓝旗黑城子示范区北约4千米处。

天汉二年（前99年），汉武帝命汉将李广之孙、汉骑都尉李陵率领5000名步兵，深入匈奴。匈奴以8万兵围击李陵军。李陵杀敌万余，因不敌匈奴，救兵又迟迟未到，最终被迫降匈奴。单于见李陵雄壮勇猛，便把女儿嫁给李陵为妻。汉廷讹传李陵替匈奴练兵攻汉，汉武帝听后信以为真，诛杀了李陵亲属百余人。

李陵被匈奴封为右校王，管理地域包括今正蓝旗，其范围南到秦

李陵台遗址　陈耀全／摄

长城、北到贝加尔湖。单于之女非常贤惠，为李陵育有一双儿女。李陵率兵攻入上谷郡，抗击乌桓人，在古濡水（上都河）东岸建城堡，在城堡附近修建了一座高台，为望乡思乡之台，被后人称作李陵台。高台之南，一直到长城之间的空旷地带，是汉匈之间的缓冲地带。

李陵的封地那么广、那么多，为什么偏偏在古濡水东岸建这座古城堡呢？据说，是因为这条河的流向。纵观草原上发源地在汉地的河流，唯独古濡水是一条倒流水河流，千百年来一直由南向北缓缓流动。由于河水是从南方汉地流过来的，李陵每天登上望乡台，喝着家乡流过来的水，便成为思乡的慰藉，可见李陵的良苦用心。

唐代，文人骚客竞相来李陵台凭吊。其中诗人刘湾写下了《李陵别苏武》一诗："汉武爱边功，李陵提步卒。转战单于庭，身随汉军没。李陵不爱死，心存归汉阙。誓欲还国恩，不为匈奴屈。身辱家已无，长居虎狼窟。胡天无春风，虏地多积雪。穷阴愁杀人，况与苏武别。发声天地哀，执手肺肠绝。白日为我愁，阴云为我结。生为汉宫臣，死为胡地骨。万里长相思，终身望南月。"

金章宗（1189—1208年）年间，为纪念西汉名将李陵，金廷在李陵台附近修建李陵祠，祭祀李陵。李陵祠现已不可寻，可能在李陵台的对面。

元代，李陵台成为元上都至大都的第二个驿站，是一个大型驿站，也是走上都河运送粮食进入上都的必经港口。元代诗人马祖常在《车簇簇行》诗中写道："李陵台西车簇簇，行人夜向滦河宿。滦河美酒斗十千，下马饮者不计钱。青旗遥遥出华表，满堂醉客俱年少。侑杯少女歌《竹枝》，衣上翠金光陆离。细肋沙羊成体荐，共讶高门食三县。白发从官珥笔行，毳袍冲雨桓州城。"这首诗描写了李陵台至桓州城滦河两岸的繁华景象。至正十八年（1358年）十二月，关铎、潘诚率领红巾军进攻上都，李陵台驿站便再也没有往日的风光了。

明初在元上都遗址设开平卫，李陵台驿依然是由开平到京师的第二个驿站。永乐八年（1410年）二月，明成祖朱棣率50万大军，亲征漠北，在斡难河大败本雅失里；七月返回时，在李陵台驿住了一夜，朱棣将李陵台驿改为威卤驿。由于北地荒凉，守边士兵经常逃跑，明朝于宣德五年（1430年）将开平卫南迁到独石口，放弃了北地三百里，威卤驿也随之废弃。明朝中期，蒙古部逐渐南移，占据了威卤驿。因古城是用青灰砖砌成的，蒙古人便把这座城堡称为波罗河屯（波罗城），意为“青色之城”。

清初改称其为博罗城。《口北三厅志》记载：御马厂即太仆寺右翼牧厂，亦名上都牧厂，在独石口东北145里的博罗城，专供皇室养马。

民国时期，汉人来到上都河畔金莲川草原，因蒙古语中“黑”“青”“灰”三字通意，故而称博罗城为“黑城子”。

1949年，西蒙贸易公司在太仆寺右翼旗境内以黄旗大营子（今上都镇）为中心创建锡察盟地区公营商品牧场。1952年，在李陵台南约4千米处建分场。1958年，锡察盟黄旗公营牧场改名为锡盟闪电郭勒储备繁殖牧场。1969年，锡盟闪电郭勒储备繁殖牧场由北京军区六十五军一九三师接管，更名为中国人民解放军4626部队五七军马场；1971年11月，由锡林郭勒盟革命委员会生产建设指挥部接管，称为锡林郭勒盟黑城子种畜场。2000年，经内蒙古自治区政府批准，成立宝日浩特建制镇。2005年，宝日浩特并入上都镇。

太平城

辽代太平城遗址位于正蓝旗黑

太平城遗址　陈耀全／摄

城子示范区境内，周长2200米。从上都河西由太平城至边界，每2.5千米至5千米就有一个古建筑群遗迹，说明这里当时人口较为密集。这里曾发现过古瓷器、玉盘、酒具、铜秤砣、铜镜、铜币、铁箭头、千手观音、铜盘、古钱币等物品，至今遗址上仍留存着质地细腻、不同颜色的碎瓷片30余种，另有残砖碎瓦、古钱残币、铁器碎片等散落其间。

辽代这里被称作“凉陉”，是辽代皇帝的捺钵之所，也就是皇帝的行营。辽帝率群臣在此巡幸、避暑、狩猎，扎帐赐宴，日夜狂欢。统和十年（992年），辽朝颁诏，募民在旷野建郭，耕田种地，十年不用交赋税。在这里，萧太后和辽圣宗接受属国的进贡和部族朝见，研究部署安邦定国大计。

侍郎城

侍郎城遗址位于正蓝旗上都镇北滨河湿地公园北、四郎城嘎查南。侍郎城原为金代新桓州城遗址，因清代一位侍郎级别的官员在城中居住过，又称侍郎城。

在辽、金、元朝这近500年间，桓州城一带是契丹、女真、蒙古等少数民族的活动区域，亦是游牧文明与中原文明交融的地方。桓州城在辽初已经是帝后巡幸、避暑、狩猎之地。

金朝于收国元年（1115年）建桓州（因其是乌桓游牧故地，故命名为桓州）城，并在桓州的凉陉建有离宫。金史史籍上这里还被称作“景明宫”“杨武殿”等，还有关于金世宗、金章宗、耶律楚材等君王将相在凉陉的记载。大定年间（1161—1189年），金世宗将西北路招讨司北迁至壕堑附近，设在桓州城内，史称旧桓州城。承安元年（1196年），改桓州为刺史州，在旧桓州城北15千米处另筑新桓州

沙地湖泊

城。金世宗执政29年间，十几次亲临这里，避暑狩猎，宴请各部族首领，处理军政大事。

1215年，成吉思汗把大营移至桓州城避暑。忽必烈于宪宗六年（1256年）在桓州城东选址建开平府。至明代，设桓州驿，号称“开平西南第一驿”。

侍郎城遗址因为位于上都镇四郎城嘎查境内，当地人也叫它“四郎城”。这里还流着一个传说：这个城市是辽萧太后为驸马杨四郎修建的。传说北宋名将杨业和他的儿子们与辽兵作战，杨四郎兵败，被辽萧太后的公主所俘。这位像月亮一样美丽的公主，被面如白玉、目若朗星、威风凛凛的中原小将吸引，遂生爱慕之情，并禀告母后要嫁给

杨四郎。萧太后把公主嫁给杨四郎后，又在这里修了一座城，叫四郎城，命驸马和公主在这里驻军。后来杨四郎回家探母，遭到忠心爱国的老母亲的唾骂。杨四郎羞愧自刎，老太君失去了儿子，辽公主失去了夫君。

据考证，桓州城隶属金代西京大同府管辖，是金朝西北路招讨司所在地，也是金朝重要的牧马场。桓州城南临上都河，北靠呼尔虎山，为金、元、明代交通要道和军事重镇。城由内、外两城组成：外城东西宽1165米、南北长1100米，城周长约4千米；内城位于外城东北角，呈长方形，东西宽285米、南北长288米。内城南墙正中开一城门，外城四角还建有瞭望用的角楼。

现存侍郎城遗址呈方形，四面城墙多为土建。古城中部、西部以及中部偏南有建筑台基，散布着较多的残砖瓦砾。瓦皆素面，反面布

冬季正蓝旗

纹。残垣高 2 ~ 3 米，尚清晰可见，城墙外侧设有护壁台，城墙上等距离设有马面，在外墙和内墙之间设有绕城河。城墙用黄土夯筑而成，外侧部分地段包砌石块。该城曾出土制作粗糙的灰色石雕龙头、莲花纹基石等石质建筑构件，还有灰色纹瓦片、粗瓷双耳、铁斧等。

1987 年，该遗址被列为自治区重点文物保护单位；2013 年，被列为第七批全国重点文物保护单位。

金长城

正蓝旗境内有北魏长城、南段金界壕（也称金长城）和北段金界壕三段古长城。建于金太宗天会年间（1123—1135 年）的金界壕，长约 5000 千米，于 2001 年 6 月 25 日，被列为第五批全国重点文物保护单位。正蓝旗境内的金界壕全长 108692 米，其中南段长 16593 米，北段长 92099 米。

南段金界壕是从多伦县进入正蓝旗黑城子三分场境内的，向西偏北方向延伸。界壕大体呈东西向，之后又向西南方向延伸进入太仆寺旗骆驼山乡。金界壕墙基宽 5 ~ 7 米，残高 1 ~ 2 米，个别地段残高 3 米。沿线加筑有瞭望台，间距 200 ~ 250 米。

北段金界壕位于正蓝旗北部，由锡林浩特市白音库伦进入正蓝旗赛音呼都嘎苏木杭巴音查干嘎查夏营盘，大体呈东西向，一直向西延伸，经那日图苏木乌日图嘎查、古日图嘎查、巴斯海嘎查，扎格斯台苏木呼格吉勒图嘎查，那日图苏木与宝

金长城遗址

金长城遗址 陈耀全/摄

绍岱苏木交界处贺日木图嘎查进入正镶白旗。

长城作为防御工事，自战国以来已被广泛运用。12世纪初，女真族南下占据了中原大地，迫使宋王朝南退偏安一隅，形成金、南宋、西夏三足鼎立的局面。金朝建立不久，在它的故地兴起的蒙古民族，成为其劲敌。为了安定后方局势，镇压北部的蒙古等部族的反抗，大约从金熙宗开始，经金世宗大定、章宗明昌至承安年间，在金朝北部沿边浩瀚旷野上设置戍堡，屯驻兵马，继而筑长城，把戍堡连接起来，建成了一条自东北金山（大兴安岭）南麓嫩江西岸（今呼伦贝尔市莫力达瓦达斡尔族自治旗尼尔基镇北），向西南至东胜州城东北33千米处（今呼和浩特市托克托县城东的黄河东岸台地）的屏障防线。这条长城在修筑时并非一线相通，因局部地区防守的需要还分筑了内外几条支线。

金长城是我国著名的历史古迹之一，它像一条巨龙，或蜿蜒于崇山峻岭之中，或盘旋于连绵起伏的山峦间，或绵亘于旷野苍茫平沙漫延之原野上。金长城在我国历史著名古迹中，可与秦、汉、明长城并提。金长城与北魏的长城一样，是我国古代北方游牧民族兴建的一项伟大的军事防御工程。它是各族劳动人民共同创造的历史奇迹，把我国塞北草原点缀得更加秀丽多娇。在正蓝旗北部沙地，金长城遗迹由于沙漠掩盖已无法看清。但在上都镇侍郎城附近有一段长城城墙及马面遗迹依稀可见。

金朝（1115—1234年）是发源于东北的女真族建立的朝代，自太祖完颜旻创国，历经百余年苦心经营，成为称霸中国半壁江山的大金国。金王朝为防御北方游牧民族南下而修筑了“金长城”（金界壕）。然而，这条长城并没有阻止蒙古军队的脚步。

1211年二月，成吉思汗在克鲁伦河畔聚众誓师，开始了为期七年的第一次征金战争。蒙古骑兵越过浩瀚的大漠，向阴山南麓进军，首先进入了汪古部的驻地。汪古部原是替金朝防御北方游牧民族南侵、镇守净州边城界壕的一个部族。但是，汪古部的首领阿剌兀思看到金王朝日渐衰退，在成吉思汗创建蒙古国时投靠了成吉思汗。

当成吉思汗整军南下伐金时，汪古部将边城要塞拱手相送，金长城遂成为成吉思汗的战略后方。成吉思汗率大军南下破金时，汪古部更为其打开了通道，使之畅通无阻。然而，当时金朝统治者对早已成为成吉思汗部将的汪古部之事一无所知。同年七月，蒙古军队经过几个月的休整，开始大规模南下征金。金廷得知蒙古军进攻的消息后，为了阻止蒙古铁骑的进攻，被迫将五十万大军的主力集中到漠南的野狐岭（今张家口北部万全县偏西的得胜口），企图与蒙古军决战。同年秋天，成吉思汗率领蒙古军十万骑兵，命木华黎为前锋，在野狐岭与金兵展开了决战。木华黎“率敢死士，策马横戈，大呼陷阵……大败金兵，追至浍河”，金兵“伏尸百里”，以惨败告终。《蒙鞑备录·征伐》中说：“是战也，罄金虏百年兵力，销折溃散殆尽，其国遂衰。”野狐岭战役之后，金王朝的统治很快就土崩瓦解了。

记载兴建开平府的石刻资料

日本明治大学樱井智美教授在《北京图书馆藏历代石刻拓本汇编》中，发现了收录在该书中的《创建开平府祭告济渎记》。

记载兴建开平府的石刻资料

此碑是忽必烈在即位之前，为纪念开平府的建立所立。碑文记载了1256年开平府建立初期的情况。《创建开平府祭告济渎记》立碑的时间在1256—1257年。碑文中强调了开平府的设立是基于蒙哥汗的命令。碑文的最后还以周公旦帮其兄长武王建立周王朝的基业为例，来歌颂忽必烈的功德。

除此碑之外，学界尚未发现其他资料中涉及蒙哥汗命忽必烈设立开平府的相关记载。因此，《创建开平府祭告济渎记》是迄今所知唯一一份记载开平府的石刻资料，具有十分重要的文献与历史价值。

元上都遗址

闻名中外的元上都遗址位于正蓝旗上都镇东约20千米的上都河北岸，牧民称之为“兆奈曼苏默”，意为“108庙”，也有八大庙之说。

元上都是元朝与蒙元文化的发祥地，是13—14世纪世界的政治、经济、军事和文化中心，史学家有“一座元上都，半部元朝史”的说法。元上都北控大漠、南屏燕蓟，是连接欧亚大陆的重要枢纽。它的总体布局呈现出多元、开放的特点，且具有浓厚的草原气息，既具备中原城市的传统建筑模式，又明显地体现了蒙古族游牧生活的特色。元上都南临上都河，北依龙岗山，周围是广阔的金莲川草原，形成了以宫殿为中心，分层、放射状分布，既有土木为主的宫殿、庙宇建筑群，又有游牧民族传统的蒙古包式建筑的总体布局，体现了高度繁荣的草原都城的宏大气派。它是农耕文明与游牧文明融合的产物，是草原文

元上都遗址

化与中原农耕文化融合的杰出典范。

元上都遗址是元朝辉煌历史的见证，现为国内保存最完整、保护级别最高的草原都城遗址，是具有独特历史、文化、艺术、科研价值的实物博物馆，于1964年被确定为自治区文物保护单位，1988年被确定为第三批全国重点文物保护单位。1990年，内蒙古文物考古研究所开始对元上都遗址进行大规模的考古发掘。1996年，元上都遗址被列入申遗预备名单。经过16年的申遗之路，2012年6月29日，在俄罗斯圣彼得堡召开的第36届世界遗产大会上，元上都遗址成功列入《世界遗产名录》,成为中国第42处世界遗产，第30处世界文化遗产，实现了自治区世界遗产的零突破，也是自治区目前唯一的世界遗产。元上都遗址还被评为“内蒙古十大历史名胜”、中国最受关注的世界遗产旅游胜地，是国家文物局重点保护的全国100处大遗址之一。

元上都遗址保护区总面积251平方千米，包括城址、关厢、铁幡竿渠、砧子山墓群、一棵树墓群等；缓冲区面积约1507平方千米，涵盖敖包群和保留至今的蒙古族敖包祭祀等传统人文景观以及湿地、典型草原、森林草原和沙地等蒙古高原草原特色景观。

上都城整体呈方形，由外城、皇城和宫城组成，城外有关厢。外城为正方形，边长2200米；皇城也是正方形，边长1400米；宫城居于皇城中部偏北，呈长方形，南北长620米，东西宽570米。

宫城是元朝皇帝的居住区和办公区，遗址内发现建筑台基约20处。宫城最主要的建筑是大安阁，是皇

大安阁遗址

元上都遗址航拍图

元上都城外西北铁幡竿渠遗址

帝登基、临朝、议政、修佛及举行国家重大典礼的地方。另外还有穆青阁、水晶殿、香殿、洪禧殿等宫殿楼阁。

大安阁基址位于宫城中心，上层为明清时期的喇嘛庙遗址，下层经考古推测为元代大安阁的建筑基址。基址平面呈“凸”字形，东西长36.5米，南北宽30米，基址底部转角处的外缘用规整的条形砂岩围筑。基址西南角处出土完整的汉白玉龙纹柱础，高2.1米，宽0.53米，厚0.52米，雕有精美的腾龙。大安阁建于至元三年（1266年），是忽必烈攻陷南宋汴京后，“取故宋熙春阁材于汴，稍损益之，以为此阁，名曰大安”。全阁“飞翔突起，于青霄而矗立”，令观者有“神营鬼构，洞心骇目”之叹，元人有“大安御阁势苕亭，华阙中天壮上京”的赞叹。

皇城是元朝大臣的办公区，亦是宗教寺院、文化建筑的分布区。

大安阁展示模型

大安阁出土的大理石雕龙角柱　通拉嘎／摄

部，呈“L”形，每边长2200米。上都皇城建成后，分别从皇城南墙西侧、东墙北侧各延长800米，合围构成方形城，在皇城外面的北部和西部组成了上都的外城。外城西部为皇家手工作坊区和与西门外相连的商业区。外城北部地势较高，是皇家苑囿区，被称为北苑。北苑负责培植奇花异草，豢养珍禽异兽。北苑的“失刺斡耳朵”（金帐）为举行盛大宴会之地，元朝每逢新皇帝即位、册立皇后和皇子及诸王朝会等大型活动，都要在这里大摆筵席，招待宗室、贵戚、大臣和近侍等。出席筵席的人都穿皇帝颁赐

皇城内建有中书省上都分省、御史台上都分台、翰林国史院上都分院，另有乾元寺（大元帝国的国寺）、大龙光华严寺等佛寺，及孔庙、道观、城隍庙、三皇庙、回回寺（清真寺）和基督教堂等宗教建筑。据《元史》记载，皇城内设置大小官署60所，工匠管理机构121处。皇城东城墙生长着两棵树龄分别为500年和300年的老榆树，这是元朝灭亡后从古城墙长出来的。几百年来，只有这两棵老榆树守望着元上都，被当地人称为神树。

外城分布在上都城的西部和北

元上都明德门

元上都皇城东城墙部分遗址

元上都明德门（今）

的特别贵重的同一颜色的服装，这种宴会被称为“质孙宴”，又名“诈马宴”。

据统计，至顺元年（1330 年）上都城中直接归大汗管理的有 41062 户、118191 人；至元三十年（1293 年），城内工匠有 2999 户。

至正十八年（1358 年），关铎指挥的红巾军取道大同，北上兴和，于十二月攻克上都，将上都的宫殿付之一炬。后来每一拨起义军攻入上都，都将上都放火烧一次，逐渐地，

忽必烈雕塑

元上都烽火台

上都就废弃了。

元上都从1259年城郭建成，到1358年被焚毁，一共存在了99年。在这99年之中，上都在中国历史和世界历史上产生了重大影响。它不仅是元帝国的中心，也是横跨欧亚大陆的诸蒙古汗国的中心，在推动人类历史进程中发挥了巨大作用。

元上都自行车赛

夕阳下的元上都

元上都司天台

元代先后建了三座天文台，一座在元上都，一座在元大都，一座在河南登封。元上都天文台建在承应阙（后称穆青阁）上，被称为上都司天台，建于至元八年（1271年），台长是西域人札马鲁丁。

穆青阁夯土遗址

札马鲁丁是一位天文学家，当时，他来到元朝时带来一批阿拉伯文的天文学书籍和天文仪器。忽必烈召见了他，称他是“回回星”学者，希望他在中国从事天文研究。札马鲁丁等人经过长期努力，于至元四年（1267年）制成了一部万年历及七件天文仪器，献给忽必烈。忽必烈用这部历法代替正在使用的《大明历》。天文仪器则摆放在承应阙上，用于天文观测。至元八年（1271年），忽必烈下令在承应阙上建天

穆青阁遗址展示点（一）

穆青阁遗址展示点（二）

文台，任命札马鲁丁为“提点”（台长）。因为仪器和台长都来自阿拉伯，所以又被称为“回回司天台”。

元上都关厢区

上都关厢区分布在元上都外城的东、南、西、北四面，其建筑密度之大可以推测元上都地区居民人口之密集和商业区之繁华。元上都城区范围很大，百姓民居和商肆店铺主要集中在关厢区。西关厢向西延长约2000米，为羊、马市和工商业区；东关厢长约2000米，是觐见

元上都西关厢遗址

皇帝的蒙古宗王和外交使团居住的帐房区；南关厢为酒肆客栈的商贸区；北关厢为驻扎军队的兵营。元代诗人曾有“西关轮舆多似雨，东关帐房乱如云”“滦水桥边御道西，酒旗闲挂暮檐低”“滦河美酒斗十斤，下马饮酒不计钱”的诗句，描述的就是当时元上都关厢区的繁华景象，展现了大元盛世的繁华面貌。

元上都铁幡竿渠

元上都遗址西北方向有元代著名科学家、水利学家郭守敬设计修建的我国北方草原保留下来的最完整的防洪设施——铁幡竿渠。铁幡竿

元上都铁幡竿渠遗址

渠位于元上都城外的西、北两侧，占地约76公顷，包括拦洪坝、泄洪渠、溢洪口等。

元上都城外西北方向为广袤的山地丘陵，夏季暴雨大面积汇水容易形成洪水，威胁上都。初建上都城时，因地多有沼泽，便在山上立铁幡竿以镇水，“铁竿屹立海水竭，卧龙飞去空冥冥”，将铁幡竿所立之山称为铁幡竿山。现在元上都西北方的哈登敖包即为铁幡竿山，在敖包西侧仍保留着铁幡竿基座。在元上都西北，当时有一条铁灯杆河，属于暴涨暴落的山区河流，经常泛

元上都铁幡竿渠遗址（局部）

滥成灾。大德二年（1298 年），有人提议在上都西北的铁幡竿山下修建一条泄山洪的渠道，向南通往滦河。郭守敬应诏设计、修建了铁幡竿渠。

铁幡竿渠东起龙岗东侧的山坡下，西至城西北角的哈登台敖包下。拦洪坝用黄土夯筑，外用石头砌成。该渠在元上都外城西门外 450 米处又折向东南，在西关大街北侧折向正南方入上都河。渠道宽约 50 米，存高 2～5 米，全长近 7 千米。坝北迎水，南侧又附土堤以加固。坝西头留溢洪口，下接溢洪渠，每当洪水暴发时，可有效地拦截分流洪水，使其流入滦河上游的上都河。铁幡竿渠像一个簸箕围着上都城，是当时排泄山洪、防御水患、维护都城安全的重要设施，这一古老的水利工程被后人形象比喻为“草原都江堰”，是元代北方水利工程史上的典范。

元上都遗址周边墓葬群

元上都遗址周围分布着两个大型墓葬群。

一是一棵树墓葬群，位于元上都遗址以北约 7 千米的一棵树村。该墓葬群分东、西两个区域，现已探明

砧子山墓地墓门（多伦县文物局提供）

砧子山墓地挖掘现场（多伦县文物局提供）

墓葬数量114座，经内蒙古文物考古研究所考古发掘，初步确认为元代时期的墓地，体现的是当时蒙古民族的埋葬习俗。

二是砧子山墓葬群，位于元上都遗址以东约30千米处的多伦县砧子山一带。该墓葬群共有两处墓地，现已探明的墓葬数量2000余座，经考古发掘，初步确认为元代时期的墓地，体现的是当时汉民族的埋葬习俗。

砧子山墓地（多伦县文物局提供）

元上都寺庙

元朝实行宗教信仰自由政策。元上都不仅有八大庙，还有大龙光华严寺、大乾元寺、八思巴帝师寺、孔庙等。八大庙是指元世祖忽必烈为祭祀其先皇祖先建立的家庙，包括其太祖父也速该及其夫人诃额仑、祖父元太祖成吉思汗及其夫人孛儿帖、术赤汗及其正妻夫人弘吉剌氏撒儿塔黑、察合台汗及其正妻夫人、元太宗窝阔台汗及其正妻夫人乃马真、拖雷及其夫人唆鲁禾帖尼、贵由汗及其正妻夫人海迷失后、蒙哥汗及其正妻夫人忽都台皇后。

大龙光华严寺，简称华严寺。经考古发掘，其遗址在皇城东北角，东西宽400米，南北长200米，以大殿为中心分中、西、东三个大院落。遗址内还发现了石制的龟趺和螭首等。螭首题额篆书“皇元敕赐大司徒筠轩长老寿公之碑”十五字。“寿公”指华严寺第六代住持僧维寿，号筠轩，英宗时授以“大司徒”官号。华严寺建于宪宗八年(1258年)，是一座禅寺院，从第一代住持僧至温始，共有九位住持僧。

大乾元寺，位于皇城西北角。为镇护京城在其乾位兴建。有诗咏曰：“宝阁凌空三角，金壶映日黄，梵音通漠，法曲广伊凉，御榻惟经帙，宫炉读独篆香，吾皇清净德，银管愿垂芳。”

八思巴帝师寺，供奉八思巴帝师。八思巴是元代著名佛教宗师，还创制了蒙古新字，被元世祖拜为帝师。至元十六年（1279年）八思巴去世后，元朝廷特诏郡县建庙通祀。

元上都石人

正蓝旗境内，从上都镇至赛音呼都嘎苏木，前后发现了20多个匈奴、突厥、元代雕塑石人。石人形态各异，有站、坐、跪等姿势，有男有女，有武士有和尚。其中“元上都石人”身穿龙花袍，脚穿蒙古靴，左边挎火镰，右边挎蒙古刀、黄羊角，

元上都石人

右手胸前端高脚杯，左手摆在膝盖上，正坐于带扶手的圈椅，面向东方，神态威严，气度非凡。据元史记载，文宗时，有用马奶子浇、用油肉涂石人这一古老的祭祖习俗。

石人多数为墓前陪葬品，象征着主人生前的丰功伟绩，石人越多功劳越大。这些石人雕塑线条流畅，形态逼真，表现出古代蒙古人的雕塑艺术水平。

元上都遗址发掘

大安阁遗址柱础

元上都遗址文物

1990年8月以来，我国各级文物部门对元上都遗址进行了多次考古勘探与发掘，发掘了明德门、大安阁、穆青阁等元上都城址，羊群庙元代祭祀遗址，一棵树、卧牛石元代墓地及砧子山墓地等重要文物遗存；在元上都遗址进行了两次大规模的考古勘测，对地下文物进行了全方位的勘探，勘测总面积540万平方米，为元上都遗址的深入研究奠定了坚实的基础。

元代火铳

龙形鸱

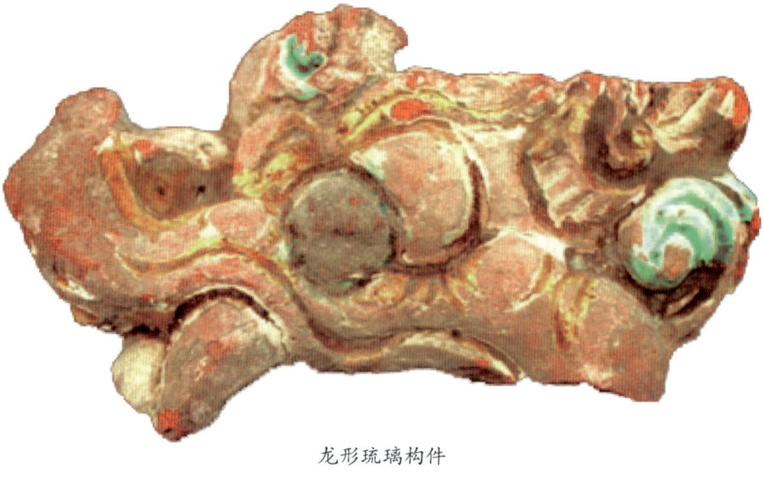

龙形琉璃构件

青花瓷器

元青花（一）

元代铠甲

元青花（二）

石臼

古井

2010年以来，国家启动了对元上都遗址历史上最大规模的考古发掘，首次考证了明德门、护城河、外城西门护城河和穆青阁的范围及局部结构，并有5处新发现，如在御天门瓮城遗址发现一座元代武器库和200余枚石弹，在穆青阁东阙台发现大型石柱础。

2011年，通过进一步对明德门、御天门、大安阁、穆青阁和皇城西北角楼进行考古挖掘，考证了各建筑遗址的面积和方位。

2016年8月，对西关厢进行考古发掘，发掘面积600平方米。西关厢是元上都商业区，有官署、粮仓、店铺、民居遗址。在西关厢发现瓷片、陶片、宋代崇宁通宝古钱币、铁器、铜片、石具和大量动物骨骼。还发现一处住宅遗址，清理出房址9座、道路1条，出土了一批重要文物。这些文物中有盆、罐、陶饼、纺轮、球、围棋等陶器，碗、盏、盘、罐、瓶、高足杯等瓷器。其中部分碗底有墨书题记，内容为姓氏和姓名，这为研究元代居民的风俗习惯提供了翔实的资料。本次考古发掘，考证了元上都西关厢的建筑结构：房

螭首

惠草砖构件

址墙基都用自然石块垒砌，房内皆有火炕。这些新发现，展现了元上都居民当时的生活状况，为揭秘这座著名的草原都城提供了新的材料。

由于元上都遗址建在地势开阔的金莲川草原上，元末废弃之后未经人为大规模破坏，地下文物埋藏异常丰富，目前出土的文物主要有建筑构件、石雕制品、瓷器、陶器、钱币、金银器等，建筑构件主要有柱础、螭首、鸱吻、瓦当等，石雕制品主要有大理石盘龙纹石柱、石雕人像、龟趺、石棺等，瓷器主要有青花盏、青瓷匜、钧窑碗钵、白釉褐花罐、黑釉碗、黑釉梅瓶、绿彩香炉等，金银器有金戒指、金耳环、银镯、铜钗等，钱币有八思巴文大元通宝、大观通宝、“天下太平”春钱等，另外还出土了铜镜、玉饰件、银壶、姑姑冠等珍贵文物。

石刻印版

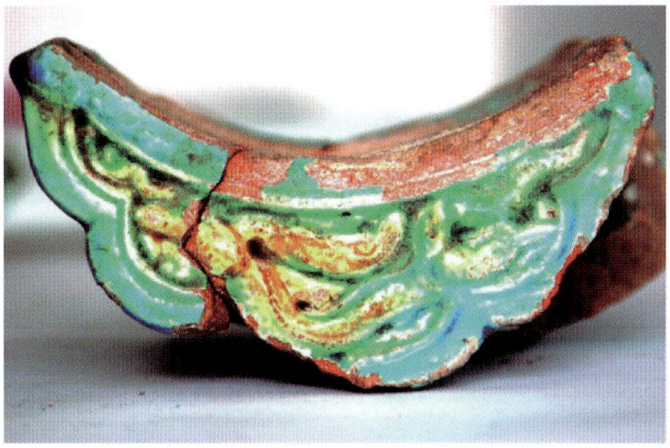

琉璃龙形滴水

元上都东凉亭遗址

元代建立两都巡幸制度后，为方便两都之间往来，也为适应游猎生活的需要，忽必烈在上都东、西两侧建立两座行宫：一座位于今多伦县白城子，被称为“东凉亭”；

元上都东凉亭遗址

一座位于今河北省沽源县小宏城子村，被称为“西凉亭”。

每年农历四月，元朝皇帝从大都出发，途经西凉亭（察罕脑儿行宫）时，都要驻跸几日，或骑马打猎，或大宴群臣。农历八月从上都返回时也要在这里停留数日。

元代东凉亭位于上都城东约25千米处，供皇帝狩猎驻跸之用。据《口北三厅志》记载：“上京之东五十里有东凉亭，西百五十里有西凉亭，其地皆饶水草，有禽鱼山兽，置离宫巡猎至此，岁必校猎焉。”还有史书记载：“开平城东南有东西二亭，为元时巡幸驻跸处。”明时东凉亭遭损坏，但仍是一个重要驿站，时称“开平东南第一驿”。

东凉亭现存遗址南北长408米，东西宽333米，东、西、南各有城门，南面为正门，前有宽广的大道。

《拂郎国贡马图》

现藏北京故宫博物院的元代宫廷画家周朗所绘《拂郎国贡马图》，是现存唯一一幅展现元代皇帝在上都接见欧洲使者的画卷。这幅画卷真实地再现了600多年前，一件发生在元上都的中外交流大事。画卷描绘了至正二年（1342年）来自欧洲的拂郎国使者向元廷贡献名马，元惠宗在上都慈仁殿内接见使者的历史情景。这幅画的人物、服饰、马匹、汉文题记等，都是研究元代对外关系史和元上都宫廷文化的珍贵资料。

《拂朗国贡马图》（明人摹周朗所绘，端坐者为元惠宗）

尤为珍贵的是，画师还在画卷题写了长篇跋文，其文曰："皇帝御极之十年七月十八日，拂郎国献天马。身长一丈一尺三寸有奇，高六尺四寸有奇，昂首高八尺有二寸。（同年月）廿有一日，敕臣周朗貌以为图。"

据研究，拂郎国与中国的交往始于元初。中统元年（1260年）三月，忽必烈在开平登上蒙古大汗之位。中统二年（1261年），拂郎国派使者来到开平府拜见忽必烈。元惠宗时，拂郎国使再抵上都。至元二年（1336年），元惠宗派遣留在中国的拂郎国人安德烈等15人回访欧洲，并致书罗马教皇。罗马教皇应约派以马黎诺里为首的数十人使团来到中国，并于1342年7月抵元上都，元惠宗在上都慈仁殿会见来使。马黎诺里呈上教皇的信件，并献上一匹欧洲名马。元惠宗收阅教皇来信，命宫廷画师周朗将此次会见情景如实描绘，这就是《拂郎国贡马图》的创作始末。在画卷中我们可以看到元惠宗以及拂郎国使者和养马师、欧洲名马等。

"拂郎"，又写作"富浪""发郎"，拉丁文为Frank，是中世纪时期近东（波斯、阿拉伯）人对欧洲人的称呼，后来被蒙古人和汉人所沿用，实际上专指北欧古芬兰国。据元代名臣王恽《中堂事记》记载："中统二年五月七日，是日，发郎国遣人来献卉服诸物。其使自本土达上都，已逾三年。""拂郎国"具有以下特征：方位极西，"在回纥极西徼"，而且在北极地区；道路极远，"自本土达上都，已逾三年"；

该国居民为白种人，“妇人颇妍美，男子碧眼黄发”。与这些特征相符的北欧国家应当为古芬兰国。“芬兰”与“拂郎”音近字异，并且具有北极的地理特征和居民的民族特点。古芬兰国人为罗马天主教的忠实信众，在13世纪时曾经代表罗马教皇出使中国。研究者指出，此次他们出使元上都东来的路线，应当沿北冰洋沿岸，自挪威北部经科拉、卡宁、亚马尔等半岛，至叶尼塞河口，沿岸南行，由支流安加拉河入贝加尔湖，溯色楞格河至中游，再穿越蒙古高原进入内蒙古而至滦河上游的元上都。走这条路线即使对于今天的人们而言，也是相当困难的。

《拂郎国贡马图》真实再现了600多年前北欧古芬兰国与中国友好往来的历史。

羊群庙元代祭祀遗址

羊群庙元代祭祀遗址位于国道207线正蓝旗哈毕日嘎镇奎苏沟村北约0.5千米处，当地人称石人湾。遗址西约0.5千米处存有墓葬。1992年，文物部门曾对这里进行考古挖掘。该遗址分布在一列大致东北—西南走向的小山脚下，其四处祭祀遗址由南向北依次排列。每处祭祀遗址均由石围墙、祭台和汉白玉石雕像组成，残存部分建筑基址和供祭遗存等。其中有三尊精雕细刻的汉白玉石雕人像，除头部遗失外，其余部分保存基本完好，堪称元代人物雕刻的精品。另外，在祭祀遗址中还出土有建筑材料、瓷器、铜钱等。墓葬区清理了4座墓，由东北向西南一字排列，头朝西北方向，墓葬地表均用自然石块围成一个长方形石围墙，墙内多为一穴。墓穴为土坑竖穴式。除一处为小孩墓无木棺外，其余均有木棺，皆为单人仰身直肢葬。墓内随葬物品极少。

1996年，被确立为自治区重点文物保护单位。

魏王碑

在元上都遗址中发现一块刻有“魏王”玉箸篆字的蟠龙残碑。内蒙古考古学者张文芳研究员根据《元史·诸王表》考证得知：“魏王”名叫阿木哥，是元世祖忽必烈的皇太子裕宗真金的孙子，也是元代最尊贵的“一字王”，可以佩金印兽钮，使用龙形器物。

魏王阿木哥在元代蒙古诸王中的地位尊贵，他的祖父是元世祖忽必烈的皇太子裕宗真金，父亲是顺宗答剌麻八剌，叔叔是元成宗铁穆耳，大弟是元武宗海山，二弟是元仁宗爱育黎拔力八达。

据史籍记载，大德十一年（1307年）正月，元成宗铁穆耳驾崩于元大都。五月二十一，海山在元上都大安阁即皇位，是为武宗。因魏王阿木哥在元上都是蒙古宗王之首，因此为海山主持了皇帝登基典礼。

在元上都遗址发现的这块碑属我国罕见的元代蒙古宗王的碑刻，对研究元代历史、文化具有十分重要的价值。这块魏王碑，由汉白玉精细雕刻而成，碑首上雕刻两条蟠龙，石碑残高约50厘米、宽约30厘米，碑首上的“魏王”二字清晰可辨。

元上都遗址出土的魏王碑

明德拉庙

五一种畜场总场的明德拉庙，又称甘珠尔庙，位于正蓝旗上都镇东约21千米处，距元上都遗址仅1千米，始建于1912年，建筑砖石材料大部分取自元上都遗址，是正蓝旗现存古庙最完整的一处。明德拉庙属于多伦汇宗寺的外围附属寺庙，是为章嘉活佛到察哈尔各寺庙游历而建，在察哈尔各寺庙的管理中曾发挥过重要作用。1930年，第五世甘珠尔活佛在五当召完成经典学习之后，回到察哈尔地区，因汇宗寺已被奉军破坏，便在明德拉庙进行禅修，明德拉庙遂成为蒙古地区的喇嘛教中心。后因年久失修，住持喇嘛只能借住在其他寺庙。

目前，五一种畜场明德拉地区还有部分职工（70户150余人）住在此庙里。有关专家建议，正蓝旗应以把五一种畜场建设成元上都遗址周边旅游风情小镇为契机，创造条件筹措资金搬迁居住在庙里的五一种畜场职工，并从专业角度妥善维修明德拉庙，使其成为元上都遗址的一部分。

明德拉庙 张巨林 / 摄

前半台村的土围子

中华人民共和国成立前，正蓝旗哈毕日嘎镇的有钱人家，为防御土匪骚扰，先后建起了南围子、北围子和前半台围子。目前，哈毕日嘎镇庆丰村和红星村所在地的南围子及北围子已不复存在。前半台村的围子虽饱经风雨侵蚀，但当地村民未在周围开荒建房，至今保存较为完整。

前半台村的土围子

前半台土围子位于哈毕日嘎镇前半台村一组，是1940年秋日伪时期一个被称为“尹司令”的人所建。他的妻侄儿薛跃庭作为管家常年驻守在那里，为尹司令照管租放在前半台、毛家营子、二架子一带的6000多亩土地和牛群、羊群、马群。尹司令的这些土地基本上都与租地人二八分成，当时称种“二八地”或“分庄稼个子”。每年秋季收割完庄稼后，薛跃庭领着人到地里清点麦个子。一般一码为50个个子，收租人从中抽出几个大一些的麦个子，租地人抽一些小点的麦个子，进行实地揉个子，计算出租地的产量和应交的租子。秋收后以此为依据，收租人收两个麦个子的粮食，租地人留八个麦个子的粮食。

前半台土围子占地5亩，呈正方形，长和宽各800多米，土围子由黄土和胶泥夯筑而成，墙体宽1米、高6米左右，西北角和东南角各有一个炮楼，炮楼上下各留有两个打枪的枪眼，具有上打远下打近的作用，枪眼位置和枪体使用过的痕迹明显。当时，尹司令为薛跃庭配有两把匣子枪，为10多名家丁配有4只捷克式长枪，当地村民和大户人家均住在土围子里。

察哈尔盟第一党支部纪念馆

1946年4月1日，内蒙古自治运动联合会派出工作团在道英海日汗秘密成立了察哈尔盟最早的党组织——道英海日汗党支部。为展现党领导锡察革命斗争的丰功伟绩和革命先烈的英勇事迹，2011年5月，旗委、旗政府先后投资450多万元，在宝绍岱苏木恩格尔嘎查道英海日汗建起了察哈尔盟第一党支部纪念馆。2014年7月25日开馆。纪念馆为蒙古包式建筑，占地5400平方米，建筑面积600平方米，分主展厅和附属建筑两部分。展厅内有主题雕塑群、历史图片120张、书籍50册、实物20余件、多媒体播放系统、电子沙盘模拟地图和老干部回忆录播放系统等。2013年9月，纪念馆被评为全区爱国主义教育示范基地；2014年4月，被评为全区首批中共党史教育基地。

1945年8月，苏蒙联军进入正蓝旗地区，摧毁了日伪政权，建立

察哈尔盟第一党支部纪念馆

了旗、盟两级临时政府。11月26日，中共晋察冀中央局在张家口成立内蒙古自治运动联合会，乌兰夫任执委会主席兼常委会主席。同年12月，内蒙古自治运动联合会先后派苏剑啸（蒙古名苏都斯庆）、陈炳宇（蒙古名青巴图）到察锡地区开展工作。1946年3月，又从内蒙古行政学院派出由方杰、葛瓦、潮洛濛、云世英等40余人组成的察锡工作团，同先期到达的苏剑啸、陈炳宇一起着手建党、建政、建军。根据当时的形势、环境和群众基础，1946年4月1日，成立道英海日汗党支部，陈炳宇任书记，方杰、苏剑啸任委员。当月，经陈炳宇、方杰和云世英等人介绍，察锡工作团的格日勒图、额尔敦宝力格、额尔敦瓦其尔、高振声、阿木尔宝、赛音乌力吉、关布扎布、阿拉喜桑布、劳布僧道尔吉、杨松扎布、沙金格日勒、哈斯楚鲁、仁钦敖其尔、布和等人光荣加入了中国共产党，这是我党在察锡地区发展的第一批中共党员。从此，开始了党领导察锡各族人民艰苦卓绝的革命斗争。至1949年3月，察哈尔盟各旗全部建立了党支部，实现了旗有党支部、苏木有党员，保障了察锡地区革命斗争和发展建设的需要。道英海日汗党支部成立后，直接隶属于内蒙古自治运动联合会机关党委。1946年冬，该支部直接发展成为中共察哈尔盟工作委员会，隶属锡察工委，是中共察哈尔盟委的前身；1958年，同中共锡林郭勒盟委员会合并为中共锡林郭勒盟委员会。

2001年8月31日，在中国共产党建党80周年、中国人民解放军建军74周年之际，正蓝旗委、政府在道英海日汗建立纪念碑，并举行了揭牌仪式，组织开展红色教育活动。中共察哈尔盟第一党支部纪念馆成为一个爱国主义教育、党员培训、廉政教育和未成年人思想道德教育基地。

纳·赛音朝克图文化纪念馆

正蓝旗爱国主义教育基地纳·赛音朝克图文化纪念馆位于扎格斯台苏木希热图嘎查。2014年8月8日，在美丽的阿拉腾希热图湖畔举行了纳·赛音朝克图纪念碑揭幕仪式及文化纪念馆开馆仪式，纪念纳·赛音朝克图诞辰100周年。

纳·赛音朝克图（1914—1973年），蒙古族，正蓝旗人。现当代蒙古文学奠基人、著名诗人。纳·赛音朝克图以其文学天赋和丰富的阅历，成就了其在蒙古族文学史和民族文化事业上的卓越地位，他的足迹踏遍蒙古高原各地，他用诗歌表达对世界的认识。他创作了大量

纳·赛音朝克图雕塑

的优秀文学作品，代表作有蒙古族现当代文学史上第一部现代抒情诗集《心侣集》，还有《沙漠，我的故乡》《献给你们最圣洁的爱》《我们雄壮的呼声》《狂欢之歌》《巴依玛》等。

纳·赛音朝克图的作品反映了社会的转变，也彰显了草原人民的真诚、热情、朴实、健康向上的性格，体现了他热爱生活、家乡、人民之情以及对事业的责任感和使命感。

纳·赛音朝克图的文学成长史，是典型的现代蒙古族文学史发展的缩影，从《清见寺的生活》到《沙漠，我的故乡》，再到《狂欢之歌》《蓝旗散歌》等作品，无不显示出他的情感与社会环境的融合。他是草原儿女，他的一生献给了祖国草原文化建设，献给了蒙古族文学。我们要传承弘扬纳·赛音朝克图的文化使命感和爱国主义精神。

纳·赛音朝克图纪念馆

纪念馆展区

纳•赛音朝克图纪念馆开馆以来，成为全旗爱国主义教育基地和草原文化传承基地，是草原的一把文化钥匙。纳•赛音朝克图纪念馆面向美丽的阿拉腾希热图湖，由三个蒙古包组成。中间最大的蒙古包是纳•赛音朝克图主纪念馆，陈列着纳•赛音朝克图的肖像、文学作品、一生的奋斗史和成就等。两边的蒙古包，一个为草原书屋，一个是道德讲堂。

元上都遗址博物馆

元上都遗址博物馆位于正蓝旗上都镇东约20千米乌兰台敖包东北侧半山腰处，距元上都遗址约5.5千米，是一座全方位展示元上都历史文化及考古发掘成果的博物馆，是展示和宣传元上都文化遗产及蒙汉民族文化融合的窗口。

元上都遗址博物馆于2010年开工建设，2015年8月开馆，建筑主体掩映在山体之间，达到与周边环境融合、与自然协调的效果。博物馆占地面积6991平方米，其中博物馆主体建筑面积5701平方米，游客接待中心及附属设施建筑面积1290平方米。

元上都遗址博物馆是镶嵌在山体中的地上、地下各两层的覆土式建筑，设计上以线带面，空间布局弯曲流畅。整体建筑由5个功能区组成：展示与服务区、藏品库房区、行政与研究办公区、技术工作区、设备控制区。展示与服务区是博物馆的对外开放区域，由前言区、基本陈列展示厅、多功能报告厅、观景台及露天雕塑群、敖包景观等组成。其中展示区面积约2000平方米，由前言区、序厅、3个独立展厅、1个临时展厅组成。基本陈列展厅以

元上都遗址博物馆

“走进元上都”主题思想贯穿其中，通过“打开尘封的记忆”“寻觅往日的风采”“领略科技文化的繁荣”和“草原民族民俗风情”四部分270余件（套）珍贵文物，展现元上都的兴建、布局、宫殿建筑与辉煌，见证元朝多元文化兼容的盛况。

在元上都遗址博物馆建设期间，为申报世界文化遗产和展示世界文化遗产的需要，正蓝旗从2011年至2014年，借用吉泰集团民营博物馆元上都博物馆进行展览。虽然展览因为吉泰董事长周宝祯先生的去世停展了，但他为正蓝旗文化事业的发展做出的贡献将被正蓝旗人民铭记于心。

元上都博物馆元青花展览开幕式

延伸阅读

元中都遗址

元中都遗址位于河北省张家口市张北县馒头营乡，建于大德十一年（1307年），与元上都、元大都并称元三都。它的建造者为元武宗海山。元中都由内、中、外依次相套的三重城，即宫城、皇城、外城组成。内城呈长方形，周长2360米。中城套在内城之外，面积约80万平方米。

元中都的宫室建筑按中轴线布局设计，以一号基址为中心的主体宫殿群位于内城的中北部。作为正殿的一号宫殿基址居于内城的中心位置，平面呈"工"字形，地表有琉璃瓦当、滴水和花砖等建筑构件。出土的汉白玉螭首，雕刻精美，堪称元代石刻精品。元中都遗址的挖掘为研究我国元代都城形制提供了新的实例，对探讨元中都的兴废及蒙元四都（哈拉和林、上都、大都、中都）的比较研究都具有重大学术价值。考古勘察表明，元中都里既有宫城建筑，也有放置毡帐的空地，具有介于元大都与草原之间的都城兼具的草原文化和中原传统文化的双重特色。

元中都遗址

元大都城垣公园

元大都，突厥语称"汗八里"，意为"大汗之居处"。自至元四年（1267年）至至正二十八年（1368年），为元朝国都。其城址位于今北京市市区，北至元大都土城遗址，南至长安街，

元大都城垣遗址

东西至二环路。元大都位于金中都旧城东北，其城郭残垣在蓟门桥西南、中国政法大学东门外可以看见，设有标志——元大都城墙遗址。

北京元大都城垣遗址公园，为国家AAAA级旅游景区，是在元大都土城遗址上建造起来的，西起海淀区学院南路明光村附近，向北到黄亭子，折向东经马甸、祁家豁子直到朝阳区芍药居附近，与地铁10号线北段重合。马甸附近土城墙高12.5米、宽31米。

大都于至元四年（1267年）动工，历时20余年，完成了宫城、宫殿、皇城、都城、王府等工程的建造，成为新一代帝都。大都新城的平面呈长方形，周长28.6千米，面积约50平方千米，相当于唐长安城面积的五分之三，接近宋东京的面积。元大都道路规划整齐、经纬分明。考古发掘证实，大都中轴线上的大街宽28米，其他主要街道宽25米，小街宽度为大街的一半，火巷（胡同）宽度大致是小街的一半。城墙用土夯筑而成，外表覆以苇帘。城市轮廓方整，街道规则，格局壮观。

蒙古帝都哈拉和林

哈拉和林位于蒙古国中部鄂尔浑河上游后杭爱省，距乌兰巴托市365千米。它建于太宗七年（1235年），曾是蒙古帝国的首都，13世纪中叶世界的中心。忽必烈在开平自立为汗并打败阿里不哥后，政治中心南迁，此地不再是首都。元朝灭亡后，北元又以此为政治中心。之后，哈拉和林在北元内战中成为废墟。1948—1949年，考古队在哈拉和林废墟上进行大规模发掘，发现土墙、宫殿、市街、房屋等遗迹甚多。哈拉和林占地面积超过0.87平方千米，现为世界文化遗产，内有著名景点额尔德尼召庙。

13世纪中叶，从莱茵河畔的维也纳到黄河边的汴梁，从寒冷的俄罗斯草原到炎炎烈日下的阿拉伯半岛沙漠，大半个欧亚大陆都笼罩在这座城市的权力和威严之下。罗马教皇的传教士、南宋朝廷的使节团、波斯商人的驼马队、高丽王国的进贡者……都在这里汇集；佛殿、清真寺和基督教堂……各种宗教和文化在这里绽放；大汗的诏令从这里发出，送达世界各地蒙古大军；这里集合了中欧、东欧、西亚、中亚、东亚、东北亚、南亚诸国的奇珍异宝、金银珠宝，数以万计。随着阿里不哥的失败，这座城市成为一个地区性的中心。

哈拉和林与其周围景观作为“鄂尔浑峡谷文化景观”在2004年被列入世界文化遗产名录，是蒙古国唯一的世界文化遗产。哈拉和林所在地区是蒙古高原的中心地带，这里森林繁密，盛夏时遍野花开。蒙古国中部的鄂尔浑河流域，自古以来是游牧民族驻牧的地方，许多游牧民族曾在这里建立政权并修建都城。成吉思汗于1220年，在古代克烈部或回纥都城的基础上创建了蒙古帝国首都哈拉和林。它是一座具有中原传统建筑风格和北方游牧民族草原生活特色的城市。

城南北约4里，东西约2里，大汗所居的万安宫在其西南隅，有宫墙环绕，周约2里。据1254年到哈拉和林访问的法国使臣卢布鲁克记载，城内有两个居民区：一为回族区，内有市场；一为汉人区，居民尽是工匠。此外，还有许多官员邸宅，另有12座寺庙、道观，2座清真寺，1座基督教堂。由于蒙古帝国的强盛，哈拉和林成为当时世界著名城市之一，各国国王、使臣、教士、商人来访者甚多。蒙古帝国成吉思汗、窝阔台汗、贵由汗、蒙哥汗均坐镇哈拉和林管理汗国。哈拉和林城畜牧业、农业、商业、手工业、宗教、教育、科技和政治外交等诸方面都得到发展，成为蒙古帝国政治、经济、文化中心。

中统元年（1260年），元世祖忽必烈在开平城即位，其幼弟阿里不哥则据哈拉和林地区自立为大汗。中统二年（1261年）冬，忽必烈军打败阿里不哥，进占哈拉和林。中统四年（1263年），忽必烈升开平为上都，次年又升燕京为中都（后改为大都），蒙古帝国政治中心南移。忽必烈建立元朝并迁都大都后，哈拉和林失去了都城的地位，仅置宣慰司都元帅府，但仍为漠北重要都市。元朝派大臣出镇，遣重兵防守，于其地开屯田、建仓廪、立学校。1277 年，窝阔台汗国君主海都（窝阔台的孙子）在与元朝的战争中一度攻占哈拉和林，元军直到次年才将窝阔台汗国军队逐出。

14 世纪，该城市得以恢复发展。皇庆元年（1312 年），元政府将和林行中书省改名为岭北行中书省，并将和林路改名为和宁路。至正二十八年（1368 年），大都被明军攻克。洪武三年（1370 年），元惠宗妥懽帖睦尔死于应昌，太子爱猷识理答腊即元昭宗即位，元朝退据哈拉和林，仍用元

蒙古帝都哈拉和林

国号，史称北元，北元政权仍以哈拉和林为首都。洪武二十年（1387年），明军攻克哈拉和林，哈拉和林城被彻底毁灭。之后虽数次重建，但15世纪初期的蒙古诸部分崩离析，鞑靼与瓦剌两部蒙古贵族之间相互攻伐，哈拉和林逐渐没落。

哈拉和林城由外城和宫城两部分组成。外城平面呈不规则长方形，南北墙为1500米；东西墙，长的地方为1120米，短的地方为580米；主轴方向为北偏东30度。外城周长约5.2千米，约3里，这与马可·波罗说的“哈拉和林，城延袤三里”非常接近。城墙用黄土板筑，残高0.5～2米。外城四墙各设一门，没有瓮城，南墙破损比较严重，可能是1586年建造额尔德尼召庙时被破坏的。外城内，一条南北向大街和一条东西向大街交会在城市的中央，并通向四门。两条大街的交会处形成十字街头，十字街头的东南角有一处宽约22米、长约34米的遗址，为手工业作坊和商业店铺。此外，外城内外，还有许多建筑遗址。

宫城，即窝阔台汗兴建的万安宫，位于外城西南隅，宫殿围墙呈不规则方形，长约255米，宽220～255米，内有5个台基，中央的台基高约2米，上有大型殿址，周围的四个台基的建筑面向中央大殿，类似唐宋宫殿的布局。万安宫主轴方向为偏西10度，其方向和位置与城市街道的整体布局不太协调。万安宫由觐见大厅、侧楼和大门殿组成。宫城中北部有一处长80米、宽55米、高3米的遗址，这是万安宫觐见大厅。大厅中央部分的地板铺的是绿色釉砖，大厅北部的地板铺的是未上釉的砖。大厅地面上有支撑大厅的 64 根柱子的花岗石柱础。2000 年，经德蒙联合考古队发掘，这 64 根柱础已全部露出地面。遗址上还发现了许多红绿色的板瓦、筒瓦和瓦当，为大厅顶部的建筑材料。靠近大厅左右两面的是侧楼，是仓房或诸王、贵子们的豪华住宅，发现了许多珠宝、钱币和贵族们才能享用的铜镜和金银首饰等。

大门殿遗址位于宫城南墙的中部，长约 30 米，宽约 15 米，这里是宫城的入口处。大门殿与觐见大厅之间有一个比较宽敞的平台。宫城的南侧有一只用花岗石雕塑成的龟趺，龟背上有方形切口。这样的龟趺在哈拉

额尔德尼召

和林附近共有4座，皆为圣旨碑文的台座。

蒙古帝国还修建寺院、教堂等宗教建筑，开展宗教活动。当时哈拉和林有“十二座属于各种不同民族的不同宗教的庙宇，两座清真寺，一座基督教堂”。万安宫遗址出土了大量的佛像雕塑、壁画等与佛教有关的文物。

蒙古帝国时期，《大藏经》《古兰经》等宗教经典著作，在哈拉和林寺院教堂内普遍收藏并翻译。同时，各种宗教、文化通过宗教人士传播到哈拉和林。

额尔德尼召是蒙古国最古老、最大的喇嘛教寺庙，由喀尔喀古土谢图汗阿巴岱(1534—1586年)建于1586年。他皈依喇嘛教后，曾亲自前往今呼和浩特市朝见三世达赖喇嘛，从此喇嘛教在蒙古国盛行起来。这座寺庙是蒙古国第一座喇嘛庙，在巅峰时期，有约一百间庙宇林立于此，庙的周围有几百座蒙古包，一万多喇嘛在此修行，声势浩大。额尔德尼召面积为0.16平方千米，四周有高大的土墙作为寺墙，上面建有白色佛塔108座。寺院内保存着15—17世纪的绘画、装饰品、刺绣以及大量的珍贵手稿、木版书籍、碑刻等珍贵文物。20世纪30年代，额尔德尼召遭到破坏，部分喇嘛及牧民冒着生命危险保护了庙中珍贵的画、雕塑、经书。后额尔德尼召重新修建，向游人开放。

元上都神树

在元上都遗址皇城东城墙外的石缝中，侧生着一棵具有传奇色彩的老榆树。这棵大树高约6米，主干粗壮，三五个人拉起手来也无法抱住，其形苍劲古朴，其态饱经风霜。考古人员

元上都东城墙神树

曾在树干上钻孔取样，根据植物年轮测算，其树龄在500年左右。由于该树高大茂盛、粗壮古老、形状奇特，所以当地牧民和游客都把它奉若神明，尊称其为“神树”。

神树树干表面粗糙，树杈盘根错节，造型奇特。这棵树虽然是在元上都被毁100多年后从断垣残壁的缝隙中“冒”出来的，看似老态龙钟，但实际上枝叶茂盛，生机勃勃。每到春天，那光秃秃的枝杈上会冒出密密麻麻的叶芽，不久后整棵树就会呈现出醉人的新绿。到了夏天，大树绿叶婆娑，树冠硕大无比，树荫下是元上都遗址的城墙，树上有鸟雀在筑巢。到了秋天，叶片慢慢转为金黄，随着秋风的吹拂纷纷扬扬洒落在金莲川草原上。

神树不仅吸引了正蓝旗许多牧民前来顶礼膜拜、祭祀祈福，近年来众多国内外游客也虔诚地为神树献上蓝

色的哈达。在众多凝视这棵神树的目光里，不仅蕴含了虔诚，更充满了敬重。这棵老榆树之所以能够被尊称为“神树”，不仅仅是因为它树龄老，更重要的是因为它生长在上都文化的发祥地、中国农耕文明与游牧文明的融合处、东西方文化的交流点——元上都遗址上，所以被蒙上了一层神奇的面纱。虽然历经朝代更迭，但在神树的陪伴下，元上都遗址以其重要的历史、文化、科学和艺术价值，成为世界遗产，得到了全人类的重视和保护。神树旁边，还有一棵300余年树龄的古榆树。

元上都西凉亭

西凉亭距元上都遗址100余千米，位于河北省沽源县平定堡镇小宏城村，也称元代察罕脑儿行宫（白海），是元朝著名的行宫之一。遗址以小宏城遗址为中心，包括分布在四周的东小城、芨芨包、南洼等元代遗址群。文物保护考古人员分别对小宏城、东小城、芨芨包、南洼遗址进行考古探查，发现其建筑材料主要以陶瓦和琉璃构件为主，另有青砖。日常生活用具以瓷碗为主，另有瓷瓶、瓷杯等，大部分瓷碗外部或底部都有墨书。

小宏城遗址呈长方形，南北长360米，东西长330米。四周城墙为土石混筑，墙体为黄土夯筑，墙两侧外表用赭色不规则板石加白灰浆彻包。原墙底宽5米、高约7米，墙体板石已被挖走；现城墙残高1.5～2.5米，外有护城壕沟。城墙四角地势明显较低，似有角楼建筑。东、西、南正中辟门，南门因被居民占用，形状不详。东、西门址宽8米，原有门楼，外饰琉璃构件。

城中中轴线偏北有大型宫殿平台基址一座，呈“十”字形，南北长70

米，东西宽35米，高3米，夯土筑成。地表散落大量青色砖瓦、琉璃瓦、汉白玉石刻残片及龙泉窑、钧窑、定窑、磁州窑瓷片。这里是察罕脑儿行宫大殿亨丽殿遗址。大台基北面有5座小土台基遗址，南面东西对称有4座小土台基，均为20米×20米，这些小土台基可能是行宫的其他宫室。城址内先后发现了汉白玉雕琢成的螭首、柱础、偏孔柱础、白釉梅瓶、古代铜钱和宋元瓷片等文物，发现了3座灰坑和1座房屋基址。

东小城西距小宏城遗址25米，是察罕脑儿行宫的一部分，平面呈长方形，建筑方向和城垣结构与小宏城相同。东小城南北长140米，东西宽100米；原城墙底宽3米、高5米，现仅剩高约0.5米的土埂。南垣正中辟门，门址宽6米，无瓮城，城内偏北有一大型建筑遗址群，建筑平面呈倒“凹”字形。建筑台基明显地分为东、西、北三组，分别为东西配殿和正殿，各殿之间地表微微隆起，像是有回廊式建筑。建筑基址上面散布着大量绿色和黄色琉璃瓦片、布纹平瓦和元代流行的兽面瓦当。从东小城所处位置和建筑布局判断，这里应是元代云需总管府所在地。

考古人员还踏勘、走访调查小宏城遗址和东小城的建筑遗址群。这里的倒塌建筑物堆集而成的土包一个连着一个，上面长满了芨芨草，当地群众称之为芨芨包。遗址地面高低不平，房舍轮廓大多不清，没有围墙遗迹。地面上散布着大量石块和素面砖瓦残块，偶尔可见琉璃瓦片。除看到小宏城遗址所见各类瓷片外，还散落大量黑釉瓷缸残片及缸沿。从缸沿直径粗细不均可以判断，瓷缸型号大小不一，散布面积较广。中华人民共和国成立后，这里曾挖出了大量草木灰，草木灰中夹带着大量牲骨，所以这里可能是察罕脑儿行宫的米储仓及供应行宫所需酒食的酿造场所。考古人员在芨芨包区域累计发现房屋基址60余处，均可以看出高出地表的房屋基址，基址上遍布碎砖瓦和生活用具的残片。

南洼遗址在小宏城遗址南面，南北长约300米，东西宽约600米，地表有大量素面砖瓦残块。据记载，察罕脑儿行宫有居民200余家，这里可能为民舍街市和云需总管府的驻军所在地。

1982年，小宏城遗址被列为河北省重点文物保护单位，2006年被列为第六批全国文物保护单位。

历史名片

HUASHUONEIMENGGUzhenglangqi

历　史　名　片

L I S H I M I N G P I A N

"一座元上都，半部元朝史。"这里是古老的生态城市、世界宗教城、13—14世纪世界的中心、"草原丝绸之路"的起点，是世界最早马拉松比赛贵由赤比赛和元朝举行国宴诈马宴的地方。

金莲川幕府

宪宗元年（1251 年），忽必烈的哥哥蒙哥在漠北继大汗位。同年，命忽必烈总领漠南汉地军国庶事。忽必烈奉命由漠北南下，选择在农耕文化与游牧文化相接的金莲川驻帐，并在这里"征天下名士而用之"，"得开府，专封拜"，建立了蒙元历史上有名的"金莲川幕府"，逐渐汇聚了一批汉族儒士和官吏作为幕僚。据史料记载，早在 1242 年，忽必烈便将中原佛教领袖海云请到漠北，"问佛法大意"。海云南还时，将徒弟刘秉忠（子聪）留在了忽必烈身边。刘秉忠儒、释、道皆通，他不但向忽必烈讲述治理天下的道理，还将中原儒者推荐至忽必烈麾下。

在幕府人士的协助下，忽必烈对汉地使用"汉法"统治，改变了蒙古传统的统治方法，收效很好，在中原知识分子中颇有威望。此时，金莲川已经成为忽必烈创建元朝的基地，他在金莲川广揽人才，确立了安邦治国之策，开创了大元盛世的伟业。

被招入金莲川幕府的人士，可以考见的有 60 余人，如儒学代表赵复、许衡、姚枢、窦默、杨惟中，吐蕃佛教萨斯加派教主八思巴，原汉地世侯幕僚杨果、郝经、王文统、杨奂、宋子贞、商挺、李旭用、徐世隆，畏吾儿人廉希宪、阿里海牙、叶仙鼐，大食人也黑迭儿，回族人札马鲁丁、阿合马等。

建在陨石坑中的首都

元上都为元朝皇帝夏季处理国事、避暑和接受外国使臣朝觐的重要城市，也是元朝重要的经济、政治、文化和军事中心，是中国历史上一座闻名世界的城市。这样一座城市被证实是建在一个陨石坑中！

这座宏伟的世界名城建在滦河与上都河环绕的"环形水系"之中，

而这个“环形水系”就是亿万年前“天外来客”到访草原后留下的陨石坑。陨石坑内环直径70千米，外环直径150千米，肉眼很难看到全貌。

据悉，这个陨石坑是通过卫星发现的。1986年，国家地质矿产部矿床地质研究所地质学家吴恩本等根据卫星照片提供的线索，到正蓝旗和多伦县进行实地考察，证实这个“环形水系”构造原是一个巨大的陨石爆炸坑遗迹。根据地质专家考察研究，这个陨石坑形成于侏罗纪与白垩纪之间，距今约1.4亿年，是目前中国发现的四个陨石坑之一，也是世界第二大陨石坑。

古老的生态城市

元上都的城址选择和规划设计独具匠心，体现了都城建设与自然环境的完美结合，堪称一座古老的生态城市。

元上都选址于广阔的金莲川草原，这里河山相映、景色优美，都城的建设随形就势，没有对周围环境造成破坏。

有关元上都的史料和诗词生动地记录了元上都与周边生态环境和谐共存的情景。元代文人王恽称赞上都城“龙岗蟠其阴，滦水迳其阳，四山拱卫，佳气葱郁”。元朝诗人萨都剌在《上京即事五首》中有“牛羊散漫落日下，野草生香乳酪甜”的诗句，这也是对元上都美景的形象描写。

元上都在开始修建时，十分注重都城与周边自然环境的协调。城中既有宏伟宫殿、皇家苑囿，又有毡帐穹庐和成片的草地、湖泊，城外还有广阔的关厢区，都城建设与周围的自然环境相协调。这样的布局规划是人类城市建设进程中一个十分有意义的创举。元上都的建设规划改变了以往都城的高墙壁垒、与周围自然环境隔绝的规划布局，形成了“建设在草原上的城市，又与草原融为一体”的总体规划形式，体现了人与自然的和谐统一。

世界宗教城

“院院翻经有咒僧，垂帘白昼点酥灯。”这是元代诗人萨都剌在《上京杂咏（之五）》中描写元朝皇帝在上都举行佛事活动的场景。

元上都作为当时世界的宗教中心，分布着佛教、道教、景教、天主教、伊斯兰教等，形成多种宗教共存的局面。城内、城外寺庙教堂星罗棋布，既有禅宗寺院龙光华严寺、藏传佛教寺院乾元寺、帝师寺等佛教寺院，又有长春宫、太一宫等道教庙观，还有孔庙、清真寺等。直到如今，元上都遗址周边的群众都尊称遗址为佛教寓意的“兆奈曼苏木”，即“108座寺庙”之意。

之所以存在多教并存这一现象，与蒙元帝国采取的宗教政策分不开。成吉思汗对各种宗教采取支持和保护的政策，忽必烈也重视各种宗教的上层人士，给于他们优厚待遇和特权；忽必烈以后的元王朝大体上继续奉行这一政策。在元朝，最受重视的是佛教，特别是藏传佛教。

元代自忽必烈开始便重视儒家思想，金莲川幕府中招募的汉族谋士中有不少鸿学大儒，如许衡、姚枢等，还在上都兴建了孔庙。后来，元代历代皇帝更是将儒教推而广之，下诏尊崇孔子为“大成至圣文宣王”，使孔庙遍及全国。

忽必烈还于宪宗八年（1258年）夏主持一场佛道辩论会，到会僧人300多人、道士200多人，另有200多名儒生和官员。这场辩论会之后，佛教地位显著提高，从而在亚洲广为传播。

13—14世纪的世界大都会

“安乐的宫殿有倒影，宛在水波的中央漂动；这儿能听见和谐的音韵，来自那地泉和岩洞。”这是英国诗人塞缪尔·泰勒·柯勒律治1797年读到《马可·波罗游记》之后，在“悠然神往”中所写的著名诗篇《忽必烈汗》里的诗句。

我国世界遗产元上都遗址，对于许多人来说熟悉而又陌生，甚至带有几分神秘色彩。元上都是元朝的第一个首都，这个草原古都曾在我国和世界历史上产生过重大影响。

蒙元帝国实行大都、上都“两都巡幸制”。作为夏都的上都，对于游牧民族建立的王朝来说战略地位更胜于大都。元朝历代皇帝为避暑热，每年夏天率文武百官、嫔妃侍从来此避暑游猎和处理政务。这是当时管理多民族的需要，也是适应游牧民族风俗传统，便于与蒙古各部宗王联系的需要。元代“儒林四杰”之一的虞集在《贺丞相墓志铭》中写道：“上都控引西北，东际辽海，南面而临制天下，形势尤重于大都。”

这里曾经发生过许多影响了我国和世界历史的重大事件。至元十一年（1274年），忽必烈在上都发布诏书派兵伐宋。至元十三年（1276年），南宋投降，结束了我国自五代十国以来长达300多年的分裂状态，人民摆脱了战乱，我国出现了规模空前的大一统局面，再度走向繁荣。同时，元朝辽阔的疆域奠定了现代中国的版图，也为元、明、清600多年的长期统一打下了坚实的基础。此外，元朝包括元世祖忽必烈在内有6位皇帝在此登基；忽必烈在此设立中书省，总领全国政务，创立了行省制度，巩固了国家的统一，省作为地方一级行政区域名称一直沿用至今；中统元年（1260年），忽必烈下令在上都发行纸币，使货币形式发生了重大变革，此后世界其他国家也开始发行纸币……

13世纪后半叶至14世纪上半叶，在欧亚草原上再也找不到第二个城市与上都媲美。元上都在草原上的繁荣，不仅推动了我国北方的建设和开发，也极大地加强了中外交通和中外联系。元朝以上都为中心的四通八达的驿路，打破了欧亚大陆上的封建诸侯城邦的壁垒，连通了欧、亚、非三大洲之间的交通。这里还是“草原丝绸之路”的起点，每年春天都会有大批商贩从欧亚各地赶来进行交易。中国的四大发明也在元朝时期传播到欧亚地区，增进了几大洲人民的了解与交流。

1275年，马可·波罗随其做生意的父亲、叔叔由意大利前来，在上都宫殿里觐见了忽必烈皇帝。之后，他在这里生活了17年，回国后口述整理出《马可·波罗游记》一书，使元上都闻名于世。科勒律治的《忽必烈汗》诗篇，更是引发欧洲贵族雅士对上都的向往。

由宫殿、草原、森林、溪流构成的梦境中的上都，被当时的西方国家称作“Xanadu”，在《韦伯英语大辞典》中被单独列为一个词条。欧洲天文学家还用它命名土星的第六颗卫星。几百年来，Xanadu成为欧美人士描绘神秘美丽地方的形容词，“亦有宛如仙境之意”。

“草原丝绸之路”的起点

元上都是蒙元时期“草原丝绸之路”的起点，对东西方文化的交融与发展产生了深远影响。

据历史文献记载，中国古代丝绸之路主要有四条：第一条为“沙漠丝绸之路”，从洛阳、西安出发，经河西走廊至西域，然后通往欧洲；第二条为北方草原地带的“草原丝绸之路”；第三条为东南沿海的“海上丝绸之路”；第四条为西南地区通往印度的丝绸之路。

“草原丝绸之路”是指从中原地区向北越过长城入塞外，然后穿越蒙古高原、南俄草原、中西亚北部，去往欧洲的陆路商道。而元上都则是蒙元时期“草原丝绸之路”的起点。上都城的西关曾是元代各国商人进行商品交易的地方，也是当时中国北方草原地区的商业中心。

蒙元时期是“草原丝绸之路”最为鼎盛的时期，从元上都出发的“草原丝绸之路”（商路）受到蒙元帝国的保护，远达西亚、东欧。而欧洲、阿拉伯、波斯、中亚的商人也通过“草原丝绸之路”往来中国。通过这条“草原丝绸之路”，东西方经济文化交流空前频繁，更对人类文明的交融与进步产生了巨大而深远的影响。

北京城的中轴线
因元上都而偏转

据《北京科技报》报道，中国测绘科学研究院研究员夔中羽观看北京城的全景图像时，发现有个地方“不对劲儿”。他当时的目光停留在北京城的中轴线——这个足以影响整个城市格局的“脊梁”上。

那一天，夔中羽的视线沿着图像中的北京中轴线一路“北上”，脑袋竟不知不觉偏向了左侧，这使他感到吃惊——中轴线应是正南正北的朝向，难道是空拍出了问题？

在中央电视台走进科学栏目《解密北京中轴线》节目中，夔中羽在对北京城的中轴线进行研究时发现，从元大都时就确定下来的北京城中轴线并没有和经过该地的子午线重合，而是有2度多的偏角。在精确的地形图上，中轴线显示了这种“偏离”：从南端起始点永定门开始（向北延伸时呈逆时针方向偏离子午线），至终点位置钟楼，其换算后的实际距离已经离开子午线约300米。多种猜测都被推翻后，夔中羽猜想这种偏转可能与人文因素有关。

考察过程中，夔中羽将关注的重点集中在元朝第一个皇帝忽必烈身上。“这条中轴线建于忽必烈统治时期，它的形成是否也与忽必烈兴起的地方元上都有关联？”

带着疑问，夔中羽等人继续进行野外考察。最终他们发现：北京中轴线继续往北延伸，其延长线恰好通过距离北京270多千米的元上都。

由此得出了北京城的中轴线是因元上都而偏转的结论。

为什么元大都的中轴线会以元上都为起点，并因元上都而偏转呢？有专家认为，这是由元上都在元朝独特的地位和作用决定的。

元上都建于宪宗六年(1256年)，宪宗九年（1259年）建成并命名为开平府。中统元年（1260年），忽必烈在此登上蒙古大汗汗位，开平府成为蒙古汗国的首都。中统四年（1263年），忽必烈将开平府升为上都，翌年在燕京（今北京市）将金中都城复号为中都。至元四年（1267年)在中都城东北另筑新城，至元九年（1272年）改称大都，至元二十年（1283年）筑成，蒙古人称为“汗八里”（意即汗城）。

从忽必烈开始直到元惠宗，元朝始终实行两都巡幸制度，历任皇帝每年都有半年的时间在上都处理国事、消夏、狩猎、接受蒙古宗王和外国史节的朝觐。元朝的11位皇帝中有6位是在上都登基。元上都虽然始终与元大都并称为两都，其实元上都才是元朝的根本，地位和作用要重于元大都。且多次测量已证实，上都的中轴线与经过该地的子午线重合。忽必烈为了方便治理汉地在燕京建中都（后称大都），但要用上都来确定大都的中轴线，从而使大都成为上都的延伸，构成一个整体，为此大都中轴线因上都而偏转就理所当然了。

世界最早的马拉松比赛——贵由赤比赛

元朝皇帝在上都期间，除办公、消夏、狩猎外，还要举行盛大的体育竞赛活动，其中举办的长跑比赛堪称世界最早的马拉松比赛。

长跑比赛在元上都和元大都经常举办，全长约 90 千米，比现代马拉松的 42.195 千米长出许多。从时间上看，比 1896 年举行的第一届奥林匹克运动会所设马拉松比赛项目早 600 多年。

据史料记载，从至元二十四年（1287 年）开始，为训练“贵赤卫”的长跑技能，每年要举办“贵由赤”赛跑。“贵赤卫”，蒙古语，是“宫廷禁卫军”的意思，主要负责大都和上都的护卫工作，并兼管“急递铺”（传递文书的驿站）的公文速递任务。“贵由赤”译成汉语就是“快行者”“速跑者”之意。这项比赛，既是一种体能锻炼，又具有军事训练的性质。

基于元上都各路高手云集的影响与传承，至今这片草原仍然是蒙古族贵由赤的故乡。正蓝旗为弘扬这一传统文化，在每年的“中国·元上都文化旅游节”期间，都要举办贵由赤长跑比赛。

元上都国宴——诈马宴

元朝在上都举行的国宴“诈马宴”，又称“质孙宴”或“只孙宴”。“诈马”为蒙古语，意为“烤全羊”；“质孙”“只孙”为蒙古语，意为“颜色”。

元上都杯贵由赤长跑赛

因参加宴会者的服饰均为统一发放，共有13种颜色，故而称诈马宴为质孙宴。

据记载，元世祖忽必烈在上都、大都先后摆过十次大型且有重要影响的诈马宴，用来庆祝战争的胜利和天下的统一。当时的文武百官及各国使臣，包括马可·波罗叔侄等都曾出席宴会。在诈马宴上，忽必烈与外宾、嫔妃、王子、将相欢聚一堂，畅所欲言，大家操刀割肉，大碗饮用马奶酒。汪元量在其纪事诗《湖州歌》中，记录了忽必烈十开诈马宴的盛况：

皇帝初开第一筵，天颜问劳思绵绵。大元皇后同茶饮，宴罢归来月满天。

第二筵开入九重，君王把酒劝三宫。驼峰割罢行酥酪，又进雕盘嫩韭葱。

第五华筵正大宫，辘轳引酒吸长虹。金盘堆起胡羊肉，御指三千响碧空。

第十琼筵敞禁庭，两厢丞相把壶瓶。君王自劝三宫酒，更送天香近玉屏。

质孙服饰被惯称为“金锦衣”“金织文衣”。蒙元时期，凡忽里勒台大会和内廷大宴皆穿之，意在“亲疏定位，贵贱殊列”，“必上赐而后服”，且“其佩服日一易”。参加诈马宴的皇帝、贵族、大臣等人有多套质孙服。按照马可·波罗的描述，质孙服是包括衣、带、靴等物在内的缀有珠宝的参加宴会时穿的服装。皇帝有冬夏质孙服30余套，官员等人的冬、夏质孙服则分为九等和十四等。

元朝时规定，“国有朝会、庆典、宗王大臣来朝，岁时行幸，皆有燕飨之礼”。凡新帝即位、册立皇后和太子、过年、皇帝生日、祭祀、狩猎和诸王朝会等活动，都要大摆筵席，招待宗室、贵戚、大臣、近侍等。朝会、庆典、新帝即位等诈马宴多在上都举行，其他情况两都兼而行之。大都的主要宴所为大明殿；上都的主要宴所为“西内”（“昔剌斡耳朵”，意为“黄色殿帐”），由于覆盖大片棕毛，亦称“棕毛殿”。入宴者须按等级亲疏就座，包括卫士、乐工在内的在场所有人员都要穿着皇帝颁赐的贵重服饰质孙服。

诈马宴由酒类和食物的组织调运、位次排定、宴饮仪节、宴乐等内容组成。诈马宴短则两三天，长可达两个月，场面宏大，内容丰富。包括马奶酒在内的酒饮是其中饮食活动的主要内容，故而对酒的组织调运受到特别重视。在统管宴饮的宣徽院下属机构中，专掌造酒与提供造酒原料的属司有9个，提供奶食、粮食、肉食、蔬菜、水果、茶叶、柴炭等物资的属司有15个，皇帝与诸王权贵都有专供制造马奶酒的马群、毡帐和乳车。

诈马宴上皇帝和皇后坐在北面中央，男人们坐在皇帝的右边（即西边），女人们坐在皇帝的左边（即东边），皇帝的儿子和兄弟们坐在南面。主膳官员身着礼服，面北侍立或跪坐酒器左右专司进酒。正式开宴前，掌管金匮之书的大臣手捧大札撒，诵读其中若干条文，其后则“礼有文饮有节矣”。饮毕撤席，宴乐使诈马宴又进入了一个高潮。每次宴乐，要到日暮秉烛时分才尽欢而散，众人策马出城，各回其所。

元朝的诈马宴场面宏大，从“大宴三日酣群悰，万羊脔炙万瓮浓”的文字中，便可窥见蒙古族当年换盏醉饮的影子。忽必烈利用本民族特有的仪节性传统，为元朝创造出了一套适应时宜、适合民族性格特征的礼制。植根于游牧民族深厚土壤中的诈马宴获得权贵的认同，发挥了凝聚族众、维系等级秩序的礼制性功能。

蒙汉文化交互融合的草原古都

“一派箫韶起半空，水晶行殿玉屏风。诸王舞蹈千官贺，高捧葡萄寿两宫。”这是元代诗人萨都剌描写的上都盛宴场景。

如今，走进绿草如茵的元上都遗址，极目四望，高大的土陇重重相套，一般人很难相信覆土之下便是宏伟的城墙。而航拍图片中，遗址内的宫殿、民居、道路、街巷等一目了然。

刘秉忠在城市设计上使农耕文化与草原文化紧密结合、相得益彰：城中既有雄伟的宫殿，又有毡帐穹庐，城外还有广阔繁华的居民区和商业区。从元人“西关轮舆多似雨，东关账房乱如云”的诗句中可见其城外繁华热闹的景象。

“总体布局上既体现了中原地区传统都市设计理念，也考虑到蒙古人游牧生活的特点。”自治区文物局副局长王大方认为，元上都尽管毁于元末农民起义的战火，但它是“一座拥抱着巨大文明的废墟”。

“元上都遗址是我国元朝创建最早、历史最久、格局最完整、保存最完好的遗址。”自治区博物院原院长塔拉说，“是草原文明与农耕文明相互碰撞融合的结晶。”

元上都城址坐北朝南，呈正方形，由宫城、皇城和外城环套而成，明显沿用了中国古代中原地区都城规划的设计传统；三重城墙外均设有护城河，城外西北面以铁幡竿渠作为整座城市的防洪设施，体现出湿地建城的特殊需求。

元上都的外城北部是皇家园林，南部街道纵横交错，两侧是整齐的院落，是专门为皇家服务的规模庞大的手工业作坊区和商业区。皇城内有“四横三纵”七条主街，东北角和西北角分别为大龙光华严寺和大乾元寺两座佛教寺院，东南部有孔庙，东南隅有道观，此外还有翰林院等官署。

专家对元上都现存外城城墙、宫城御天门、穆青阁、护城河、西关厢等遗址清理后，发现房屋遗址1000余座、建筑台基700余处、道路30余条，出土文物数千件，地下埋藏有丰富的历史文化遗存。

元上都内的许多建筑名称融入了深厚的传统文化元素。比如，元上都皇城南门即正门名为“明德门”，取自《礼记》的“在明明德”，表示如日中天、天下大明；皇城北门叫作“复仁门”，取自《易传》中“休复之吉，以下仁也”，表示美好、吉祥、仁政。

我国目前已发现的草原都城遗址共有三座，其他两座分别是呼和浩特市和林格尔县的盛乐古城、赤峰市巴林左旗的辽上京遗址，但它们的规模及保存程度都不及元上都。这与它所承载的蒙古族文化以及现今国家所实施的文化和生态保护政策密切相关。

几百年来，当地人一直尊称元上都遗址为佛教寓意的“兆奈曼苏木”，即“108座寺庙”之意。元上都城址周边的群山峰顶上，分布着许多敖包，当地每年都要定期祭拜敖包。

中华人民共和国成立以来，元上都遗址一直得到国家和地方政府的有效保护。早在1964年，元上都遗址就被列为自治区第一批文物保护单位，1988年被国务院批准为第三批全国重点文物保护单位。1999年起，元上都遗址保护区范围内推行禁牧、围封、水土保持、防沙固沙、环境保护等工程，更使遗址保持了原貌。自治区还按照世界遗产的管理要求，依照国际、国内相关法规建立了遗址保护的法律法规体系。

明清北京城“样板宫城”

“御天门前闻诏书，驿马如飞到大都。九州四海服训诰，万年天子固皇图。”这是元代诗人胡助描写元朝皇帝在上都发布诏书的情景。

元上都御天门建在元上都宫城的正南方，皇帝在上都期间所下达的诏旨都要在御天门发布，然后送往大都，再转发全国各行省。

元上都是草原城市，城内大片草滩、湖泊或水池相连；元大都在建设中对此加以模仿，把太液池圈进了皇城内。元上都皇城的明德门、宫城的御天门、宫城正中心的“丁”字街交汇点、宫城后墙的阙式建筑，都在一条子午线上；而后建的元大都，从正门向北进入皇城的崇天门，再经大明殿到皇城北墙的后载门，也是在一条子午线上。

种种现象表明，元大都继承了元上都的建筑模式。明、清两代的北京城是在元大都的基础上建成的，以永定门为起点，向北经过正阳门、大明门（前门）、承天门（天安门）、端门、午门等，一直到地安门所遵循的子午线，沿用了元大都的子午线。今天北京故宫的太和殿、中和殿、保和殿三大殿的台基，平面呈“工”字形，也是模仿元大都的大明殿而建的；进入故宫要经过的金水河玉带桥，源于进入元上都的滦河桥；北京城的外城，源于元上都城外的关厢。这些都表明元上都为北京城的都城建设提供了基础模式，起了样板作用。

元上都遗址平面示意图

元代两都巡幸路线

元朝确立两都巡幸制之后，历代皇帝每年往来于上都和大都之间，但往来走的道路不同。

元上都(正蓝旗境)与元大都(今北京市)相距约270千米。元朝兴盛时期，两都之间共有四条驿道，其中有两条是元朝皇帝每年两都巡幸时所走的道路。

这两条驿道在《元史》中均有记载。其中，元朝皇帝从大都到上都走的是黑谷东路(俗称“辇路”)。这条路全长370多千米，设有18处行营，是皇帝行走的专道。该路从大都出居庸关，然后北上，经今延庆区，进入草原，经明安驿、李陵台、桓州等驿站抵达上都。从上都返回大都走的是西路，全长540多千米，共设立24处行营。路线为由上都南下至今张家口，然后沿今京包铁路线至大都。这条道路在蒙元时期是驿道正路，被人称为“孛老站道”。

元代两都巡幸路线图

元朝的两都巡幸制度，既是出于生活方式的需要，也是出于政治上的考虑。蒙古族主要从事畜牧业，习惯逐水草而居、四时迁徙的生活方式。同时，上都是草原交通枢纽，便于与漠北宗王贵族联络，增强他们的向心力。

南坡之变

延祐七年（1320 年），太子硕德八剌在答己皇太后支持下即位，即元英宗。元英宗即位后，决意改革朝政，却因朝政被权相铁木迭儿及其党羽把持而难以推行。

元英宗即位之初，全国各地水旱灾害严重；漠北遭遇大风雪，人畜死亡较多，百姓流离失所。在财政非常困难的情况下，元英宗采取了减少开支、增加财政收入等缓和社会矛盾的措施。如罢除了给僧人、工匠、伶人滥授的爵位及滥建的寺庙，罢养兽之费，禁止僧人驰驿，禁止献珠宝；削减官僚机构，压低其品秩，规定由吏入官秩止从七品。为增加赋税收入，增两淮、湖广、江南东西道田赋，每斗加二升；命京城势家与民均役；回族散居郡县者，每户岁输包银二两。

至治二年（1322 年），权臣铁木迭儿和皇太后答己相继去世，元英宗起用木华黎后人太常礼仪院使拜住为中书右丞相，又以妻舅铁失为御史大夫，自十月开始推行新政，选用汉儒充实省、台及翰林、六部官职；推行“津助赋役法”，以其收入作为当役者的补贴；压缩机构、罢汰冗官；制定和颁行《大元通制》，统一元朝的政治制度和法律。

元英宗是背兄弟之约即位的皇帝，引起诸王对他的不满，加上财政困难无法及时颁给诸王、功臣应得的岁赐，所以得不到诸王和臣下的支持。当时元英宗让回族交纳包银，改建上都清真寺为佛寺，又引起回族的不满。再加上元英宗平时严苛寡恩，因此不得人心。元英宗任用拜住之后，追究铁木迭儿之子八里吉思及铁失等人的“诳取官币”案，处死了贪赃枉法的铁木迭儿之子八里吉思等人，并追查其党羽。铁失因是皇亲获特赦。

至治三年（1323 年）五月，拜

住等人在陈奏铁木迭儿罪行时涉及铁失，铁失怕被治罪与同伙密谋杀害元英宗。至治三年（1323 年），元英宗与中书右丞相拜住自上都南返大都，在元上都西南约 30 里处的南坡店驻跸。当日夜晚，元代权臣铁失与铁木迭儿之子锁南、知枢密院事也先帖木儿、大司农失秃儿等 16 人发动政变，以阿速卫军为外应，杀死元英宗和拜住。随后，迎立晋王也孙铁木儿（泰定帝）即位。史称南坡之变。

正蓝旗的御马厂

清朝皇家御马厂在正蓝旗原太仆寺右翼旗境内，即上都河流域的金莲川草原，现在的太仆寺旗在清朝以饲养军马为主。

清朝是畜牧业最为发达的朝代，超过了以往的任何朝代。清代官牧厂是一种正规的国营畜牧业组织，是一种典型的经济实体，但它同时又是一个行政部门，是当时官僚机构的一部分，表现出官办实业的特点。在管理措施上，清政府对官牧厂特别是边塞官牧厂实行了责任制，订立了严明的奖惩办法，保证和促进国营畜牧业的发展。官牧厂有着良好的自然环境：山河优美，空气干燥，水草丰茂。康熙帝称，“历观宋、明之时，议马政皆无上策”“唯我朝牧养得法”，所言不无道理。

史料记载，清初在独石口外设立的直属于上驷院的御马厂，即上都牧厂。上驷院所属牧厂，在康熙四十九年（1710 年）时，牧养着骒马 197 群、骟马 46 群、走马 2 群、驼 22 群，每群马 200 ~ 500 匹，每群驼 100 ~ 200 峰。上都牧厂饲养的马专供御用和皇帝骑乘。

《口北三厅志》关于御马厂的记载：御马厂即太仆寺右翼牧厂，亦名上都牧厂，在距独石口东北 145 里的博罗城。东西宽 125 里，南北长 197 里。东至古尔板库德界，西、北至镶白旗察哈尔界，南至插汉噶尔特界。

博罗城是上都牧厂衙门所在地，即现在的正蓝旗黑城子示范区黑城子遗址，在上都河畔。上都牧厂以上都河流域为中心，即今天的金莲川草原，包括今正蓝旗南部的五一种畜场、上都镇、哈毕日嘎镇、黑城子示范区，多伦县大北沟镇，河北省塞北管理区、沽源县北部。

太仆寺所属边外的两个牧马厂，原属兵部管理，称大库口外种马二场。至康熙九年（1670 年）改隶太仆寺，为军队牧养或提供马匹，即军马厂，后分设左、右两翼牧厂。位于张家口北哈喇尼敦井的太仆寺左翼牧厂，土地辽阔，方圆 600 里；位于张家口西北的齐齐尔罕河的太仆寺右翼牧厂，方圆400里。后来，清政府在蒙古地区实行移民实边政策，将内地的大批汉族农民迁移到边疆地区垦殖，草场越来越小。乾隆年间，太仆寺右翼牧厂向东移到文书台西路第三台西马莲渠（今张北县马蓝渠）一带。嘉庆以后，太仆寺右翼牧厂再次东移，骒马群移到上都牧厂所在地，所以清朝文献上说，太仆寺右翼牧厂，亦名上都牧厂。

光绪三十三年（1907年），太仆寺右翼牧厂改为太仆寺右翼牧场。1928年，中华民国政府设察哈尔省后，太仆寺右翼牧场改称第四模范牧场。1936年，日伪察哈尔盟公署把太仆寺右翼牧场改编为太仆寺右翼旗建制。

1949年3月，内蒙古自治区工作委员会决定，明安旗与太仆寺右翼旗合并，称明安太仆寺右翼联合旗，旗政府所在地设在哈登胡硕庙。1956年9月，撤销明安太仆寺右翼联合旗，与正蓝旗合并。

20世纪70年代，黑城子示范区（4626部队五七军马场）、上都镇（上都河公社）、五一种畜场一带马匹达到上万匹，是锡林郭勒良种马繁育基地。目前，黑城子示范区马的数量不足500匹。2013年12月，正蓝旗引进外资打造良种马基地，与丹麦维佳运动马公司签订仪式，丹麦方投资3.6亿元，租赁黑城子示范区草牧场，繁育温血马。项目包括温血马的繁育、调教、竞赛、销售以及相关的马房、场馆、度假村建设等。

丰美牧场

古今名人

HUASHUONEIMENGGUZhenglanqi

古今名人

GUJINMINGREN

一代天骄成吉思汗在桓州大败金兵，元朝6位皇帝于上都登基，金莲川幕府汇聚了刘秉忠、郭守敬等经纬之才，元上都吸引来八思巴、马可·波罗等天下英才。现当代蒙古族文学奠基人纳·赛音朝克图出生在这里，察哈尔盟长关起义在这里捐躯……

一代天骄成吉思汗桓州大败金兵

1211年，成吉思汗在克鲁伦河畔举行誓师仪式，率军伐金，分兵两路南下。

东路军由成吉思汗及其四子拖雷统帅，以者别为先锋，耶律阿海为先导。七月，者别攻取乌杀堡。金守将独吉思忠遭撤职，由参知政事完颜承裕主持军务。成吉思汗军连克金桓州（今正蓝旗上都镇北侍郎城）、昌州（今沽源县九连城）。史书记载："下金桓州，得其监马几万匹，分属诸军，军势大振。"在野狐岭鏖战30万金军时，由木华黎率敢死队先攻，成吉思汗指挥大军继进，大败金军。金军自此锐气尽失！

在元上都登基或复位的元朝六位皇帝

元朝11位皇帝中，元世祖忽必烈、元成宗铁穆耳、元武宗海山、天顺帝阿剌吉八、元文宗图帖睦尔、元惠宗妥懽帖睦尔6位皇帝在上都登基或复位。

元世祖忽必烈

孛儿只斤·忽必烈（1215—1294年），成吉思汗嫡孙，托雷第四子，元宪宗蒙哥之弟，元朝的开国皇帝，蒙古尊号"薛禅汗"。忽必烈于宪宗元年（1251年）建金莲川幕府，宪宗六年（1256年）兴建开平，中统元年（1260年）在开平称帝，中统四年（1263年）升开平为上都，并于至元元年（1264年）击败与其争夺汗位的幼弟阿里不哥，再建都燕京（时称中都，后称大都）。至元八年（1271年）定国号为大元，次年定都大都（今北京市）。至元十六年（1279年），剿灭南宋统一中国。至元三十一年（1294年），元世祖忽必烈逝世。元世祖忽必烈

元世祖忽必烈画像

建立的元朝结束了我国长期的分裂状态，巩固和发展了我国多民族统一的国家。

忽必烈青年时代，便“思大有为于天下”。宪宗元年（1251 年），长兄蒙哥继大汗位，忽必烈受封为王，驻帐于金莲川，并总领漠南汉地军国庶事。忽必烈广招天下名士，组成了历史上著名的金莲川幕府。他尊崇儒学，任用了大批汉族幕僚和儒士，如刘秉忠、许衡、姚枢、郝经、张文谦、窦默、赵璧、王文统等，提出“行汉法”的主张。儒士元好问和张德辉还请忽必烈接受“儒教大宗师”的称号，忽必烈悦而受之。宪宗二年（1252 年），忽必烈奉命征讨云南大理。宪宗三年（1253 年），蒙哥分赏诸王，忽必烈得京兆封地后，建立京兆宣抚司。同年八月，忽必烈率军南征，进攻大理国。宪宗四年（1254 年），忽必烈攻克大理城，国王段兴智投降，大理国灭，云南并入蒙古帝国版图。

从宪宗六年（1256 年）开始，忽必烈在金莲川开始建立开平城，以便巩固势力。忽必烈的发展，引起了蒙哥的猜忌。宪宗七年（1257 年），蒙哥命阿蓝答儿等在关中设钩考局，查核京兆、河南财赋。阿蓝答儿等给河南经略司、京兆宣抚司的官员罗织罪状，处分忽必烈所信用的官员，削弱他的势力。在局势十分不利的情形下，忽必烈听取谋臣的意见，亲去朝见蒙哥。蒙哥见忽必烈来朝，消除了猜忌。宪宗八年（1258 年）七月，蒙哥率大军攻入四川北部，一路所向披靡，攻克四川北部大部分地区。同年十一月，根据蒙哥旨意，忽必烈在开平东北行祭旗礼，出兵南下攻宋。宪宗九年（1259 年）七月，率军抵河南汝南，向南宋进发，命杨惟中、郝经宣抚江淮；九月，忽必烈统领中路军渡淮河，攻入南宋境内，随后一路向南，在湖北开辟战场，进攻长江中游鄂州。宪宗九年（1259 年），蒙哥在合州城下攻势受阻；八月，蒙哥在重庆合州钓鱼山攻宋前线病逝。九月，在四川的忽必烈异母弟末哥派使者向忽必烈宣布消息，请忽必烈北归继承汗位。忽必烈认为“吾奉命南来，岂可无功遽还”，于是继续进攻南宋，并多次获胜。后来，忽必烈的妻子察必派使者密报，哈拉和林众臣谋立忽必烈之弟阿里不哥为帝，而阿里不哥已派阿蓝答儿在开平附近调兵，派脱里赤在燕京附近征集民兵。当时有资格承袭汗位的拖雷诸子中，阿里不哥奉命留守在哈拉和林，旭烈兀在波斯、西亚地区，忽必烈征宋大军在鄂州以北前线，故阿里不哥的胜算很大。十一月，儒臣郝经上《班师议》，陈述退兵理由，坚定了忽必烈退兵北返的决心。但忽必烈声称要进攻南宋首都临安，便留大将继续围攻鄂州，增加对南宋的军事压力。南宋丞相贾似道派使者请和，约定南宋割地、送岁币。忽必烈遂撤兵北返。

中统元年（1260 年）年初，忽必烈弟阿里不哥先在哈拉和林召开忽里勒台大会，得到蒙哥诸子及窝阔台、察合台系多数西道诸王的支持，宣布继蒙古大汗位。忽必烈与南宋议和后，轻骑北上。同年一月，忽必烈率军抵达燕京，解散了脱里赤征集的民兵，在燕郊驻扎期间和诸王联络，谋划登基。三月，忽必烈在开平召开忽里勒台大会，主要在塔察儿等东道诸王和合丹（窝阔台庶子）、阿只吉（察合台孙）等少数西道诸王的支持下称汗，建元中统。六月二十九日，忽必烈发布中统建元诏，正式建年号“中统”，开始按我国传统王朝年号纪年。

忽必烈即位后，立即派人至京兆（今陕西省西安市）以奉诏名义擒杀了蒙哥属下部分臣属、军将，又派大军在河西击败了蒙哥大军主力，控制了川陕甘地区。同年夏秋之际，忽必烈亲率大军北征，击败阿里不哥，进占并派兵留守哈拉和林，自己返回漠南。中统二年（1261 年）夏秋之际，退到蒙古高原西北的阿里不哥东山再起，增调大批斡亦剌军南下，袭占哈拉和林后直趋漠南。同年冬，忽必烈同宗王、贵戚和汉族军阀大军北上，与阿里不哥大军相遇于开平以北的昔木土一带。经几度激烈会战，双方损失惨重，各自后撤，但阿里不哥缺少漠南汉地人民的支持，军事物资匮乏，实力明显衰弱。在阿里不哥支持下成为察合台兀鲁思之主的阿鲁忽，见阿里不哥大势已去，转而投向忽必烈。阿里不哥一怒之下，又率军西征，击败阿鲁忽，进占了阿里麻里，但已无力确立稳固的统治。忽必烈则趁机派兵占领了阿里不哥的后方哈拉和林地区。至元元年（1264 年）秋，已穷途末路的阿里不哥来到开平向忽必烈投降。历时四年之久的内战结束。忽必烈登上汗位之后，逐步将统治中心南移，全面推行“汉法”。

1264年，忽必烈发布《至元改元诏》，取《易经》“至哉坤元”之义，改“中统五年”为“至元元年”，升燕京为中都，在中都旧城东北建新城。至元八年（1271年），忽必烈将国号由“大蒙古国”改为“大元”，从大蒙古国皇帝变为大元皇帝，成为元朝开国皇帝。至元九年（1272年）升中都新城为大都。

镇压李璮之乱。忽必烈即位时，为安抚并得到汉地世侯的支持，封李璮为江淮大都督，授史天泽为中书右丞相。但李璮拥兵自重，在忽必烈与阿里不哥的战争中拒绝应征出兵，并于中统三年（1262年）春攻占济南，公开反叛。忽必烈调蒙汉各路大军，在宗王合必赤和史天泽统领下围攻济南。同年夏，济南被攻克，李璮被史天泽俘获处死。忽必烈鉴于李璮之叛是由汉地世侯权势太重所引起，便废除了汉官世袭，实行地方军民分治，解除汉官世侯的原有军权，陆续实行保证蒙古贵族特权，对汉人加强防范、镇压，利用色目人来实行互相牵制的政策。

平定海都之乱。忽必烈即位之初，蒙古高原世袭兀鲁思的部分宗王对忽必烈推行中央集权的“汉法”、对他的最高统治地位有抵触、不满和反对心理。忽必烈为巩固和加强汗权采取了一系列措施，并以武力平定、镇压反叛。忽必烈招降阿里不哥之后，曾经支持阿里不哥的窝阔台之孙海都仍拒不臣服。海都以自己的封地海押立（今哈萨克斯坦塔尔迪库尔干）为基地，养精蓄锐，势力日盛，成为窝阔台系宗王的首领，并以大汗之位应属窝阔台后裔为理由，谋求自立为大汗。至元七年（1270年），忽必烈针对以海都为首的西北宗王势力，派兵镇守漠北西部，派大军迎击，在别失八里（今新疆昌吉回族自治州吉木萨尔县境内）击败海都。次年，派皇子那木罕率军进驻阿里麻里。海都趁元军大举南征宋朝之机起兵反攻，忽必烈派中书右丞相安童和一批宗王随同那木罕率大军北伐。从征的宗王蒙哥之子昔里吉、阿里不哥之子玉木忽儿等人于至元十三年（1276年）冬发动叛乱，劫持那木罕和安童，并回师攻掠漠北腹地哈拉和林。一时间，大漠南北和西北地区的宗王贵戚多有叛军响应。忽必烈急调征宋主将伯颜、阿术等回师北征，分别击溃各路叛军。其后，伯颜辅佐皇太子真金戍守漠北，稳定了蒙古腹地的局势。察合台汗八剌死后，海都扶植其子笃哇即位，建立了窝阔台、察合台汗国联盟，控制漠北西部和新疆地区，继续与忽必烈元廷对抗。忽必烈统治后期，海都、笃哇等一直与元廷对峙，连年派兵侵掠肆扰。忽必烈先后派皇子、皇孙统重兵出镇漠北、西北。大德五年(1301年)，海都、笃哇联军从阿尔泰山南下，忽必烈孙晋王甘麻剌等率军迎击。激烈会战后，海都伤重至死，笃哇因伤致残。其后，笃哇支持海都之子察八儿继承汗位，并一起向元成宗求和。

平定乃颜之乱。至元二十四年（1287年），忽必烈为震慑成吉思汗诸弟系宗王（又称东道诸王），加强控制东北地区，设立东京行省即辽阳行省。东道诸王中领户封地最多、实力最强的斡赤斤系后王乃颜，联合哈萨尔系和合赤温系后王举兵叛元。同年夏，忽必烈率大军从上都北征。两军在哈拉哈河一带决战，乃颜溃败后被擒杀。元军北逾海拉尔河，东越哈剌温山（大兴安岭)，进至嫩江一带追击其他叛王。至至元二十八年（1291年），东道诸王叛乱才被最后平定。

平定海都之乱、乃颜之乱后，绵延几十年的“黄金家族”各系宗王与大元朝廷的内战从此基本平息。此后，整个元朝时期均有皇族宗王即皇帝兄弟或子侄率军出镇漠北蒙古本土，维持着元廷对宗王贵戚的有效统治和辖制。

灭南宋，统一中国。至元四年（1267年），忽必烈着手统一江南。他采纳南宋降将刘整取襄阳的攻宋方略，与南宋争夺汉江中游的重要战略据点襄阳和樊城。经六年激战，至元十年（1273年）攻破樊城，襄阳守将吕文焕出降，打开了南宋防线的大门。至元十一年（1274年）三月，忽必烈以伯颜为统帅出征南宋。元军兵分两路：东路由合答统帅，刘整为先锋，自淮西出发，沿大运河南下，直取扬州；西路由伯颜和阿术统帅，自襄阳出发，沿汉水入长江，顺江而下，直取临安（今浙江省杭州市）。十二月，元朝水师进入长江，攻破阳罗堡要塞，南宋统将夏贵逃走，汉阳、鄂州的宋军投降。伯颜留阿里海牙经略荆湖（今湖南省和湖北省部分地区），以南宋降将吕文焕为先锋，顺江而下，继续前进。沿江南宋将领多为吕氏旧部属，皆不战而降，元军迅速攻占了湖北，向安徽挺进。至元十二年（1275年）春，伯颜大军在丁家州（今安徽省铜陵市）一举击溃贾似道率领的南宋军主力，并与左路军会合，攻占建康（今江苏省南京市）。同年冬，元军分兵三路进攻南宋首都临安（今浙江省杭州市）。至元十三年（1276年）春，南宋幼帝赵显投降，南宋灭亡。至元十六年（1279年），元军占领四川，在关东崖山歼灭南宋卫王残余势力。元朝灭南宋，结束了我国自唐末以来近500年的长期分裂局面，建立起空前统一的多民族国家。《元史·地理志》载，汉唐以来，元朝地域最广，“其地北逾阴山，西极流沙，东尽辽左，南越海表”。

至元三十一年（1294年）正月，忽必烈在大都病逝，谥号圣德神功文武皇帝，庙号世祖，在位34年。

元成宗铁穆耳

元成宗铁穆耳画像

元成宗铁穆耳（1265—1307年），是在元上都登基的第二位皇帝，元世祖忽必烈之孙，皇太子真金第三子。至元三十年（1293年）封皇太孙，领兵镇守漠北。至元三十一年（1294年），铁穆耳在其母阔阔真与大臣伯颜等人的支持下于上都即位。

铁穆耳在位期间，罢征日本、安南，专力整顿国内军政。他采取限制诸王势力、减免部分赋税、新编律令等措施，使社会矛盾暂时有所缓和。同时，发兵击败西北叛王海都、笃哇等，笃哇、察八儿归附，使西北长期动乱的局面有所改观，历时40年之久的皇室内争从此结束。元名义上成为其他汗国的宗主，四大汗国承认元朝皇帝是成吉思汗汗位的合法继承人。

铁穆耳鼓励发展生产，民众负担减轻，与邻国民间贸易活跃。但滥增赏赐，入不敷出，国库资财匮乏，中统钞迅速贬值。也曾发兵征讨八百媳妇国（在今泰国北部），引起云南、贵州地区动乱。晚年患病，朝政委决于皇后卜鲁罕和色目人大臣，日渐衰败。

大德十一年（1307年）驾崩，在位13年，庙号成宗，谥号钦明广孝皇帝，蒙古汗号完泽笃可汗。

元武宗海山

孛儿只斤·海山（1281—1311年），元朝第三任皇帝。他是元世祖忽必烈的曾孙，裕宗真金之孙，顺宗答剌麻八剌之子，成宗铁穆耳之侄。母亲是昭献元圣皇后答己，弟弟是仁宗爱育黎拔力八达。

海山于大德三年（1299年）受

命出镇漠北，平息海都之乱。大德八年（1304 年），被封为怀宁王。大德十一年（1307 年），元成宗无嗣而崩，爱育黎拔力八达在大都发动政变，除掉了成宗皇后伯岳吾·卜鲁罕及她拥立的安西王阿难答，海山则自漠北率军南下，取得皇位继承权，并登基于上都，后册封爱育黎拔力八达为皇太子。

海山在位不足 4 年，却实施了许多改革：他标榜“溥从宽大”，大范围封官赏赐，在中书省外另立尚书省；推行理财政策，发行“至大银钞”和“至大通宝”，强化海运、增课赋税；大兴土木，兴建了元中都（位于今河北省张北县）；文化上，在崇信藏传佛教的同时延续宗教信仰自由政策，并加封孔子为“大成至圣文宣王”。

至大四年（1311 年）初，海山驾崩于大都，庙号武宗，谥号仁惠宣孝皇帝，蒙古汗号曲律汗。皇太子爱育黎拔力八达即位，海山的所有改革措施未收成效便戛然而止。海山去世后，元中都停止了兴建和使用，只是作为驿站存在。

天顺帝阿速吉八

孛儿只斤·阿速吉八（1320—1328 年），元朝第七位皇帝。他是元泰定帝也孙铁木儿之长子，泰定元年（1324 年）被册封为皇太子。1328 年九月，年仅 9 岁的阿速吉八在上都被权臣倒剌沙拥立为帝，与大都的元文宗图帖睦尔对抗，展开两都之战。一个月后阿速吉八战败，倒剌沙被杀。天顺帝随即下落不明，

元武宗海山画像

天顺帝阿速吉八画像

在位仅约一个月。

元文宗图帖睦尔

孛儿只斤·图帖睦尔（1304—1332年），汗号“札牙笃可汗”，元朝第八位皇帝（两次在位，第一次在位时间为1328—1329年，第二次为1329—1332年，在位时间共4年），庙号文宗，谥号圣明元孝皇帝。

元文宗自幼成长于汉地，有较好的文化修养，是元朝皇帝中颇有建树的一位。天历二年（1329年），在大都创建奎章阁，命儒臣进经史之书，考历代帝王之得失，仿唐、宋会要体例，编修《经世大典》，整理并保存大量元代典籍。他提倡尊孔，加封孔子父母及后世名儒，并依儒家礼仪新祀南郊。在位时间虽短，但其所提倡的文化治国策略影响久远。

元文宗图帖睦尔画像

元顺帝（元惠宗）妥懽帖睦尔

孛儿只斤·妥懽帖睦尔（1320—1370年），元朝第十一位皇帝。元明宗长子，元宁宗长兄。延祐七年（1320年）生于察合台汗国境内。天历二年（1329年），元明宗即位后，妥懽帖睦尔回到元朝。不久，元文宗毒死了元明宗，将妥懽帖睦尔流放到高丽大青岛与广西静江（今广西壮族自治区桂林市）。元文宗、元宁宗相继驾崩后，妥懽帖睦尔被太后卜答失里下令迎回，元统元年（1333年）六月即位于上都。

至元六年（1340年），妥懽帖睦尔扳倒权臣伯颜而亲政。亲政初期，他勤于政事，任用脱脱等人，采取了一系列改革措施，以挽救元朝的统治危机，史称“至正新政”。包括颁行法典《至正条格》，以完善法制；颁布举荐守令法，以加强廉政；下令举荐逸隐之士，以选拔人才。但未能从根本上解决积弊已久的社会问题，最终于至正十一年（1351年）爆发了农民起义。执政后期逐渐怠政，沉湎享乐，而元廷内斗不断、外部民变迭起，使他无法有效控制政局。至正二十八年（1368年）闰七月，明军进攻大都，妥懽帖睦尔出逃，元朝退出中原，对全国的统治结束。

洪武三年（1370年）四月，妥

元顺帝（元惠宗）妥懽贴睦尔画像

懽帖睦尔驾崩于应昌，享年51岁，庙号惠宗，蒙古汗号“乌哈噶图汗”。明朝为其上尊号“顺帝”，民间又称其为至正帝、庚申帝、庚申君等。在位37年，为元朝在位时间最长的皇帝。

上都文臣武将

元上都从忽必烈建金莲川幕府、到从开平升为上都，期间汇聚了众多的天下英才。这些文臣武将包括负责设计上都的刘秉忠、修建我国北方草原最早水利工程元上都泄洪渠铁幡竿渠的郭守敬、忽必烈帝师八思巴、回族学者上都司天台提点（台长）札马鲁丁、旅居中国17年之久的意大利旅行家马可·波罗等，他们为元朝的巩固和发展做出了突出贡献。

刘秉忠

刘秉忠（1216—1274年），初名刘侃，字仲晦，号藏春散人，今河北省邢台市人，元上都的设计师。因信佛教而改名子聪，任官后名刘秉忠。元朝杰出政治家、文学家、设计师。刘秉忠是元初政坛一位很重要的政治人物，对于元代政治体制、典章制度的制定发挥了重大作用。同时，又是一位兼擅诗文词曲的文学家。至元十一年（1274年）逝世。元世祖赠太傅，封赵国公，谥号文贞。元成宗时，追赠太师，改谥文正。元仁宗时，追封常山王。

刘秉忠13岁在帅府做人质，17岁为邢台节度使府令史，后弃官

刘秉忠画像

隐居武安山，被天宁寺虚照禅师收为徒弟。云游云中时，留居南堂寺。元世祖即位之前，海云禅师奉召拜见，路过云中时听闻刘秉忠博学多才，邀与同行。刘秉忠拜见元世祖后，元世祖甚为称赞，多次垂询。刘秉忠尤其深入研究《易经》及北宋邵雍的《皇极经世书》，至于天文、地理、律历、占卜无不精通。召至哈拉和林后，刘秉忠上书数千百言。元世祖甚为赞赏，均予采纳。他为元王朝建立了一系列的政治制度，也规划修建了元上都、元大都，被誉为“大元帝国的设计师”。元朝的国号，取自《易经》“大哉乾元”之意，将大蒙古国更名为“大元”也是出自刘秉忠的建议。

郭守敬

郭守敬（1231—1316年），字若思，汉族，今河北省邢台市人，上都铁幡竿渠的设计者。元朝著名的天文学家、数学家、水利工程专家。早年师从刘秉忠、张文谦，官至太史令、昭文馆大学士、知太史院事，世称郭太史。著有《推步》《立成》等14部天文历法著作。延祐三年（1316年）逝世，享年86岁。

郭守敬在天文、历法、水利和数学等方面都取得了卓越的成就。他自至元十三年（1276年）起，奉命修订新历法，历时四年，制订出了通行360多年的《授时历》，成为当时世界上最先进的历法。为修订历法，郭守敬还改制、发明了简仪、高表等12种仪器。至元元年（1264年），郭守敬奉命修浚西夏境内的古渠。至元二十八年（1291年），郭守敬任都水监，负责修治元大都至通州的运河，发展了南北交通和漕运事业。上都建成后，卧龙岗山洪暴发时，洪水泛滥成灾，冲及上都城。大德二年（1298年），郭守敬受元成宗铁穆耳命令，在上都西北铁幡竿山下，设计了一条泄上都山洪的渠道，向南通往滦河。上都铁幡竿渠是我国北方最早的水利枢纽工程。

1970年，国际天文学会以郭守敬的名字命名月球上的一座环形山名，叫作郭守敬环形山。1977年3月，国际小行星中心将小行星2012命名为郭守敬小行星。

郭守敬画像

八思巴

八思巴（1235—1280年），吐蕃萨斯迦（今西藏自治区日喀则市萨迦县）人。本名罗古罗思监藏，自幼聪明过人，尊称八思巴（圣者），元朝第一代帝师（元朝皇帝从吐蕃请来喇嘛充当的一种最高神职）。10岁时随其叔父萨迦班智达（简称萨班）赴凉州会见蒙古汗阔瑞，途经拉萨时，八思巴在大昭寺从萨班出家。宪宗三年（1253年），八思巴年19岁，谒见忽必烈。中统元年（1260年），忽必烈即位，八思巴被尊为国师，并被赐予玉印（玉印在当时是职权的象征），统领天下佛教信众。至元元年（1264年），

八思巴画像

忽必烈命国师八思巴领总制院事，统辖藏区事务。至元二年（1265年），制成蒙古新字八思巴文，加号大宝法王。至元十七年（1280年），八思巴卒于萨迦，年仅45岁，元世祖忽必烈册封他为“西天佛子大元帝师”，并在上都城建了八思巴帝师寺。八思巴是西藏萨迦政权的创始人，是第一任萨迦法王。他对西藏与祖国的统一、蒙古文字的创制、佛教传入内蒙古及华北等地、萨迦派在西藏的兴盛、西藏与内地的文化交流做出了巨大贡献。八思巴著作颇丰，达30余册，其中以《彰所知论》最为著名。

札马鲁丁

札马鲁丁，天文学家，上都司天台提点（台长），以制造天文仪器及编纂历法闻名于世。元世祖即位初，任职上都司天台提点（台长）；至元四年（1267年）撰进《万年历》，颁行全国；同年在元大都设观象台，并创制浑天仪等7种天文仪器，用来观测天象和昼夜时刻，确定季节。他制造的地球仪，早于德国地理学家马丁·贝海姆225年。至元二十三年（1286年）主持编纂全国地理图志《至元大一统志》。札马鲁丁毕生致力于天文历算事业，他把波斯、阿拉伯的天文历算科学介绍到中国，并进行新的创造，在

札马鲁丁雕塑

中国第一次建立了研究天文学的机构，发明了许多天文仪器，为中国天文学的发展做出了贡献，也使元代中国的天文历算科学居于世界领先水平。

马可·波罗

马可·波罗是旅居元朝的13世纪意大利威尼斯旅行家和商人。17岁时跟随父亲和叔叔，沿“陆上丝绸之路”来到东方，经两河流域、伊朗高原、帕米尔高原，历时4年，于至元十二年（1275年）到达元上都，受到忽必烈的接见。马可·波罗在中国游历了17年，曾担任元朝官员，访问了当时中国的许多地方。1289年，波斯国王阿鲁浑的元妃去世，阿鲁浑派出三位专使来元廷求婚，忽必烈选定阔阔真为元室公主。马可·波罗向忽必烈大汗请求参与护送任务，在完成使命后，可以顺路归国。1292年春，马可·波罗随三使者护送阔阔真公主从泉州起航出海到波斯成婚。1295年，马可·波罗一家回到意大利。回到意大利后，马可·波罗在一次海战中被俘，在狱中他口述了大量有关中国的故事，其狱友鲁斯梯谦写下著名的《马可·波罗游记》。《马可·波罗游记》记述了他在东方最富有的国家——中国的见闻，激起了欧洲人对东方的向往，对此后新航路的开辟产生了巨大的影响，同时也是研究我国元朝历史和地理的重要史籍。

马可·波罗画像

王文统

王文统，元初政治家，中书省平章政事，字以道。金朝末年举经义进士，为学不局限于儒家，喜读权术、谋略之书。金亡前后，北方知识分子多投靠各路诸侯（归附蒙古的汉人军阀），各路诸侯也招揽谋士以加强自己的军事和政治势力。王文统在诸侯之间游说，后投奔山东行省李璮，被留为幕僚，深受李璮重任。宪宗九年（1259年），忽必烈统东路军攻打南宋鄂州（今湖北省武汉市），见贾似道备御有方，十分赞赏，表示要搜罗这样的人才以为己用。随军藩府书记刘秉忠、张易等当即推荐王文统，称他为才智之士。中统元年（1260年），元世祖忽必烈在上都即位，立即提拔王文统担任中书省平章政事，行中书省事于燕京，主管中原汉地政务，委以“除旧弊，立新政”的重任。王文统设立十路宣抚司分管各地，制定一系列政策，以革除赋税、吏治诸方面的积弊；发行中统元宝交钞，制定严密的钞法；选用人才，分立中书左三部、右三部，以健全政府机构。元朝各项制度的制定方面，他亦起了重要作用。当时忽必烈正与阿里不哥进行争位战争，急需得到中原汉地的财政支持。王文统于“钱谷大计，虑无遗策”，他所推行的改革措施，一定程度上限制了蒙古、色目贵族的任意搜刮，使国家财政收入大增，因此，深受忽必烈的信任。中统三年（1262年），李璮发动叛乱，王文统受到牵连，以同谋罪被处死。

姚　枢

姚枢（1201—1278年），元初政治家、理学家，忽必烈的重要谋臣。字公茂，号雪斋、敬斋。金朝末年，蒙古军破许州城，姚枢到燕京投靠杨惟中，被引荐北觐窝阔台汗。太宗七年（1235年），皇子阔出统兵攻南宋，诏姚枢从杨惟中随军访求儒、道、释、医、卜学等人才。蒙古军陷德安，姚枢从俘虏中访得名儒赵复，力劝其北上讲学授徒，此后理学在北方传布渐广。姚枢从赵复处尽得程朱传注诸书，始攻习

姚枢画像

理学。太宗十三年（1241 年），出任燕京行台郎中，旋即弃官隐居于辉州苏门。后忽必烈召姚枢至漠北访问治道，姚枢上书陈述儒家传统的帝王之学、治国之道，深受器重。忽必烈受命总制漠南汉地军国庶事后，姚枢建议在与南宋接壤地区屯兵、积谷守边，被采纳。后从忽必烈攻大理、鄂州，咨谋军中。元世祖忽必烈即位后，姚枢以藩府旧臣预议朝政，参订制度，任东平宣抚使、大司农、中书左丞，出为河南行省佥事，入拜昭文馆大学士，终于翰林学士承旨职位。卒谥文献，元成宗即位后，加赠嘉猷程世旧学功臣、太师、开府仪同三司，追封鲁国公。

郝　经

郝经（1223—1275 年），元初名儒。字伯常，祖籍泽州陵川（今

郝经画像

山西省陵川县），生于许州临颍城皋镇（今河南省许昌市）。幼年逢金末兵乱。金亡后迁居河北，成为守帅张柔、贾辅延的宾客，教育诸子，得读两家藏书。曾从学赵复，研习程朱之学。宪宗三年（1253 年）初，应召对忽必烈言治国安民之道，深得赏识，留在王府。宪宗九年（1259 年），郝经随忽必烈攻鄂州，建议与贾似道议和，北返争取汗位。中统元年（1260 年），以翰林侍读学士充任国信使奉诏使宋，被贾似道拘于真州达 16 年。至元十一年（1274 年），忽必烈再次兴兵攻宋，郝经得释。归途中患病，至大都后不久去世。作为政治家，郝经反对“华夷之辨”，推崇四海一家，主张天下一统；作为思想家，郝经推崇理学，希望以儒家思想使国家逐步走向大治；作为学者文人，郝经通字画，著述颇丰，收于《陵川集》中。

窦　默

窦默（1196—1280 年），字子声，又名汉卿，广平肥乡县（今河北省邯郸市肥乡县）城西村人。元初名臣、名医、名儒，著名的理学家、教育家。金末，避乱河南时从名医李浩学铜人针法；后南走德安（今湖北省安陆市），期间习读宋人理学著作。元兵陷德安后，他应召北归至大名（今河北省大名县），与姚枢、许衡

窦默画像

等讲理学。后返肥乡，教授生徒以经术之学。

元世祖忽必烈为藩王时，曾召见他问以治国之道，后使其皇子皆从之学。忽必烈即位后，他被任命为翰林侍讲学士（即皇帝老师）、昭文馆大学士、正议大夫等职，累赠太师、魏国公，谥号文正。他还是我国针灸史上的名家之一，他的“流注八穴”“补泻在于手指”“莫如用针”“气至沉紧”等针灸学说，对后世针灸医家颇有影响，对针灸学的发展具有一定贡献。

张文谦

张文谦（1216—1283年），邢州沙河人，被称为沙河人物之冠，忽必烈潜邸幕府主要谋臣。自幼聪敏，曾与刘秉忠、张易、王恂、郭守敬等人一起在邢州城西紫金山共同研习天文、历法、算学等，这五人被称为“邢州五杰”。定宗二年（1247年），经刘秉忠推荐，张文谦进入忽必烈幕府，被重用，成为忽必烈潜邸幕府主要谋臣之一。忽必烈即位后，历任中书左丞、大司农卿、御史中丞、昭文馆大学士领太史院事、枢密副使等职，累赠推诚同德佐运功臣、太师、开府仪同三司、上柱国，追封魏国公，谥忠宣。在忽必烈统一中国过程中，张文谦多次随军南下。在军中，张文谦曾与刘秉忠多次向忽必烈进言：王者之师，有征无战，当一视同仁，不可嗜杀。忽必烈听从此言，命令诸将进入宋境后不可随意杀人，不可乱烧民房，要释放全部俘虏。张文谦身居高位，刚明简重，凡所陈于上，莫非尧、舜仁义之道，在元朝初期稳定国家、建立纲纪、恢复经济、制定历法等方面做出了重要贡献。

杨惟中

杨惟中（1205—1259年），字彦诚，弘州（今河北省阳原县）人，元初名臣。金末，蒙古军大举南侵，尚在童年的杨惟中丧失了父母，孤苦伶仃，被蒙古军掳去，元太宗窝阔台将他选作侍从。他勤读书，有见识，为窝阔台所钟爱。20岁时奉命出使西域，遍历30多个国家，宣扬蒙古帝国国威，颁布大汗朝廷条令，登记各地的户籍人口。窝阔台时代的西域并不太平，杨惟中奉大汗之命西行，完成了任务，立了功劳，深得窝阔台的欣赏。皇子阔出领兵南下进攻中原，杨惟中受命随军行中书省事。杨惟中还重视活字印刷术的推行，组织各地的能工巧匠，用活字印刷术印刷了许多书籍，使得燕京、平阳等地成为北方的印刷中心。杨惟中继耶律楚材任中书令，殚精竭虑为朝廷谋划，太宗死后，他以丞相身份主管朝政。宪宗蒙哥即位后，命令忽必烈总领漠南汉地军国庶事。忽必烈承命后，由漠北南下，驻帐于金莲川，建立了金莲川幕府，杨惟中、许衡、姚枢、窦默、杨果、郝经都是其中的重要成员。忽必烈在汴梁（今河南省开封市）设立河南道经略司，奏请任命杨惟中任经略使。他上任后在河南南部开垦田地，充实军粮，整肃吏治，敢作敢为，显示出大智大勇。宪宗三年（1253 年），忽必烈受封于京兆（今陕西省西安市），设京兆宣抚司，杨惟中担任宣抚使。当时的京兆地区尚处战乱之中，驻于关中的蒙、汉各军的将帅横行不羁，百姓深受其害。杨惟中嫉恶不息，严惩不贷，将恶吏绳之以法，杀一儆百，使关中社会秩序好转。他一面打击豪强，一面选用人才，建立法规制度，印

杨惟中画像

行钱钞，发展商业，鼓励农民恢复农业，使关中地区文化和经济得到发展。宪宗八年（1258 年），忽必烈奉命统兵南征，奏请宪宗起用杨惟中任江淮、荆湖南北路宣抚使，建立官署，发布文告，管理地方行政，节制蒙、汉诸路军队。宪宗九年（1259 年），宪宗蒙哥战死，忽必烈停战北还。北返途中，杨惟中卒于蔡州（今河南省汝南县），时年 55 岁。中统二年（1261 年）追谥曰忠肃公。

许衡

许衡（1209—1281 年），字仲平，号鲁斋，世称鲁斋先生，元初理学家。

怀庆路河内（今河南省焦作市中站区李封村）人。金末元初著名理学家、教育家。自幼勤读好学。为避战乱常来往于河、洛之间，从姚枢得宋二程及朱熹著作，与姚枢及窦默相讲习。宪宗四年（1254 年），许衡应忽必烈之召出任京兆提学，授国子祭酒。至元六年（1269 年），奉命与徐世隆定朝仪、官制。至元八年（1271 年），拜集贤大学士兼国子祭酒，又领太史院事，与郭守敬修《授时历》。至元十七年（1280 年），因病归怀庆休养。至元十八年（1281 年），许衡去世，时年 73 岁。赠荣禄大夫、司徒，谥号文正，后加赠正学垂宪佐运功臣、太傅、开府仪同三司，封魏国公。皇庆二年（1313 年），从祭孔庙。著有《读易私言》《鲁斋遗书》等。

许衡画像

马祖常

马祖常，出生于至元十六年（1279 年），字伯庸。金朝灭亡后，曾祖月合乃从忽必烈攻宋，留居河南开封，官至礼部尚书。父亲马润，同知漳州总管府事，移居光州，任光州监军。马祖常本人，在汉地长大，是一名满腹经纶的汉学大师。

马祖常画像

马祖常从小聪明好学，史书记载，他“七岁知学，得钱即以市书”。10 岁时，跟随父亲到仪真（今属江苏省仪征市）。延祐元年（1314 年），参加科举考试，列乡试第一；在参加廷试的 135 人中，又在一科之首，但元朝规定第一名必须是蒙古人，马祖常在元朝属于色目人，只好屈居第二。被授予应奉翰林文字、承事郎、同知制诰等官职，后又兼任国史院编修，与大学士袁桷、王士熙等关系密切。仁宗时，丞相铁木迭儿依仗权势横行朝野。马祖常当时为监察御史，于是率同僚弹劾铁木迭儿十大罪状。仁宗震怒，罢免了铁木迭儿的职务。铁木迭儿官复原职后，马祖常先被贬为开平县尹，后又贬回老家光州（今河南省潢川县）。铁木迭儿死后，马祖常复职。自元英宗硕德八剌至元惠宗时期，任典宝少监、太子左赞善、翰林直学士、礼部尚书、御史中丞、枢密副使等职。元统元年（1333年）以后，他以二品官的身份退居乡里，拒受朝廷新职，专心在家以耕读为事。卒于至元四年(1338年)，年60岁。

王 恂

王恂（1235—1281年），字敬甫，元代数学家、文学家，中山唐县（今河北省唐县）人。生于太宗七年（1235年），卒于至元十八年（1281年）。天资聪颖，幼年时被称为神童。后

王恂画像

与郭守敬一道从刘秉忠学习数学和天文历法，精通历算之学。宪宗三年（1253年），荐于忽必烈，命辅导皇太子真金。中统二年（1261年），擢太子赞善。真金任其为中书令，凡有咨禀，必令他与闻。后领国子祭酒。至元十三年（1276年），奉命改历，议修金《大明历》；和郭守敬一道组织太史局（后改称太史院），王恂任太史令，分掌天文观测和推算方面的工作，推步于下，遍考历书40余家。在《授时历》的编制工作中，其贡献与郭守敬齐名。至元十八年（1281年），王恂的父亲去世。王恂悲伤过度，不久去世，时年46岁。延祐二年(1315年)，被赠为推忠守正功臣、光禄大夫（从一品）、司徒、上柱国（从一品）、定国公，谥号文肃。

王恂死后，他的推算方法没有定稿，由郭守敬整理为《推步》七卷、《立成》二卷、《历议拟稿》三卷、《转神选择》二卷、《上中下三历注式》十二卷。王恂为我国天文、历法、数学科学事业的发展做出了贡献。

张 易

张易，字仲僘。据姚枢的日记记载：易本姓鲁，父名聚，太原临州临泉县使君庄（今山西省吕梁市临县）人。父为人所杀，其母负公行丐于市，至郝太守家，有张孔目者，

无子，携去养以为子，因冒张姓。长，祝发为僧，及遇知世祖皇帝，得所攀附之。

张易曾任元初枢密副使、知秘书监，兼太史院司天监事。直接参与并规划修筑了元大都，后因谋诛奸相阿合马，事败被杀。

元好问

元好问（1190—1257年），世称遗山先生，今山西省忻州市人，元初文学家、历史学家。曾任金朝官职知制诰，金亡后被囚禁。晚年回故乡，潜心著作。后投奔忽必烈，被忽必烈重用。宪宗七年（1257年）逝世，时年68岁。元好问擅作诗、文、词、曲，是金元文学承前启后的桥梁，时称北方文雄、一代文宗。他的诗作成就最高，“丧乱诗”尤为著名；其词为金代一朝之冠，与两宋名家

元好问画像

媲美；其散曲虽传世不多，但影响很大，有倡导之功。流传下来的诗1380余首、词380余首、散曲6首、散文250余篇、小说《续夷坚志》（四卷）202篇，另有《中州集》（十卷）、《唐诗鼓吹》（十卷）、《遗山乐府》（五卷）和《遗山诗集》《乐府》《续夷坚志》《遗山先生文集》。

王　鹗

王鹗（1190—1273年），金莲川幕府重要谋士，元初大臣、名儒，今山东省东明县人。正大元年（1224年）状元，授翰林应奉，任职于归德（今河南省商丘市）、汝阳等地，后迁为尚书省郎中。太宗六年（1234年），蒙古军攻破蔡州（今河南省汝南县），王鹗为张柔所俘。乃马真后三年（1244年），受忽必烈召见时，王鹗进献治国之道，被重用。中统元年（1260年），任翰林学士承旨，元朝制度典章多由他裁定。死后谥号文康。诗文有《应物集》（四十卷），可惜没有流传下来。《全元文》（第八册）辑录他的文章22篇，《元诗选·癸集》（乙集）辑录他的诗1首。

张德辉

张德辉（1195—1275年），今山西省吕梁市交城县人。金贞佑年间，任职御史台衙门。金亡，投奔史天泽。太宗七年（1235年），与史天泽南

张德辉雕塑

征。定宗二年(1247年)，忽必烈召见张德辉，并与其探讨应对方略与儒家学问，议论治国之策。张德辉学识渊博，对答如流。忽必烈登基后，授其为河南北路宣抚使。任职期间，他惩办豪强恶吏，深得民心。至元二年(1265年)，考绩为十路第一。至元三年(1266年)，升任参议中书省事。晚年辞官，著书讲学。卒年80岁。著有《塞北纪行》(也称《岭北纪行》《边堠纪行》)及《元遗山诗笺注》(十四卷)。

商　挺

商挺(1209—1288年)，忽必烈谋士，元代散曲家。字孟卿，号左山老人，曹州济阴(今山东省菏泽市曹县)人。宪宗三年(1253年)，入侍忽必烈金莲川幕府，被封为京兆宣抚司郎中，后迁副使。至元元年(1264年)，入京拜参知政事。至元七年(1270年)同佥枢密院事，至元九年(1272年)升枢密院副使，至元十年(1273年)任安西王相，至元十一年(1284年)再任枢密院副使，后因生病卸任。卒赠太师鲁国公，谥文定。著诗千余篇，可惜多散失。《元诗选·癸集》辑其诗4首。

董文炳

董文炳(1217—1278年)，藁城人，字彦明，元初大臣。太宗七年(1235年)，17岁的董文炳任藁城令，虽年轻，但明于断事，以恩济威，减轻百姓赋役，令人佩服。宪宗三年(1253年)，董文炳赴大理从征，受忽必烈表彰，追随忽必烈。宪宗九年(1259年)，从忽必烈中路军

董文炳画像

伐宋，带领他的兄弟文用、文忠和敢死队在阳逻堡抢渡长江。中统元年（1260年），忽必烈即位，他受命宣慰燕南诸道，第二年擢升山东东路宣抚使。忽必烈组建侍卫亲军，他被任命为侍卫亲军都指挥使，佩金虎符。中统三年（1262年），他参与平定李璮之乱；任山东东路经略时，率军队平定了山东的混乱局面。后来忽必烈剥夺世侯权力，唯独董文炳未受影响，可见忽必烈对他非常信任。至元三年（1266年）任邓州光化行军万户、河南等路统军副使。至元七年(1270年)任山东路统军副使。至元十年(1273年)拜参知政事。至元十一年(1274年)正月，他与伯颜在安庆会师，迫使宋守将范文虎归降，又随大军顺江而下，攻下当涂、采石。至元十二年（1275年）三月，打下建康，进驻镇江。在镇江战役中，大败张世杰、孙虎臣水军，获战船700艘，宋军从此一蹶不振。同年十月，元军分三路进临安，董文炳率左路。他下江阴，招张暄，顺江出海，绕临安城南，堵住了宋帝入海之路，迫使宋帝派使者上表投降。至元十四年（1277年），忽必烈派他到大都任职。卒后赠平章政事，谥号忠献。

史天泽

史天泽（1202—1275年），字润甫，今河北省人。元初名将，忽必烈重要大臣。史天泽少年时善于骑射，勇敢过人。太祖八年（1213年）时，随父史秉直归降木华黎。太祖二十年（1225年），接替兄长史天倪都元帅职。后率军击败金将，俘杀红袄军将领，攻克赵州、真定等地。授五路万户、河南等路宣抚使、中书右丞相、枢密副使、中书左丞相等职。至元十一年（1274年），史天泽奉命与伯颜等率军出征南宋，到郢州后患病，第二年病逝于真定。赠太尉、太师，封镇阳王，谥号忠武。史天泽出入将相50年，每临大事、遇大难、论大政，以天下为己任，竭忠殉国，尊主爱民，不追求个人富贵权势，上不疑而下无怨，被人

史天泽雕像

比作郭子仪、曹彬。他一生谨慎，多谋善断，料敌用兵主张攻心为上，力戒杀掠。

赵 璧

赵璧（1220—1276年），字宝臣，云中怀仁县人。乃马真后元年（1242年），23岁的赵璧入见忽必烈，他曾为忽必烈讲解儒经，受忽必烈恩遇。蒙哥即位后，命赵璧和塔察儿到燕京抚慰军民。宪宗二年（1252年），赵璧和史天泽任河南经略使，在边境屯田，攻打南宋。宪宗九年（1259年），赵璧随忽必烈攻南宋鄂州，宋朝大臣贾似道请和。忽必烈即位后，任赵璧为燕京宣慰使、中书省平章政事，征伐阿里不哥、山东李璮。后赵璧任行山东等路中书省事。至元四年（1267年），赵璧为枢密副使。至元六年（1269年），赵璧和阿术攻打宋襄阳、樊城。同年，高丽王王禃被废黜，赵璧任东京中书省事，驻守平壤，送王禃复位。赵璧转任中书右丞，再为平章政事。至元十三年（1276年），赵璧去世。赵璧一生光明磊落，谨慎坚毅。

赵璧画像

廉希宪

廉希宪（1231—1280年），名忻都，字善甫，号野云，维吾尔族，元初著名政治家。廉希宪19岁时，入侍忽必烈于藩邸，被称为“廉孟子”。宪宗四年（1254年），任京兆宣抚使。蒙古军攻下南宋鄂州时，他让将领释放了所俘士人。宪宗死，他劝忽必烈北归继位。后出任中书右丞行秦蜀省事，抵抗阿里不哥将领浑都海进攻。至元十一年（1274年），任北京行省平章政事。次年，元军取南宋江陵，忽必烈令廉希宪到荆南任职。他到任后，禁剽掠，大胆录用原宋朝官吏，发仓粟赈饥，办学校、选教官。至元十六年（1279年），领中书事。至元十七年（1280年），病逝。大德八年（1304年），赠推忠佐理翊运功臣、太师、开府仪同三司、上柱国，封恒阳王，谥号文正。伯颜称赞他为“男子中真男子，宰相中真宰相”。

他在拥戴忽必烈和平定关陇的

廉希宪画像

过程中显示了出色的军事才能，还是一个具有政治远见，善于审时度势，遇事镇定，处理问题果断的政治家。廉希宪以中书右丞和中书平章政事先后在中央和京兆、山东、北京、江陵等地任职，为元朝立下了汗马功劳。他直言讽谏、整饬朝纲、革新政治；主张废除州县长官世袭，加强中央集权；主张设立台察，建立各级监察机构；除暴安民，打击不法地方势力；安定民生，发展生产。在近30年的政治生涯中，廉希宪官至从一品中书平章政事。他身居显位，手握大权，却很少考虑个人得失。他一生清贫廉洁，刚直不阿，深察民间疾苦，被后人称颂。

张弘范

张弘范（1238—1280年），元初大将，名将汝阳王张柔九子，字仲畴，今保定市定兴县人。曾参加襄阳之战，后随元帅伯颜攻南宋。是忽必烈灭宋之战的主要指挥者，曾击败南宋将领文天祥与张世杰，官居江东道宣慰使，受元世祖忽必烈器重。至元十七年（1280年）病逝，时年43岁。元世祖赠予银青荣禄大夫、平章政事，谥号武烈。

张弘范有谋略，善于骑射，20岁时辅助兄长张弘略执掌顺天路。中统元年（1260年），任御用局总管。中统三年（1262年），任行军总管。跟从宗王合必赤赴济南平定李璮之乱，显露将才。至元元年（1264年），任顺天路管民总管。至元六年（1269年），以益都、淄莱等路

张弘范画像

行军万户身份参与襄阳之战，断宋粮道援兵。他还建议孤立襄阳、樊城，并领千余人守万山，败宋援兵。至元九年（1272年），元军破樊城，后取襄阳。进攻樊城时，他带伤率精兵先登，克城，因功受赏。至元十一年（1274年），领左部军跟从伯颜攻宋，克武矶堡。至元十二年（1275年），跟从伯颜占领建康。同年七月，率水师参加焦山之战，败宋军，获战船700余艘，因功授亳州万户，赐号拔都（勇士）。后跟从董文炳率水军左路沿江入海，与中路、右路会师临安城外，迫使南宋投降。至元十五年（1278年），任蒙古军、汉军都元帅，率水陆军两万，自扬州分道南下闽、粤，追击南宋余部，俘宋右丞相文天祥。至元十六年（1279年）春，与都元帅李恒指挥崖山之战，断宋军水道，进行两面夹击，配以火攻，全歼宋军。

许国祯

许国祯，字进之，元曲沃（今山西省）人。祖父许济为金代绛州节度使，父亲许日严为荣州节度判官，皆通医。许国祯博通经史，尤精医术。元世祖即位前召他到翰海（今阿尔泰山），掌医药。他忠正敢谏，深得世祖信任。一次北撒王妃患眼疾，医生行针失误伤王妃一目。忽必烈非常气愤，欲治医生死罪。他知道后从容进谏：医生因害怕而失手，若要治罪，今后谁还敢来王府治病！忽必烈大悟，赦免了医生。忽必烈即位后，任他为荣禄大夫，提点太医院事。至元十二年(1275年)，升礼部尚书、翰林院集贤大学士。他的节约财赋、禁服色、明法律、严武备、设谏官、建学校、立庙仪等建议，多被朝廷采纳。他受世祖之命，召全国医学名士，修御药院所刊方书，编《御药院方》(十一卷)。此书是我国现存最早、最完整的宫廷医药处方集。至元二十一年(1284年)，主持编修《至元增修本草》。此书为元代唯一官修本草，可惜书已失传。谥忠宪，追封蓟国公。

虞集

虞集(1272—1348年)，字伯生，号道园，世称邵庵先生。元代著名学者、诗人。少受家学，从吴澄游。成宗大德初，以荐授大都路儒学教授，历任国子助教、博士。仁宗时，任集贤修撰、翰林待制。文宗即位后，任奎章阁侍书学士。领修《经世大典》，著有《道园学古录》《道园遗稿》。虞集素负文名，与揭傒斯、柳贯、黄溍并称“元儒四家”。诗与揭傒斯、范梈、杨载齐名，人称“元诗四家”。

元统一全国后，虞集先在江西南行台中丞董士选府中教书。大德

虞集画像

六年（1302 年），荐入京为大都路儒学教授、国子助教。他教书声誉好，求学者很多。皇庆元年（1312 年），元仁宗即位，虞集任太常博士、集贤院修撰。他上疏论学校教育，多有真知灼见，为仁宗所赏识。延祐六年（1319 年），为翰林待制兼国史院编修、集贤修撰。泰定元年（1324 年），为国子司业，后为秘书少监。泰定四年（1327 年），他与王约随从泰定帝到上都，用蒙古、汉双语讲经书，上都大臣被他的博古通今所折服。泰定帝时，升任翰林直学士兼国子祭酒。他建议京东沿海土地应让民开垦，筑堤防潮水涌入，既可增税，又可增京师力量。这些主张虽在当时没有被采纳，但后来元朝在海口设万户就是采纳了他的建议。文宗在即位之前，就很了解虞集，登基后，命他为奎章阁侍书学士。文宗命虞集与平章事赵世延编修《经世大典》，赵世延离任后，由虞集独自负责。虞集呕心沥血，于至顺二年（1331 年）编成，计 880 卷，是研究元朝历史的重要资料。书成后，文宗命他为翰林侍讲学士、通奉大夫。文宗和宁宗去世后，他告病回崇仁。至正八年（1348 年），虞集病逝。追赠为江西行省参知政事，追封仁寿郡公，谥号文靖。

萨都剌

萨都剌（1272—1355 年），元代诗人、画家、书法家，字天锡，号直斋，回族。先祖为西域人，出生于雁门（今山西省忻州市代县），泰定四年（1327 年）中进士。授应奉翰林文字，擢南台御史。因弹劾权贵，左迁镇江录事司达鲁花赤，后任江南行台侍御史、淮西北道，

萨都剌画像

晚年居杭州。萨都剌善绘画，精书法，善楷书，有虎卧龙跳之才，人称“雁门才子”。

达延汗

达延汗(1474—1517年)，成吉思汗第十五世孙，本名察哈尔·巴图蒙克，明史称“小王子”。成化十六年（1480年），时年7岁，被立为蒙古大汗，称达延汗。他与卫拉特部数度征战，将其击溃。正德元年（1506年），达延汗征服亦思马因、火筛、亦卜剌，统一漠南蒙古，后人称其为蒙古的“中兴之主”。他在位38年，终年44岁。

达延汗年幼时，满都海哈屯（满都海汗遗孀）被授予“彻辰”称号，嫁与达延汗，摄政。成化十九年(1483年)，达延汗出兵击溃了当时仗势专横、已成为统一蒙古巨大障碍的亦思马因太师。成化二十三年（1487年），14岁的达延汗开始亲政。第二年，满都海哈屯携达延汗征讨瓦剌，取得了决定性胜利。达延汗清除了统一蒙古征途的外围障碍，集中精力应对当时处于分裂割据状态的蒙古右翼异姓大封建领主。达延汗派次子乌鲁斯博罗特前往右翼担任济农（副汗），以加强对右翼的控制。右翼永谢布领主亦不剌及鄂尔多斯领主满都赉阿固勒呼听说后极为不满，在乌鲁斯博罗特的就职仪式上将其杀掉。达延汗闻讯后，决定以武力平息右翼的反抗。正德五年（1510年），达延汗麾师讨伐右翼。军队穿过翁衮山（今呼和浩特市大青山蜈蚣坝）峡谷，在土尔根河（今呼和浩特市大黑河）河畔扎营。夜间，达拉特部的把都儿纳古呼凯驱赶着牛群骚扰达延汗营地，达延汗的队伍以为右翼军队攻杀过来便撤退下来。不久，他又组织左翼军队并请来了科尔沁部，开始对右翼的第二次征伐。双方在达兰特哩衮（意为“七十个山头”，今呼和浩特市大青山）展开鏖战，最后击败了右翼军队，统一了东蒙古。

此后，达延汗在八白室（成吉思汗陵）前重新宣布自己的大汗称号，奖赏作战有功的人员，真正把东蒙古左、右翼置于自己的控制之下，重振了衰微已久的汗权。

阿尤希国师

阿尤希，蒙古人，出生在今正蓝旗小扎格斯台淖尔附近，生卒年不详。他精通梵文、藏文、蒙古文，博学多才，发明了蒙古文阿里嘎里字母，为《甘珠尔》经翻译做出了突出贡献。

阿尤希总结前人的经验和成果，编制出一套音标系统阿里嘎里字母，以满足翻译佛经时正确转写梵文、藏文名词术语的需要。万历六年（1578年），阿尤希参加了土默特部阿拉坦汗在青海仰华寺会见三世达赖喇嘛索南嘉措的仪式，由于他翻译佛经有功，达赖赐他阿难答满珠锡里国师之号，所以称阿尤希国师。万历十三年（1585年），阿拉坦汗长子僧格都楞迎三世达赖喇嘛来土默特。万历十五年（1587年），阿尤希陪同达赖喇嘛赴喀喇沁部。同年，创制蒙古文阿里嘎里字母。万历三十年至三十五年（1602-1607年），他和锡勒图国师绰尔吉组织翻译人员把108卷的《甘珠尔》经文翻译成蒙古文。

清代名人

唐喀禄

唐喀禄（？—1758年），他塔喇氏，正蓝旗人，清朝将领。乾隆十九年（1754年），赐副都统衔，赴北路军管理刚投降的辉特台吉阿睦尔撒纳、班珠尔等人的游牧地。唐喀禄因据理上奏被皇帝责怪，降职为理藩院笔帖式。不久又被授予员外郎，命他送济隆呼图克图从巴林赴伊犁，管理定边右副将军萨喇尔游牧地。又赐他副都统官衔，授领队大臣，随从定边右副将军哈达哈前往哈萨克，追捕阿睦尔撒纳。叛贼固尔班和卓逃往乌梁海，唐喀禄报给了哈达哈，其督兵擒获了固尔班和卓。当时阿睦尔撒纳让他的同伙达瓦藏布进城抢掠，唐喀禄命令索伦总管鄂博什率领500人抵抗，招降了达瓦藏布300人。不久皇帝命令他驻扎科布多，授理藩院侍郎、正蓝旗蒙古副都统。

松筠

松筠（1752—1835年），玛拉特氏，字湘圃，正蓝旗人，清朝大臣、将军、诗人。初为翻译生员，随后考授理藩院笔帖式，后任军机章京。因颇能任事为乾隆帝所知。自乾隆中叶至道光年间，历任银库员外郎、内阁学士兼副都统、户部侍郎、御前侍卫、内务府大臣、吉林将军、户部尚书、陕甘总督、伊犁将军、两江总督、两广总督、协办大学士兼内大臣、吏部尚书、东阁大学士、武英殿大学士、都察院左都御史、兵部尚书、直隶总督等职。道光十四年（1834年），以都统衔休致。一年后卒，享年83岁。赠太子太保，依尚书例赐恤，谥号文清，祀伊犁名宦祠。

松筠久历边疆、熟悉边事，对处理边疆民族事务及对俄、英等国外交事务多有贡献，另外在边庭农垦和江南治水方面亦多有建树。著有《绥服纪略》《西藏巡边记》《藏宁路程》等，另有《西招纪行图诗》《绥服纪略图诗》两首长篇叙事诗。事迹入《清史稿》。

赛尚阿

赛尚阿（1794—1875年），字鹤汀，阿鲁特氏，正蓝旗人。赛尚阿是历经清朝乾隆、嘉庆、道光、咸丰、同治、光绪六朝的蒙古族大臣。赛尚阿于嘉庆二十一年（1816年）中举人，授理藩院笔帖式，后历任内阁侍读学士、头等侍卫、新疆哈密办事大臣、督统、户部尚书等，授文华殿大学士、首席军机大臣。编纂《蒙文汇书》《蒙文晰义》两部辞典，还参与编纂了清廷为治理西北少数民族制定的行政法规《钦定理藩院则例》。赛尚阿于光绪元年（1875年）病逝。

赛尚阿因为办事公允、认真负责，多次得到朝廷的嘉奖和提升。后来，赛尚阿奉命在军机处行走，曾因工作失误遭降级，但很快得以复职。道光二十一年（1841年），赛尚阿赴天津及山海关一带办理设防事务，并向朝廷上奏防备建议多条，得到清廷赞赏。道光二十二年（1842年），英军进攻江浙，沿海危急。赛尚阿以钦差大臣身份赴天津加强海防事务。《南京条约》签订之后，赛尚阿撤防回京，后调户部尚书、步军统领等职。咸丰元年（1851年）春，赛尚阿授文华殿大学士、首席军机大臣，管理户部。这一年爆发了太平天国运动，声势日渐浩大。赛尚阿几经转战虽然小有收获，但最终没有挽回一败涂地的命运。随着太平军攻入长沙，并沿途吸收兵力增强了实力，清廷极为惶恐和震怒，赛尚阿被革职拿问。最后在军务紧急的用人之际，赛尚阿获释。他后来随御前大臣僧格林沁办理巡防事务。

盛　元

盛元，生卒不详，字韵琴，号恺庭，自号铁花馆主人，巴鲁特氏，正蓝旗人。道光十二年（1832年）中举人，道光十六年（1836年）中进士，历署江西新建、安仁、高安等知县。特授鄱阳知县，江西瑞州、南安、南昌等府知府，补授南康知府。钦加二品封典，诰授一等轻车都尉。

近现代、当代名人

进入近现代和当代以来，正蓝旗这片热土涌现出现当代蒙古族文学奠基人纳·赛音朝克图、歌唱家朝鲁、画家阿格旺、历史学家赛熙亚勒、内蒙古现代小说家钢普日布、内蒙古儿童文学家高·拉希扎布、多年来致力于研究元上都文化的学者沙·东希格等一大批文化名人。

伊希·丹金旺吉拉

伊希·丹金旺吉拉（1853—1906年），蒙古族，清朝诗人、药学家，公尼召活佛。出生于今正蓝旗上都镇恩格尔嘎查敖包前浩特（原属镶白旗伊和尔都日格敖包），是那木吉拉道尔吉总管之子。他天资聪颖，7岁时被鄂尔多斯郡王旗（今伊金霍洛旗）公召庙（全福经轮寺）的沙卜隆五世活佛招去，钻研蒙古文、藏文及医学。15岁学蒙古文、藏文经卷，造诣颇深，并开始创作诗歌。20岁时游览鄂尔多斯各旗庙宇，制作经卷印版。后赴青海安都塔尔寺学习佛学和医学。从30多岁开始，在鄂尔多斯、察哈尔及今蒙古国乌兰巴托等地行医、写作。

伊希·丹金旺吉拉创立了近代蒙医药学派，并成为主要代表人物。他把医药理论同蒙古人的体质、生活环境和气候等实际结合起来，进行了创造性研究。他对传统酸马奶疗法非常重视，曾用酸马奶配合药物治好了察哈尔柴尔图庙活佛的顽疾。他在蒙药研究方面造诣很深，对药物辨认、炮制、配方相当谙熟，用药精当、灵活。他广泛搜集蒙医、藏医、俄医疗法经验，融会贯通，整理了《珊瑚验方》《珍宝验方》《医学歌诀》《验方集》，前三部为藏文，后一部为蒙古文。其中《珊瑚验方》《医学歌诀》是用歌赋体写成，在蒙医史上是首创。他制作的三个镶饰药袋和银制圆花勺，为研究蒙药剂量提供了可靠依据。他在行医、医学研究之余，还致力于培养蒙医人才，如察哈尔柴尔图庙的活佛、苏尼特左旗查干敖包扎木彦力格喜德扎木苏、蒙古国转世活佛卓尔左等蒙医。

伊希·丹金旺吉拉行医期间，见到广大蒙古族人民深受封建王公、土豪贵族压榨的情景，写出许多可歌可泣的反抗封建统治的诗歌，这些诗歌作品流传极广，影响很大，主要作品有《吉祥天女赞》《火喻经》《公尼召活佛伊希·丹金旺吉拉训谕诗》。他对梵文也有过研究，写过批判诗集《金玉箴言》。伊希·丹金旺吉拉不仅是药学家、诗人，也是一位艺术家、建筑学家，善于绘画、雕刻、用金银铜等铸造器皿。1906年去世于公尼召，享年54岁。

高力孟色

高力孟色（1864—1943年），乳名桑杰，正蓝旗人。自幼在家学蒙古文、满文，16岁任正蓝旗笔帖式，曾任旗公署文书、第六苏木骁骑校（孔督）、正蓝旗正扎兰等职。1903年，任正蓝旗总管。高力孟色为人谦和，爱怜穷苦牧民，敢于仗义执言，在民众中有威信，人们称他为“巴瓦”总管。1943年病故。

善济弥德普

善济弥德普（1870—1943年），何列惕氏，字致远，正蓝旗人。他通晓蒙古文、满文，略通汉文，曾任太仆寺左翼牧群镶蓝旗胡硕达。1929年，任太仆寺右翼牧群总管。任职期间为保护家乡免遭土匪抢劫，出资购买武器弹药，建立自卫队。日本侵略者侵占多伦后，刘桂堂、唐二虎部西蹿途经万寿滩时抢劫太仆寺左翼牧群的马匹，善济弥德普为防御牧群被洗劫，率自卫队在玛拉盖庙后山上设营扎寨，保证了牧场的安宁。1936年，侵占多伦的日军军部召他去多伦商谈政事。不愿当亡国奴的他，把总管之职移交给色楞那木吉勒后辞职回家。1943年逝世，享年73岁。

纳·赛音朝克图

纳·赛音朝克图(1914—1973年)，原名扎格普日布，又名赛春嘎，蒙古族，中国共产党党员，中国现代著名诗人，蒙古族现当代文学奠基人。他24岁开始进行文学创作，曾任中国作家协会理事、内蒙古自治区文联副主席、中国作家协会内蒙古自治区分会主席等职。是中国政协第四届委员、内蒙古自治区第二届人大代表。

他的主要作品有：诗集《幸福和友谊》《金桥》《我们雄壮的呼声》《正蓝旗组诗》《笛声与清泉》《红色瀑布》，长诗《狂欢之歌》《南德尔和梭布尔》，中篇小说《春天的太阳从北京升起》《太阳照亮了乌珠穆沁》《互助组变成公社》及蒙古族古典文学评著《阿茹鲁高娃》、散文集《蒙古艺术团随行散记》等。其作品继承了蒙古族古典诗词和民歌的凝练、整齐、音乐性强、对仗工整等特点，诗作铿锵动听，朗朗上口，自然优美，亲切感人。

纳·赛音朝克图出生于原察哈尔盟正蓝旗第二佐（今正蓝旗扎格斯台苏木希热图嘎查）。少年时代的纳·赛音朝克图温和细心，帮助母亲照顾弟妹、分担家务。纳·赛音朝克图请求父母，不要让他当喇嘛，他想念书。父亲答应了他的请求。15岁这年，纳·赛音朝克图走进了正蓝旗小学，接受启蒙教育。4

纳·赛音朝克图

年后，他以优异的成绩毕业，后在正蓝旗公署做了3年文书。这段时间，他了解封建官僚的腐朽，在诗集《蒙古兴盛之歌》的《书信（之五）》中有所体现。

1936年，纳·赛音朝克图被旗里选送到张北察哈尔蒙古青年学院学习，这是纳·赛音朝克图第一次走出浑善达克沙地。在学院学习不到半年时间里，他就写出了《文化与生活》等7篇散文。1936年12月，纳·赛音朝克图在《丙寅》杂志上发表历史小说《六盘山》，这是他的第一篇公开发表的作品，也是他的成名作。学习期间，纳·赛音朝克图接触了许多进步书籍。1937年4月，他去日本早稻田大学师范系学习。在日本留学期间，写了大量的诗歌和散文，还对《成吉思汗圣训集》《蒙古青旗》等蒙古族古典名著进行研究，编辑了中外名人格言录《心灵之光》。青年时代的纳·赛音朝克图在为追求民族的解放和振兴而苦苦求索的同时，开始文学创作，期望用自己的作品唤醒民众。

1941年，纳·赛音朝克图回国后，出版了第一部抒情诗集《心侣集》，这部诗集收入了32首诗歌。《心侣集》是蒙古族现代文学史上受外国诗歌影响并与西方现代诗歌交流、融合产生的第一部蒙古族现代抒情诗集。此后，纳·赛音朝克图回到苏尼特右旗家政实习女子学校任教，期间创作了关注蒙古族妇女命运、提倡解放妇女的诗集《蒙古兴盛之歌》。中华人民共和国成立前的纳·赛音朝克图，与其说他是诗人，还不如说他是民族文化心理和民族面貌的积极革新者。1942至1945年，纳·赛音朝克图在女子学校从事教育工作，在师生中颇有影响。1945年8月，苏联红军向日本军国主义宣战后进驻察哈尔，纳·赛音朝克图热情地迎接和协助红军工作，被委任为察哈尔盟临时革命政府盟长。9月，他经苏联红军介绍赴蒙古人民共和国苏赫巴托党校学习，在那里他了解了中国共产党，找到了内蒙古民族解放和兴盛繁荣之路。他也随着革命的大潮开始了新航程，走上了寻找真理、光明的征途。

用诗歌表达对世界的认识，同时改造世界，一直是纳·赛音朝克图的执着追求。1947年，纳·赛音朝克图回国后，接受党组织分配，到了内蒙古日报社。1950年，自治区政府由乌兰浩特迁到呼和浩特，他的工作也从内蒙古日报社调到内蒙古人民出版社，后又调到内蒙古党委宣传部，一直到1955年。这一时期，他一边工作，一边从事诗歌创作。1945年抗日战争胜利后，纳·赛音朝克图的诗歌一扫往日的沉郁和迷惘，开始热烈地歌颂自由、美好和黎明。中华人民共和国成立后，纳·赛音朝克图更是诗情澎湃，文思泉涌，写下了许多广为传诵的感人诗篇。1956年1月，纳·赛音朝克图以文艺工作者的身份到北京参加全国政协第四届会议。2月3日，在人民大会堂与老舍、侯宝林等艺术家受到毛主席的接见，他在宴会上朗诵了自己创作的诗歌《握着敬爱的毛泽东主席的巨手》，并同毛主席亲切拥抱。从1955年到“文革”前夕，他连续出版了《我们的雄壮呼声》《狂欢之歌》《正蓝旗组诗》等多部诗集，同时有小说、散文、文艺评论等作品大量问世，在翻译和学术研究方面也颇有建树，参与《毛泽东选集》的蒙古文翻译工作，为蒙古族文学和内蒙古文学事业做出了重要贡献。

1973年5月13日，纳·赛音朝克图在上海病逝，终年59岁。

1999年8月，正蓝旗隆重举行了纪念纳·赛音朝克图诞辰85周年活动，内蒙古人民出版社推出《纳·赛音朝克图全集》（八卷），是为第一位出版全集的蒙古族作家。

其穆德·官布扎布

其穆德·官布扎布（1912—1944年），汉名陈秉如，出生于今正蓝旗上都镇巴音吉胡楞嘎查。7岁时被阿吉亚佛仓地的经师收为徒弟，学习经文。不久，阿吉亚佛仓地的大喇嘛发现他分外聪慧，便把他接到北京雍和宫作为自己的徒弟精心培养。官布扎布在师父的教导下刻苦学习，经常在月光下、香火旁读书、写字、绘画。从15岁开始，他利用替外国人抄写《阿拉腾甘珠尔》等经卷的机会，废寝忘食地学习外语。当25岁的官布扎布回到家乡时，已是一个才华出众的学者了。他不仅精通蒙古、满、汉文，还掌握了英、日、俄3种外语，特别是书画、篆刻等方面的造诣深受阿吉亚佛仓地活佛的赏识，当即被赐封为佛仓总管，但他谢绝了。后来，他在日本被聘为高等学府的蒙古语文老师。他在日本讲学期间博览群书，结识了许多学者和专家，充实了自己。他对照英、日、汉3种版本，将《马可·波罗游记》译成蒙古文，并附有他所画的作者肖像，由特日贡瑙音出版社分上、下两集出版。他还蒙译了《多桑蒙古史》，但原稿在“文革”中遗失。

1944年春，他正准备前往苏联参加革命时，一位蒙奸把这一情报出卖给日本人。在日本特务指使下，以设宴送行的名义在他饭菜中下毒，然后又以有病为由，把他拉到日本军部医院，注射鼠疫菌致死。

占布拉少努

占布拉少努（1891—1968年），又称占布拉肖奴，正蓝旗人，生于正白牧群一面井（道老胡都格）七代祖传蒙医瑙海太家。他自幼聪颖好学，7岁拜贡其格大喇嘛为师学藏文，12岁在正蓝旗哈登胡硕庙曼巴学塾学习《四部医典》，18岁开始行医，20岁到青海塔尔寺当喇嘛，学习和研究占星术及《宾都尔嘎尔宝》历法。学习期间，自费抄写该庙曼巴扎仓珍藏的医学经典著作《锡吉德置木经》（中华人民共和国成立初期该书在内蒙古地区仅此一部手抄本）。1954年，占布拉少努到印度、西藏等地拜佛求学，把印度极其尊贵的仁钦道尔吉苏格党佛像请到家乡。占布拉少努善学勤学，通晓藏文和梵文，满蒙兼通，60岁以后又学习掌握了汉语。

他精通佛经哲理、医学、占星术，曾在哈登胡硕庙获阿仁巴（占星术学者）学位，并担任该庙朝克钦什贵、曼巴喇嘛、扎夫德木其等职，1947年任住持喇嘛。1949年，他带头组建明太旗蒙医医院，将自己所存蒙药及资金入股，并负责药房管理工作。同年夏，在察哈尔盟卫生处举办的全盟蒙医培训班任教，首次用蒙古文翻译藏文《四部医典》，作为讲义发给学员。这部蒙古文《四部医典》于1956年10月正式出版，1959年被内蒙古蒙医培训班选为教材。1962年他被调到锡林郭勒盟蒙医研究所从事蒙医医学书籍编写工作，主编的著作有《蒙医医疗手册》《蒙药药理概要》《蒙医基础知识》等。其中《蒙医基础知识》一书于1978年由内蒙古人民出版社出版发行。

阿拉腾格日勒

阿拉腾格日勒（1909—1972年），正蓝旗人。1929年，就读于察哈尔师范学校。1935年毕业后在察哈尔省教育厅蒙文科就职，同年5月至1945年，先后在张北青年学校任教，代理察哈尔盟女子中学校长。期间，他培养有进步思想的蒙古族青年，鼓励他们为争取民族解放和国家兴盛而奋斗。内蒙古自治区成立后，他先后任明安旗政府秘书、内蒙古自治运动联合会明安旗分会主任、明安旗代理旗长、察哈尔盟文化科长等职。1950年，任海日罕恩格尔完全小学校长。1958年，任正蓝旗十年制学校校长。他终身从事教育事业，被誉为“正蓝旗第一代教育家”。

阿格旺

阿格旺（1914—1962年），正蓝旗人。阿格旺从小便有绘画天赋，13岁时便画出了《白虎神》《寿星》等画像和《毛龙和尚报恩记》连环

阿格旺

画。阿格旺第一部作品《白老人》问世以后，又绘制了故事画《毛隆陶音报答母亲的恩情》，显示了他绘画天赋，被称为“察哈尔画匠”。他为贝子庙创作了多幅绘画作品，并制作了大量的雕塑作品，为那若班禅庙制作了“跳鬼”宗教舞蹈道具和服饰。1958年，他参加内蒙古博物馆建馆绘画工作。他的优秀作品有《两个骆驼的战斗》《上都音郭勒河边的牛群》《牧羊姑娘》《草原牧民》等油画。1961年，为建党40周年创作了《蒙古族花纹图案》。1962年，48岁的阿格旺于张家口市逝世。

巴布道尔吉

巴布道尔吉（1917—1984年），正蓝旗桑根达来镇人，近代著名的阿斯尔演奏家。他精通蒙古族弦乐器、打击乐器和吹奏乐器，是锡林郭勒盟政协第一届、第五届委员。

巴布道尔吉的奶奶是一位民族歌手，父亲是演奏马头琴、四胡、三弦的民间艺人。在奶奶和父亲的影响下，巴布道尔吉从小开始练习四胡演奏。到了十二三岁，已经可以参加婚礼庆典演奏。后来，他拜著名的阿斯尔演奏家玛克斯尔扎布为师，学习阿斯尔的演奏技巧。1934年，他受百灵庙蒙政会邀请演奏了阿斯尔。1938年，毕业后任明安旗第十三苏木笔帖式。期间，他多次参加当地总管、参领的喜庆宴会，出色地用四胡演奏阿斯尔。他曾创作多首民歌，如张北青年学校校歌、蒙古女子学校校歌等。

中华人民共和国成立后，他参加内蒙古文工团，同自治区早期的文艺家们一起工作。20世纪50年代中期，他在自治区蒙古语电影《草原上的人们》中，成功地塑造了“盟长”这一艺术形象。1956年，他调回正蓝旗乌兰牧骑工作，传授民间艺术。1958年，在锡林郭勒盟文艺会演中，他获演奏一等奖。1962年，他应自治区广播电台邀请，录下了演奏的20多首察哈尔民歌和8首阿斯尔曲调。他和宝日勒岱共同创作的歌曲《察哈尔八旗》在民间广泛流行，颇有影响。

钢普日布

钢普日布（1928—1986 年），正蓝旗人。1944 年考入内蒙古中央学院，后去蒙古人民共和国深造，于 1952 年回国，回国后在内蒙古日报社工作。他在二十世纪五六十年代继处女作《在生活的道路上》之后，发表了《集体的力量》《小侦探》《活心口》《静静的上都河》《决定性的一分钟》等作品。20 世纪 70 年代创作了《追风骏马》《呼德尔河》等作品。其中《在生活的道路上》《打猎的第一天》《追风骏马》等小说在蒙古人民共和国出版。此外，还写了许多小说、散文、诗歌。钢普日布把对家乡、对民族的深情厚爱融于每一篇作品中，作品热情奔放、优美生动，饱含浓郁的民族特色。曾任自治区文联委员，正蓝旗文联主席，自治区作家协会会员、理事长等职务。

赛熙亚勒

赛熙亚勒（1929—1993 年），正蓝旗人。中国蒙古史学会会员、中国翻译家学会会员、蒙古语学会副会长、蒙古国成吉思汗研究中心荣誉会员、国际蒙古学联合会会员、原内蒙古军区政治部创作组副师职创作员。赛熙亚勒的主要蒙古文作品有《察哈尔历史概要》《成吉思汗史记》，翻译出版《马可·波罗游记》《鲁迅杂文》等名著，整理和选编了《纳·赛音朝克图诗选》，发表了《关于俺达汗历史的几个问题》《重新理解蒙古历史中的几个问题》《察哈尔部分历史概要》等。他的代表作《成吉思汗史记》是世界蒙古史研究中第一部用蒙古文撰写的成吉思汗全传，在国际蒙古学领域中具有重要地位，引起国内外蒙古史学界的强烈反响，为蒙古史研究做出了突出贡献。

朝　鲁

1930 年 5 月 15 日，朝鲁出生在察哈尔盟明安旗镶黄牛群宝力根陶海牧民贡布苏荣家中，1938 年随父搬迁至正蓝旗扎格斯台苏木。由于家里生活贫困，父亲将他送给隶属扎格斯台庙的伊和布尔汗庙（大佛庙）的僧人丹迪尔抚养。1940 年

朝鲁

至1944年，朝鲁在旗衙门读书，后服兵役加入蒙古军少年军校。1945年8月，朝鲁被送到蒙古人民共和国乌兰巴托学习。在校期间，朝鲁演唱了《察哈尔八旗》《蓝色的旗帜》等歌曲，其歌唱天赋崭露头角。1948年6月，经蒙古人民共和国国家歌舞团团长朝格吉玛推荐，朝鲁被选入国家剧院，走上了演艺生涯。期间，朝鲁曾接受苏联名师指导，演唱技艺提高很快，在蒙古人民共和国成功扮演了《幸福之路》《三座山》等歌剧中的主角，获得国家级功勋演员称号和金奖。

1954年5月，无时不在思念祖国和家乡亲人的朝鲁，放弃了在蒙古人民共和国所取得的荣誉和地位，回到了家乡正蓝旗。回国后，朝鲁先后在察哈尔文化队、内蒙古广播文艺队、内蒙古歌舞团、内蒙古广播文工团工作。1955年，朝鲁随团到北京为毛主席等中央领导演出，一曲《草原上升起不落的太阳》唱红了大江南北，受到国内外广泛关注和好评，周总理亲自赠送朝鲁一套银酒盅留作纪念。

朝鲁创作的歌曲作品主要有《绣金叶的手帕》《故乡》《小学生》《摇篮曲》《戈壁滩红花》《牧羊人的故乡》《纳林河畔的蝴蝶》等。演唱过《嘎达梅林》《雪白的山》《锡林郭勒》《兴安岭》《东盖姑娘》《富饶的夏营盘》《粗壮的大树》等数百首深受广大群众喜欢的歌曲。朝鲁除具有男低音共有的洪亮婉转、音正腔圆等特点外，他在声音技巧与艺术表现上结合得十分完美，特别是在蒙古语歌词与曲调的融合上，更有着行云流水般的演唱风格。他的吐词完美到胜于说话，他的演唱自如到随心所欲。在舞台上演出，只要朝鲁登台上场，台下就会响起铺天盖地的掌声。只要广播中播放他的歌曲，牧民无论吃饭还是放牧都会专心倾听，尽情享受和欣赏他充满魅力、让人陶醉的歌声。听众如果不能经常听到他的歌曲，就会给电台编辑部写信，询问他的情况。朝鲁用他独特的演唱风格和出类拔萃的表现技巧，征服了一代观众和听众。人们从朝鲁的演唱中，感受到了从草原深处提炼出来的蒙古族民歌演唱新方法，对后人和社会产生了深远的影响。

1986年7月14日，朝鲁因病去世。朝鲁生前曾任中国音乐家协会内蒙古分会会员、内蒙古文联委员、归国华侨协会委员、内蒙古第二次文代会代表，锡林郭勒盟和正蓝旗政协委员、归国华侨委员。1987年，家乡人民为朝鲁立了纪念碑；2003年，内蒙古电视台为纪念朝鲁制作了纪录片《雪白的山》；2004年，正蓝旗组织召开纪念蒙古族著名歌唱家、爱国主义艺术家朝鲁生平座谈会，举办了以朝鲁创作与演唱作品为主题的文艺演出；2006年，内蒙古电视台《每周之约》节目制作专题片纪念歌王朝鲁；2010年，自治区有关部门举办了纪念著名歌唱家朝鲁诞辰80周年研讨会暨《天籁歌手》（蒙古文，陶高著）发行仪式（据悉，陶高老先生正在把《天籁歌手》翻译成汉文）；2013年7月，正蓝旗党委宣传部组织编写了朝鲁的歌曲专辑《故乡》。朝鲁活在各族人民的心中，他的歌声永远回荡在辽阔的草原上。

杨松吉木彦

杨松吉木彦（1920—1998年），出生于正蓝旗，是内蒙古有影响的大活佛。5岁时被九世班禅大师确认为杨松六世活佛，被称为吉木彦活佛。6岁时被送到正蓝旗呼义嘎图庙学习佛经。1926年被请到阿鲁科尔沁旗罕庙，举行新活佛坐床典礼。15岁时，他去青海塔尔寺，拜清朝驻京八大呼图克图之一的阿嘉活佛为师学习。期间，九世班禅驾临塔尔寺，按照他为前世杨松活佛赐予尊号的惯例，授予吉木彦活佛精通佛学五明的班第达·诺门汗称号，赐予藏文绸布诏书和银质印章。1939年，他从塔尔寺前往甘肃省拉卜楞寺学习佛学五明。1940年回到阿鲁科尔沁旗。1947年由于战乱，吉木彦活佛飘零于北平、张家口、包头等地。吉木彦活佛恪守佛教戒律，以自己的言行身教影响他人，默默净化身边信众。他关心僧人，协调有关部门落实党的宗教政策，妥善解决僧人生活，鼓励青年僧人学习深造。参加罕庙、根培吉祥庙庙会，捐献马匹、钱物，积极参与救灾扶困等公益事业。

他还是一位蒙古族大诗人、翻译家。1992年4月，内蒙古人民出版社出版了吉木彦活佛的作品选，收录了他的主要论文、诗歌和部分翻译作品。这些都是他几十年来潜心佛学研究的成果，数十载颠沛流离坎坷人生之真谛所悟。

吉木彦活佛在宗教界享有崇高地位，社会活动频繁。他以坦诚进谏、参政议政著称。他敢于揭露和斥责王公贵族的歪风邪气和纸醉金迷的生活，为草原群众称快，令贵族王爷心颤胆寒。他正确引导群众信教，弘扬佛法，深入群众中向信教群众阐释佛学，引导人们树立正确信仰。他珍惜人民赋予的荣誉和权力，尽职尽责。自1981年以来，他担任自治区人大代表、政协委员，赤峰市政协常委，阿鲁科尔沁旗政协常委、副主席，中国佛教协会内蒙古分会常务理事，赤峰市佛教协会会长，中国藏语系高级佛学院副教授，中国藏传佛教研究所副研究员等职务。

1998年5月3日，吉木彦活佛圆寂，享年79岁。

索达纳木永荣

索达纳木永荣(1920—1963年)，正蓝旗人。他精通蒙古、汉、日、俄、英等多种语言文字，是中华人民共和国成立后第一代蒙古语言学家之一，是蒙古语文科研工作主要组织者、领导者和学科带头人。他1944年毕业于日本东京高等师范学校史地系。在日本留学期间，他是留日蒙古族同乡会的积极分子。1941年，同乡会创办蒙古文杂志《新蒙古》，他是《新蒙古》杂志编辑，也是主要作者。他发表了《选自＜世界简史＞的蒙古历史》、《雨云雾雪雹霜露》(与他人合著)、《地球是球状的吗》等文章。1944年回国，在锡林郭勒盟担任中学教师。1946年7月，在内蒙古骑兵第十一师政治部工作。1946年12月至1953年8月，先后任正蓝旗旗长、察哈尔盟政府办公室主任和秘书长等职务。1953年9月，先后任内蒙古蒙古语文研究会办公室主任、内蒙古语文工作委员会委员、内蒙古语言文学历史研究所语言研究室(内蒙古社科院蒙文研究所)主任等职务。1955—1956年，由中国科学院、中央民族学院、北京大学及内蒙古有关单位联合组建的全国少数民族语言调查队蒙古语言和方言调查队在内蒙古各旗县和其他相关地区选取56个调查点，对我国境内蒙古语言和方言进行两次实地调查。他任调查队副队长，参加了1955年的调查工作。1956年6月至1957年1月，他担任调查队队长，带领70多名调查队队员，完成了蒙古族聚居区26个调查点的实地调查工作。调查工作结束之后，他参与编写了《蒙古语族语言和方言调查初步总结》《蒙古语族语言和方言调查汇报》等。这两次普查，基本弄清了我国蒙古语言和方言在语音、语法、词汇上的特点，蒙古语方言的划分及基础方言、标准音的确定打下了基础。他还主持《汉蒙词典》(1964年)的编纂工作，发表了《蒙古书面语口语读音》(1959年)、《十年来蒙古语词汇的丰富与发展》(1959年)、《关于蒙古语新词术语问题》(1961年)等多篇学术论文。

特木尔策仁

特木尔策仁(1929—2001年)，呼矣德姓氏，出生于察哈尔明安牧群正白羊群(今正蓝旗桑根达来镇)。其父卓特普扎布曾任察哈尔明安牧群正白羊群总管。8岁时，拜海丰嘎为师，学习蒙古、汉、满文；1939—1941年，在张家口小学读书；1941—1945年，就读于张北青年学校。1945年7月，他被蒙古军队带到乌兰巴托，在乌兰巴托第一中学读书；1950—1954年，在蒙古国立大学学习蒙古语言文学。毕业后，先后在乌兰巴托五中和二中执教。1956—1959年，在北京执教于中央民族学院，讲授蒙古语言、文学及斯拉夫蒙文等课程。1980—1982年，他参与科布多国立师范学院蒙古语文系筹建，执教于这所学院。1996年以后在蒙古国文化学院工作。1973年，他被授予语言学副博士学位，先后被聘为副教授、教授。

特木尔策仁的作品《蒙古语词汇研究》

1978年，被授予蒙古国科学院荣誉奖状。2001年12月3日病逝，享年72岁。

特木尔策仁是著名的教育家和语言学家，是国际蒙古学界知名学者，致力于蒙古语言文学教学、学术研究近50年，用蒙古、俄、英、德文发表学术论文150多篇，出版著作数部。他的研究涵盖了蒙古语语音、语法、词汇、词义、同源、修辞、名词术语、方言、文献及民间文学等诸多领域。特别是在蒙古语词汇学研究领域，他所著的《现代蒙古语词汇研究》（1964年），是一部承前启后的力作，奠定了现代蒙古语词汇学基础。

1956年，他与人合著的《现代蒙古语语法》，是国际蒙古语言学界具有较大影响的蒙古语语法书。他所著的《蒙古语音节缩减律》（1970年）一文发表后，引起了国际蒙古学界瞩目，被认为总结了蒙古语语音历史演变特点和14世纪以来蒙古学研究成果。在蒙古文学研究方面，他与苏联学者合作，在莫斯科出版了《格斯尔传新故事》（1982年），后被译成德文于1985年出版，匈牙利、捷克斯洛伐克等国家学者对该书给予高度评价。

伊德木扎布

伊德木扎布（1917—2009年），汉名孟国栋，又名孟勋夫，今正蓝旗人。其父孟克德力格尔曾任察哈尔盟商都马群旗总管。

青年时期，他和来自内蒙古的克里更、多淑秀等人一起就读于北平蒙藏学院，毕业后考入北京大学法学商业学院政治系。中华人民共和国成立前，他赴台湾定居，从事教学工作。1965年移居美国，在西雅图市华盛顿州立大学远东学院任教。在那里，他结识了美国著名蒙古学家波普以及日本东京外国语大学亚非语言文化研究所冈田英弘等著名学者，并与他们合作开设了蒙古语言文学、蒙古国斯拉夫文字、新闻学等课程。由于他在教学和学术研究方面成绩卓著，不久便被聘为华盛顿大学内陆亚细亚研究所副研究员，成为硕士和博士生导师。

1977年，他被聘请为当时国际蒙古学研究中心之一加拿大多伦多大学东亚研究所的顾问教授，讲授蒙古语文课，并协助该校施文林（Wayne Schlepp）教授从事蒙古语言研究。作为台湾“中亚文化研究丛书”（1989年）之一的《蒙古文学史话（13—15世纪）》一书是他的代表作。

伊德木扎布退休后生活在美国洛杉矶市，2009年在北京病逝。

恩和吉雅

恩和吉雅（1929—2000年），巴雅特氏，今正蓝旗桑根达来镇巴格额仁嘎查人。1941—1943年，就读于张家口的兴蒙学院教育系。1945年回到家乡担任苏木秘书，次年当选为内蒙古自治运动联合会明安旗委员会青年委员。参加内蒙古骑兵十六师，历任班长、排长、连指导员，多次参加战斗，先后4次荣立三等功，1950年被授予中华人民共和国解放勋章。

1955年，调到内蒙古军区政治部编译处，任《内蒙古战士》《华北民兵》《赫丽其德》等蒙古文杂志的编辑。曾把马克思、列宁、毛泽东的作品翻译成蒙古文，在刊物登载。1963年，在社会主义国家军队友谊运动会上担任翻译，因工作突出受到中国人民解放军总政治部的表扬。

他先后创作了百余篇（首）短篇小说、散文及诗歌。代表作有短篇小说《家宴》《一桶鲜奶》《一串珍珠》《魔鬼的脚镣》，散文《珍珠海洋》《草原晨曲》，诗歌《人的旗帜》《夏天》等。作品辑入《恩和吉雅作品选》。与此同时，他致力于蒙古语文学术研究，发表了《蒙古语名词术语工作中的几项重要问题》《察哈尔土语是蒙古语标准语》

等论文，就蒙古语规范化问题提出了自己的见解。

他曾任内蒙古军区政治部编译处处长和《赫丽其德》杂志总编，曾为中国蒙古语文学会会员、中国翻译协会内蒙古分会会员、内蒙古作协会员、内蒙古蒙古语文研究会副主任、内蒙古自治区蒙古语文工作领导小组成员和蒙古语名词术语工作委员会成员。

高·扎木苏荣扎布

高·扎木苏荣扎布（1931—2010年），正蓝旗人。1948年7月，任正蓝旗政府通信员。1949年5月，加入中国人民解放军，任察哈尔盟保安团通信员。1949年10月，参加内蒙古骑兵五师十五团，历任侦察员、文书、排长。

1956年7月，创作的军歌《我的骏马》，先后获内蒙古自治区成立10周年文学艺术一等奖，中央人民广播电台每周一歌节目优秀歌曲二等奖，莫斯科世界青年联欢会铜质奖。1959年，调入巴彦淖尔盟军分区政治部，不久又调入锡林郭勒盟军分区政治部。他创作的短篇小说《恩和宝勒格激流》入选中学语文教材，同时被译成汉文，入选由人民文学出版社出版的文学作品系列《草原集》。1971年，以旅级干部待遇转业到正蓝旗工作，先后任正蓝旗文体局、民族宗教局局长。1992年离休。

高·扎木苏荣扎布

2001年，他的作品集《恩和宝勒格激流》被译成西里尔蒙古文，在蒙古国出版发行。2004年，作品集《我的骏马》由内蒙古人民出版社出版发行。

拉哈木苏荣

拉哈木苏荣（1933—2004年），正蓝旗人，翻译家和文化学者。

1945年日本投降后，由于国民党反动派军队大举进攻察哈尔解放区，察哈尔各旗的学校全部停课或解散，拉哈木苏荣投身于反击国民党的斗争中，发放传单或给八路军各部队送信，开始接触革命活动。1948年担任村主任，带领乡亲们做了大量支前和拥军工作。1950年2月，拉哈木苏荣参加中国人民解放军，锻炼了他的政治素质和军事素质，为他提供了接受文化教育的机会。

1953年，他考入内蒙古蒙文专科学校，成为该校首届学员。毕业后，他任步兵学校教员，后又调入内蒙古军区政治部翻译处，任《华北民兵》杂志编辑。他曾被抽调参加《毛泽东诗词选集》、《毛泽东选集》（第五卷）的蒙译工作，还翻译了《共产党宣言》（辅导学习材料）等一大批文献资料。1956年2月，他加入中国共产党。在“文化大革命”期间，遭到迫害。“文化大革命”结束后，回到内蒙古军区政治部落实政策办公室、编译处等部门工作，先后任干事、副主任、副处长、处长、政治部党委委员等职务。

拉哈木苏荣任《赫丽其德》杂志编辑、主编工作期间，为提高部队蒙古文刊物质量及培养新生力量做出了重要贡献。他先后翻译了《贺龙元帅传》《罗瑞卿元帅传》等军旅题材的文学作品数百万字；翻译报告文学《哥德巴赫猜想》，成为汉蒙翻译作品中的经典，得到同行和广大读者的赞誉。工作之余，他还致力于歌词创作，其作品《牧人之春》（吉日嘎拉谱曲）曾获内蒙古自治区歌曲创作三等奖。

1987年11月离休后，拉哈木苏荣应邀参加由国家文化部、民委和中国民协发起的《中国民间故事集成》《中国歌谣集成》《中国谚语集成》项目的编纂工作，主持完成了100万字《中国歌谣集成·内蒙古卷·蒙古族分册》（1—2册）的编纂工作，受到国家文化部、民委和中国民协的表彰奖励。

高·拉希扎布

内蒙古著名诗人、儿童文学作家高·拉希扎布1939年出生于正蓝旗卓伦郭勒苏木巴音吉呼楞嘎查。1957年毕业于呼和浩特市第二师范学校。毕业后从事教学20余年。1980年后，历任正蓝旗文化局副局长、旗人大常委会副主任、锡林郭勒盟政协副主席、盟文联主席等职。是中国作家协会会员、内蒙古作家协会会员、内蒙古现代文学研究院会员。

高·拉希扎布在30多年的创作生涯中写出许多脍炙人口的诗歌、散文、小说和评论文章。他的作品有儿童诗集《你知道吗》（蒙汉版）及《有趣的世界》《有趣的动物》《幼儿园儿童诗》等，诗集有《高·拉希扎布诗集》《内蒙古的微笑》《那达慕诗集》《普·都格尔、高·拉希扎布诗集》等，评论集有《高·拉希扎布评论集》等。儿童诗集《你知道吗》荣获1982年全国少数民族儿童文学一等奖、自治区文学作品三等奖。《中国儿童文学库》《中国蒙古族作家》等50多部书籍对高·拉希扎布作过介绍。

沙·东希格

沙·东希格，1937年11月出生，正蓝旗人，元上都文化研究学者。他的身上，有着草原牧民那种独有的智慧、真诚和善良，是一位令人敬爱的、脚踏实地做学问的牧民学者，被誉为正蓝旗的“一本活字典”。

他从事教育25年，参加地方志编写20多年；是中国蒙古学历史协会会员，内蒙古民族风俗协会会员，内蒙古蒙古族民间文学协会会员。出版专著有《察哈尔谜语》《察哈尔蒙古简史》《察哈尔成语》《元上都》《驿道志》《正蓝旗神话故事集》《蒙古姓氏大全》《蒙古民间十二属相文化》《蒙古族敖包文化》《察哈尔蒙古成句集》《察哈尔马烙印志》《正蓝旗敖包志》《察哈尔马文化》《浑善达克故乡》；与他人合著《正蓝旗志》《察哈尔蒙古史》等；曾发表蒙古族风俗习惯论文20多篇，如《察哈尔民间部落和察哈尔文化》《远古的蒙古秘史、岩画》等。

多年来，他在中外学术刊物上、在接受中央电视台等各大新闻媒体采访中，孜孜不倦地宣传元上都。2014年5月，沙·东希格受中国马业协会理事长贾幼陵邀请，参加在北京举行的中国马文化节和世界汗血马第五次特别会议，在会上作了《好汗马之歌》发言，向与会部分专家赠送了自己的著作《察哈尔马烙印志》。

2016年6月25日，在察哈尔右翼后旗召开的沙·东希格成就座谈会上，沙·东希格被察哈尔文化研究促进会评为察哈尔文化功臣，与会专家学者对于沙·东希格的研究成果及荣誉给予了赞扬和肯定。为褒扬沙·东希格在察哈尔文化研究中的突出贡献，在察哈尔右翼后旗察哈尔文化博物馆为沙·东希格塑了雕像。

如今，沙·东希格老先生虽然上了年纪，但风趣幽默，耳聪目明，思维敏捷，热爱学习，笔耕不辍，善于交流，执着地耕耘在元上都历史文化学术的最前沿，为宣传元上都、弘扬元上都文化而持续努力着。

先烈英雄

关起义

关起义，字翼青，别名刘元复，蒙古名吉鲁木图，是牺牲在正蓝旗哈毕日嘎的原察哈尔盟长。关起义1904年生于辽宁省康平县西关屯一户蒙古族农民家庭，祖籍内蒙古哲里木盟（今通辽市）科尔沁左翼中旗。关起义幼年丧父，由母亲抚养长大。小时候在私塾读书，后又在郑家屯读初、高级师范六年。关起义自幼目睹国家破落残败景象，萌生救国救民宏愿，发奋读书并投身社会变革。1931 年九一八事变爆发后，年轻的关起义毅然参加东北抗日义勇军。1938 年 10 月，关起义在北平与我党地下组织取得联系，开始从事革命工作。1940 年上半年，在党组织安排下，他带三女一子分三批先后到达晋察冀边区。同年秋又转赴延安，在民族学院任教，他对工作认真负责、一丝不苟，深得同事们的尊敬和学员们的爱戴。

1945 年日本投降后，党中央派一批干部到内蒙古开展工作，关起义步行 40 多天到达张家口，参加内蒙古自治运动联合会成立大会，当选为联合会执行委员，负责秘书处工作。不久，自治运动联合会筹建内蒙古实业公司，总公司设在张家口，赵云驰任总经理，关起义任副经理。当时的内蒙古饱经战乱，千疮百孔，牧区经济更加落后，牲畜卖不出去，生活用品运不进来，旅蒙奸商还趁机重利盘剥。关起义深感责任重大，怀着满腔热忱着手内蒙古实业公司的筹建工作。他亲自出面找房子，筹备经费，培训少数民族经贸干部。1945 年 12 月，关起义带一部分同志首次向草地进发，运送布匹、砖茶、烟酒等牧民生产生活用品。物资车队由沿途县大队护送，常常遭土匪袭击。他们边走边打，在 1946 年初到达贝子庙。他不怕苦不怕累，深入牧区，调查了解人民生产生活需求，并先后组建了贝子庙、明安旗、宝昌、多伦四个分公司，为建立新型的经济贸易秩序、恢复发展民族经济做了大量工作。1946 年，经赵云驰同志介绍，他光荣加入了中国共产党。解放战争期间，关起义冒着生命危险几次进张家口，组织大家抢运物资，转送到贝子庙。

1946 年底，关起义被任命为察哈尔盟代理盟长。他到任后，同苏剑啸、肖诚等同志分析形势，研究对策，为坚持锡察斗争贮备粮食。1947 年 1 月 6 日拂晓（也有说法是 1 月 5 日拂晓），关起义一行在哈毕日嘎区门地沟村宋家营子开展工作时，侦察敌人的战士回来报告：邻近牧区的国民党兵抢走了牧民牲畜。关起义随即命令随行的武工队前去拦截敌人，夺回牲畜交给牧民。武工队出发后不久，他被国民党军队包围。当他准备突围时，一发炮弹落在院内，一位战士负重伤，他的乘马挣脱缰绳。关起义命令工作人员邬云斯琴突围报信，他自己掩护突围，并独守大院门口的碾房，不让敌人跨进一步。院内战士一人受伤、一人牺牲，碾房很快被敌人团团围住。但他一人顽强地坚守着，敌人无法进入。敌人无奈，耍起劝降花招："投降吧！让你当盟长。"砰！随着枪声，喊话的敌人排长倒下，恼羞成怒的敌人抱来柴草，烧了碾房。顷刻间，熊熊烈火吞噬了碾房，关起义壮烈牺牲，年仅43岁。

1947年2月27日，锡察工委、锡察行政委员会在贝子庙举行关起义等诸烈士追悼大会。中华人民共和国成立后，自治区人民政府为关起义颁发了"革命烈士光荣纪念证书"。1981年1月7日，中共内蒙古自治区委员会在呼和浩特市举行关起义烈士骨灰安放仪式，让烈士的英灵安息在大青山烈士陵园。

1987年7月，锡林郭勒盟委、行政公署在关起义牺牲地哈毕日嘎镇立碑。目前，正蓝旗已把关起义纪念碑迁至上都镇烈士陵园，以永远纪念这位革命烈士。

陈炳宇

陈炳宇

陈炳宇，蒙古族，1918年生，内蒙古土默特左旗人。1942年加入中国共产党。1937年肄业于国民党中央政治学校附属蒙藏学校包头分校师范部。1939年到延安，在延安陕北公学学习。1942年，任塞北工委情报处热察绥驻蒙古办事处主任。1945年，任中共绥蒙区委城市工作部干事，内蒙古自治运动联合会执委、青年部副部长，内蒙古锡林郭勒盟副盟长。1946年4月，任中国共产党原察哈尔盟第一个党支部——道英海日汗党支部书记，察哈尔盟长。

中华人民共和国成立后，先后任内蒙古呼伦贝尔纳文慕仁盟副盟长、代盟长，内蒙古东部区行政公署民政厅厅长，包头市副市长，包头市委常委，内蒙古自治区监察厅副厅长、代厅长，呼和浩特市代市长、市长，呼和浩特市委书记，自治区党委组织部代部长，内蒙古地质局副局长，自治区计划生育委员会副主任兼地质局局长，乌兰察布盟委第一书记兼军分区第一政委。1979年12月，任自治区政府副主席。1983年4月，任自治区第五届政协副主席。1988年6月至1989年12月，任自治区顾问委员会副主任。曾任中国国际文化交流中心内蒙古分会理事长，第七届全国政协委员。

肖 诚

肖诚（1916—1948年），男，汉族，河北省饶阳县人。1937年，加入中国共产党。在饶阳县和专区做青年和地区武装工作，坚持冀中平原游击战，曾经历过日寇残酷的“五一”大扫荡。1942年，到冀察、冀北分局党校学习，后又转入延安中央党校学习。1945年日本投降后，在晋冀边区公安管理处第一科任副科长。1946年，调到内蒙古察哈尔盟做保卫工作。1947年后，历任察哈尔盟公安处长、工委副书记、代书记等职。1948年12月8日，从贝子庙（今锡林浩特市）返回察哈尔盟工委当时驻地查干乌拉庙途中，经沙布尔台时，遭胡图凌嘎匪徒200余人伏击，壮烈牺牲，时年33岁。

苏剑啸

苏剑啸，原名苏宝谦，号宜庵，蒙古名苏都斯庆。1905年1月29日生于今新疆伊犁哈萨克自治州，原籍内蒙古锡林郭勒盟苏尼特右旗。1938年上半年，苏剑啸投奔革命圣地延安，进入陕北安武青年训练班学习；不久转入中国人民抗日军政大学第十大队学习，同年光荣加入

苏剑啸

中国共产党。1945年冬，苏剑啸参加内蒙古自治运动联合会，当选为联合会执行委员，并被任命为内蒙古自治运动联合会察哈尔盟分会筹备委员会主任。1945年12月，苏剑啸与陈炳宇一起到察哈尔盟开辟工作。

1946年4月，在苏剑啸和同志们的共同努力下，察哈尔盟民主政府和内蒙古自治运动联合会察哈尔盟分会诞生了，苏剑啸当选为分会主任。1947年，关起义牺牲后，苏剑啸代理察哈尔盟长。1948年9月，苏剑啸任察哈尔盟长；10月，与盟工委代书记肖诚等一起到贝子庙参加重要会议。同年12月8日，在返回察哈尔盟前线的途中被土匪包围，牺牲于沙布日台。

1948年12月28日，锡察巴乌工委在贝子庙举行了隆重的追悼大会，祭悼在沙布日台战斗中牺牲的18位烈士。党对苏剑啸做了如下评价：苏剑啸同志作风简朴，任劳任怨，对党的事业忠心耿耿。在察盟工作期间，培养了大批蒙古族青年干部，领导察盟人民进行了不屈不挠的斗争，为内蒙古人民革命和中国人民的解放事业做出了重大贡献。

云晨光

据烈士云晨光的侄子云大平讲述，云晨光1926年生于土默特左旗塔布赛村一个贫苦家庭。1939年8月，经中共地下党员贾力更、奎璧介绍，云晨光和云大平的父亲云照光等22名热血青年，来到延安参加革命。由于表现突出，云晨光17岁便加入了中国共产党。1946年春，云晨光随部队到察哈尔地区坚持对敌斗争，任骑兵十六师一团二连指导员。1947年3月，年仅21岁的云晨光带领一个班12名战士到正蓝旗哈毕日嘎镇朝阳村执行侦查任务时，被国民党十四纵队的5辆军车和部分骑兵包围。云晨光带领战士们英勇抵抗，子弹打完后便用枪砸，最终因寡不敌众全部壮烈牺牲。

据哈毕日嘎镇朝阳村徐占先老人介绍，1947年3月，内蒙古骑兵十六师在多伦县号头扩充了一个新兵连，除个别战士配有两颗手榴弹外，大部分战士都是赤手空拳，没有武器。不久，20余人在马连长的带领下离开大部队进驻正蓝旗葫芦斯台（今哈毕日嘎镇）朝阳村进行军训。4月22日，国民党军集结50多辆军车、2000多名步兵和500余名骑兵，在国民党察哈尔省长、第三军中将军长孙兰峰的指挥下，趁我骑兵十六师主力在冀热辽军区整训之机，从张家口、宝源县一带，分东西两路大规模向哈毕日嘎、葫芦斯台一带发动进攻，妄图与额仁钦道尔吉为首的叛匪里应外合，一举消灭坚守锡察地区的中共党组织、民主政府和军队，占领锡察解放区，达到切断东北、华北两大解放区战略通道的目的。其中，满载国民党军的十四纵队5辆军车和部分骑兵，于4月23日（农历三月初三）进入葫芦斯台朝阳村。马连长接到情报后，准备按命令带领新兵往西山转移，结果发现敌人已从西南、西北包围过来，队伍被压在了村东边的烈士洼一带。激战中，由于新兵缺少武器和战斗经验，13名同志英勇牺牲，另有10多人被俘，马连长1人骑马成功突围。

徐占先说，烈士墓离村子约2千米，是一片地势开阔的洼地，解放战争时期，有13名烈士在这里牺牲，所以这片地方叫烈士洼。当时这13名烈士牺牲后，全村20多户老乡冒着生命危险，将烈士就地掩埋。村里搞包产到户时，为避免烈士的坟墓被人为损坏，徐占先组织村学校的30多名师生，将烈士遗骨取出来集中埋在烈士洼的一个高坡上。徐占先找来一块大石头，让学校的教师安连清用红油漆在上面写上了“革命烈士永垂不朽”几个大字。

哈毕日嘎镇朝阳村的村民守护这13名烈士墓70余年。每逢农历三月初三烈士祭日这天，徐占先老人都要到这里转一转、看一看，陪烈士说说话。随着时间的推移，当年徐占先等村民为烈士立的石头碑已找不见了，烈士洼的周围虽已被开垦成了耕地，但烈士墓地仍被当地村民保存完好。

经自治区文物部门确认，目前烈士墓已列入正蓝旗不可移动文物，是旗爱国主义教育基地。

刘海旺

1994年11月17日晚，一声枪响划破夜空，正蓝旗公安局哈毕日嘎乡派出所原所长刘海旺倒在了血泊之中。在面对人民群众生命财产安全受到威胁的危急时刻，他只身勇斗两名持枪歹徒，头部中弹，当场壮烈牺牲。

刘海旺工作的哈毕日嘎乡政府所在地庆丰村，地处国道207线和集宁区至赤峰市公路交会处，流动人员多，社会治安情况比较复杂。1994年11月17日晚，从河北省张家口市来的韩凤利、李欢喜到一家熟肉铺买猪蹄，在与店主讨价还价的过程中，韩凤利从腰间拔出一支双筒手枪，举枪就射，子弹擦着店主的耳边飞过。店主的儿子跑出去给乡派出所所长刘海旺家里打电话报警。工作了一天刚回到家里的刘海旺放下电话就冲出大门，奔向事发现场。

当他赶到现场时，两名歹徒正沿街向西走去，他立即追了上去。歹徒韩凤利是个身高1.8米的壮汉，听到后面有人追，他转身向刘海旺冲去，未等刘海旺盘问，挥拳就向刘海旺打去。同伙李欢喜闻讯也赶了过来，一起围打刘海旺。面对两个身强力壮的歹徒，年龄大、体质弱的刘海旺毫不畏惧，与两名歹徒展开了搏斗。搏斗中，刘海旺被歹徒韩凤利绊倒，歹徒李欢喜举枪向刘海旺连开两枪。刘海旺头部中弹，当场壮烈牺牲。两名歹徒仓皇逃走。

案发后，正蓝旗公安局紧急出动，仅用七个小时就抓获了杀害刘海旺的两名歹徒，缴获双筒手枪两支、子弹两发。

在旗公安局召开的国家一级英

模刘海旺座谈会上，旗公安局副局长巴达日夫为烈属颁发了“共和国不会忘记”勋章，英模遗属程学兰应邀参加了座谈会。程学兰哽咽着说：“海旺的血没白流，正蓝旗公安局对我的关心、照顾我会记在心上，谢谢你们。”

英烈无畏身先逝世，浩气长存感天地。刘海旺用自己的鲜血和宝贵的生命谱写了气壮山河的壮丽诗篇，彰显了执法为民、无私奉献的浩然正气，换来了社会的稳定和人民的安居乐业。他的英名彪炳史册、他的事迹流芳百世，他的精神薪火相传。

戈瓦沛勒

戈瓦沛勒（1917—1994年），出生于正蓝旗上都镇巴音高勒嘎查。其父陶格陶在他幼年时病故，由母亲孟克额尔敦抚养成人。他19岁入张北青年学校学习，20岁转入兴安盟陆军军官学校学习。结业后，以优异成绩考入日本神奈川士官学校。1944年4月，学习期满，授上尉。回国后，任归绥市（今呼和浩特市）蒙古军官学校教官。1946年春，赴张家口参加内蒙古自治运动联合会。同年夏天，察哈尔盟重组时，任察哈尔盟政府代理秘书长。1946年初冬，被组织委派参加解放军第八十团的组建。1948年，加入中国共产党。1950年，任骑兵第四师参谋长。中华人民共和国成立后，任锡林郭勒盟副盟长兼正蓝旗委第一书记。“文化大革命”期间，他受摧残迫害，被关押3年之久。粉碎“四人帮”后平反，恢复副盟长职务，后任盟政协副主席等职。

1994年12月14日在锡林浩特病逝。

宋 玉

宋玉（1924—2017年），1945年5月入党，参加过抗日战争和解放战争，历经革命斗争洗礼，成长为优秀的领导干部。

1924年9月11日，宋玉出生于河北省赤城县马营公社宋家窑子大队普通农民家庭。5岁时随父母、哥哥和姐姐逃荒到宝源县三区老米

宋玉

沟村，一家人靠给地主打工为生。

1941 年，宋玉的哥哥宋贵参加革命，成为八路军骑兵五师二团的一名战士。两年后，在哥哥的影响下，宋玉也成为宝源县三区老米沟村的一名民兵。因头脑灵活，胆大心细，宋玉逐渐成长为民兵队队长。宋玉平时的主要工作就是组织民兵站岗放哨，保护当地百姓安全，为八路军主力部队搜集情报，组织供应粮食和军鞋。

距离老米沟 15 里的地方，是日本鬼子郭嘴窑子据点。1945 年 4 月的一天，宝源县大队政委李洪亮化装成货郎，来到老米沟村，通过街头暗号联络到宋玉，告诉他八路军准备拔掉日本鬼子郭嘴窑子的据点，让宋玉把鬼子的布防情况侦察清楚，在最短的时间内把侦察到的情报传递给八路军，以便部队行动。

李洪亮走后，宋玉立即组织村中民兵研究侦察敌情。经商量，宋玉决定和两个民兵乔装成“应夫”混入鬼子据点。当时，鬼子已经知道八路军要攻打他们的据点，正到处抓壮丁为他们加固城墙碉堡、修炮楼。所以宋玉和战友很顺利地混入了鬼子据点。在那个非常时期，鬼子对每个干活的壮丁都很警觉，一旦发现哪个人不对劲儿就会抓起来严刑拷打或杀头。为了不引起鬼子怀疑，宋玉他们卖力干活，对鬼子毕恭毕敬，鬼子对他们渐渐地放松了警惕。宋玉和战友抓住时机，很快就摸清了鬼子的人数、布局、武器装备等重要情报，并秘密接触到了掌管城门钥匙的老张。经了解，老张也是一个有良心的中国人。经过一番思想工作，老张答应配合八路军打开城门。三天后，他们顺利撤出鬼子据点，将情报送给了八路军。在掌握了鬼子据点详细情报后，八路军主力部队作了周密部署。几天后的一个夜里，八路军发动突袭，经过两个小时的激战，歼灭了据点的全部鬼子和伪军。这次战斗胜利后，为防止鬼子来老米沟村报复，宋玉组织民兵在村口的山包上栽了棵消息树。民兵轮流站岗，发现哪面来了敌人，就把消息树向反方向放倒。这样村中的老百姓就知道哪边没有鬼子，迅速向安全地带撤离。后来鬼子几次来到村中扫荡都扑了空。就这样，宋玉带领老米沟村的民兵保卫父老乡亲，支援八路军打鬼子。宋玉的家人也积极为抗战做贡献，直到抗战胜利。宋玉的哥哥宋贵参加八路军后，在一次战斗中英勇牺牲。国民党得知宋玉的姐姐是解放军家属后，把她活活打死。

看着亲人一个个被敌人害死，宋玉化悲痛为力量，继续勇敢地投身到革命中。1948年3月至4月，宋玉担任河北省崇礼县狮子狗区武委会副教导员。1948年4月至1949年1月，宋玉被调到宝源县五区，任武委会战勤队长，负责组织担架队支前。1948年9月，解放军打响解放新保安战斗，宋玉组织1000副担架，带领队员赶往战场救护，每天穿梭在枪林弹雨之中。一次，宋玉和三名担架队员在抢救一名腿部受伤的解放军战士时，敌人的一枚手榴弹落到了担架上，宋玉眼疾手快，一把抓起手榴弹扔了出去，挽救了受伤的战士和担架队员的生命。新保安解放后，宋玉于1949年1月至1949年8月被调到宝源县六区张春围子（今太仆寺旗千斤沟镇）任六区武委会教导员，在党的领导下，开始土改、建立村政权、发展党员、建立村党支部等工作。

他无论在宝昌工作，还是到正蓝旗工作，都愉快地接受组织的安排，为两地经济社会发展做出了贡献。1949年8月至1950年1月，他担任察哈尔革命干校学习组长；1950年1月至5月在宝昌银行工作；1950年6月至1954年4月分别任宝昌城关区、六区委宣传委员。

1954年以后，他到正蓝旗工作。1954年4月至1956年11月，担任宝昌三区（哈毕日嘎区）委书记；1956年11月至1959年3月，担任正蓝旗委农牧部部长；1959年3月至1961年8月，任旗革委会副旗长兼哈毕日嘎区委书记；1961年8月，至1962年8月，任副旗长；1962年8月至1967年7月，任阿尔呼布公社书记；1970年3月至1974年3月，任哈毕日嘎公社书记、主任；1974年3月至1976年10月，任旗农林局局长；1976年10月至1977年5月，任旗五七大学书记；1977年5月至1981年5月，任旗物资局局长；1981年5月至1985年5月，任旗人大常委会副主任。1985年7月离休。

离休后，他生活很有规律，每天读报纸看新闻。看到今天改革开放全面建设小康社会的大好形势，这位革命老前辈的喜悦之情溢于言表。逢年过节老人不忘给四世同堂的子女们讲历史、颂党恩、话发展，用积极的态度传达着他身上的红色基因，用感恩惜福的心态颂扬着美好生活的来之不易。

2017年1月24日，93岁的抗战老兵、老领导宋玉，安详地离开了。我们将铭记这段红色记忆，永远缅怀保家卫国的革命先辈，传承好抗战老兵铸就的革命精神。

罗拉玛吉德

罗拉玛吉德，1931年11月出生于太仆寺右翼旗第一佐温都尔额日格浩特（今正蓝旗上都镇）一个普通牧民家庭。1953年11月，经察哈尔盟妇联组宣部部长赛音、察哈尔盟团委书记文学孔介绍，光荣加入中国共产党。她先后在察盟妇联、明太旗畜牧局、西乌珠穆沁旗白音宝力格公社、阿巴嘎旗委办公室、内蒙古妇女杂志社，正蓝旗革委会、人大常委会、政协工作，1988年12月从旗政协主席岗位离休。曾为自治区第一、二届人民代表大会代表，多次被评为劳动模范和优秀共产党员。

1941年3月，年仅10岁的罗拉玛吉德和小伙伴在外玩耍时，被总管喊去为客人敬酒，这位客人是察盟兴蒙中女子部（当时女子部设在张北县）负责人，这位女子部负责人看到罗拉玛吉德聪明伶俐，便选拔她到女子部学习蒙古文、日语、数学、历史、地理等文化知识和缝衣服、纺毛线等生活劳动技能。罗拉玛吉德由此成为女子部第二批学员。1944年5月前后，女子部搬迁到今正蓝旗宝绍岱苏木恩格尔嘎查道英海日汗，当时有200多名学员。在女子部搬迁筹建期间，女子部师生全住在蒙古包，一边学习一边建校舍。同年10月罗拉玛吉德毕业。

1946年初，苏剑啸和陈炳宇等人由张家口市前往察盟筹建内蒙古自治运动联合会察哈尔盟分会。3月27日至4月1日，察哈尔盟人民代表大会在原明安旗女子部（今宝绍岱苏木恩格尔嘎查道英海日汗）召开，来自各旗的156名代表及社会各界人士出席大会。罗拉玛吉德作为代表和主席团成员参加大会。会议期间，罗拉玛吉德有一次恰好挨着苏剑啸同志坐着，苏剑啸那时40岁左右，不仅高度近视而且眼镜也配得不合适，所以写字较大。罗拉玛吉德亲眼看到苏剑啸用铅笔批注察哈尔盟人民政府施政纲要及说明等报告。参加大会的代表多数是受压迫的贫苦牧民和其他民族的劳动人民，也有积极拥护内蒙古自治、愿意跟着共产党走的上层人士，既有蒙古族的革命老干部，又有草原上成长起来的革命青年。大会选举陈炳宇为察哈尔盟人民政府盟长，选举苏剑啸为内蒙古自治运动联合会察哈尔盟分会主任。从此，人民掌握了政权，封建特权受到限制，劳动人民获得解放。回到家乡后，罗拉玛吉德按照上级“争取上层、抓住下层、培养青年、发动群众”的指示，深入到牧区开展宣传工作。1948年4月，罗拉玛吉德参加干部团学习，同年12月毕业。

在党组织的培养教育下，罗拉玛吉德从一名普通的牧民女儿，逐渐成长为一名优秀的民族女干部和共产党员，为正蓝旗的解放事业和经济建设做出了成绩和贡献。

好日乐

在正蓝旗文化馆娜仁其木格家客厅的墙上，挂着一幅毛泽东主席与她母亲好日乐亲切握手的黑白照片。提起这幅珍贵的照片，近80岁的老人好日乐一下子便来了精神，兴奋地讲了起来。

1949年10月，察哈尔盟后勤部委派运输大队大队长陈笑如带领十几名解放军战士，到黄旗大营子（今上都镇）筹建中国食品公司内蒙古自治区锡察盟公营牧场，主要任务是收购锡察盟商品牲畜、周转育肥后运销内地，供北京、天津、张家口等地活畜加工。1957年，牧场总部搬迁到今正蓝旗黑城子示范区。当时，好日乐的父母从正蓝旗上都镇青格勒图嘎查被招去放牧，正在上小学的好日乐利用业余时间帮父母撵羊圈牛，成了牧场编外的“小职工”。1953年1月，年仅15岁的好日乐便被场部选中，成了该场为数不多的一名女放牧员。好日乐人小志向远大，不仅干活勤快，而且善于学习，注意观察和总结经验。1955年4月，已是放牧小组组长的好日乐，借鉴苏联国营牧场多牧、多饮、勤休的放牧经验，结合当地牲畜习性、消化系统机能、季节气候和牧草生长等特点，创造出了一种适合夏秋两季的“三三二”牧牛法。该方法是每天早晨5时将牛赶出，一直放到夜间11点钟。在整个过程中，放牧三次、饮水三次、休息两次，夜间11时后就地打盘休息。特点是放牧时间长、吃草多、饮水足、增肉快。好日乐放牧小组第一次放牛248头，每月每头牛平均增肉26.5公斤；第二次放牛299头，每月每头牛平均增肉32.5公斤；第三次共放1089头牛，增肉32910.5公斤，平均每头牛增肉30公斤。同时，牛的发病率也下降了，仅在0.064%。采取这一方法放牧的乳牛日产奶量由1.5公斤提高到2.5公斤。该种方法不仅在全场推广，而且经1957年的《内蒙古日报》（蒙文版）介绍后，在全区范围内也起到了一定的指导和示范作用。

由于工作成绩突出，好日乐先后出席了全区交通运输基本建设财贸方面社会主义建设先进集体和先进生产者代表大会、中国食品公司系统劳动模范代表大会，被自治区商业厅、外贸厅、商业工会和内蒙古工会联合会先后评为全区国营商业模范、全区先进生产工作者，好日乐放牧组荣获“全国青年突击放牧组”荣誉称号，她还光荣加入了中国共产党。最令好日乐高兴的是，

1956年10月，作为少数民族地区当选的全国劳动模范，她不仅出席了全国先进工作者代表大会，而且还当选为大会主席团成员，受到毛泽东、朱德、刘少奇、周恩来等党和国家领导人的亲切接见。据好日乐老人介绍，当时参加全国先进工作者代表大会的代表有5000多人，主席团成员仅有200余人，只有主席团成员才能够受到毛主席等党和国家领导人的接见。“在这些被接见的主席团成员中，和毛主席握手的时间每个人不过几秒钟，瞬间即逝，能够被记者抓拍到是一种幸运，能够被拍到并在会议结束时现场拿到和毛主席握手照片的人更是微乎其微，但其中有我。”说到这里，老人幸福地笑了，这件事让她快乐了一辈子。

1970年7月，好日乐从牧场调到正蓝旗赛音胡都嘎苏木卫生院工作。由于院小人少，她先后从事过收费、护士、药剂、手术、会计等工作。20世纪80年代初，被旗委、旗政府评为全旗劳动模范。2002年3月，已退休的好日乐荣获国家卫生部颁发的“从事护理工作三十年荣誉证书”。在好日乐老人身上，我们感受到了一种质朴善良、勤劳乐观、敬业向上的人生态度，值得我们敬重和学习。

时代儿女

乌英嘎

乌英嘎，1985年6月生，正蓝旗人。蒙古族青年歌唱家，世界非物质文化遗产蒙古族长调民歌传承人，中国首位长调民歌硕士研究生，蒙古族长调民歌新声代领军人物，现为陆军工作部战友文工团独唱演员。9年专业院校的锻造，10余年部队文工团生活的淬炼，数度在全国声乐大赛中揽金夺银的经历，使乌英嘎成为深受观众喜爱的青年军旅歌唱家。她曾连续多年参加国家级大型演出活动，并作为国家的文化使者活跃在世界舞台上。“百灵鸟”从美丽的金莲川草原飞到了维也纳金色大厅，把中国的非物质文化遗产带出了国门，带到了世界。

乌英嘎

乌英嘎，蒙古语意为“旋律”。她是一只从正蓝旗飞出的百灵鸟，古老的蒙古民族对音乐旋律的追求和向往奔腾在她年轻的血脉中。乌英嘎的代表作品大都源自草原上流传千年的古老蒙古长调民歌。她的演唱把握了民族风格和时代特征，让经典老歌焕发生机，令人耳目一新。她被业内专家赞为最有灵性的歌唱者，她兼容并蓄，融民族、通俗、原声态于一身，形成了大气、唯美的演唱风格，在歌坛独树一帜。她音质清澈纯美，富于变化，极具张力与穿透力，极富艺术表现力与感染力，被誉为“草原天籁之音”。

赛音吉日嘎拉

赛音吉日嘎拉，1989年12月4日出生于正蓝旗桑根达来镇宝力

赛音吉日嘎拉

根查干嘎查敦达浩特，是2016年第31届奥运会内蒙古3名参赛运动员之一，闯进奥运会男子柔道16强，为国家争了光。旗政府为表彰他，奖励他一套楼房，修通他家乡的柏油路。

他14岁被教练选中学习柔道，

获奖后的赛音吉日嘎拉

17岁开始柔道运动生涯。2010年，获全国男子柔道冠军赛第五名、全国青年柔道锦标赛冠军；2011年，获第七届全国城市运动会冠军、全国男子柔道冠军赛金牌；2014年，获全国男子柔道锦标赛冠军；2015年，获全国男子柔道锦标赛冠军、全国柔道冠军赛冠军、世界柔道大奖赛冠军等四项金牌。2015年以来，赛音吉日嘎拉通过参加国际大奖赛、锦标赛、大满贯赛等积分赛，获得第31届奥运会的参赛资格。他先后被评为“体育道德风尚奖”“敢斗奖”“一本奖”运动员称号。2017年6月底至7月初，赛音吉日嘎拉获2017年世界柔道比赛73公斤级世界冠军；8月8日代表解放军队获第十三届全国运动会柔道项目竞赛男子73公斤级比赛银牌。

仁·斯琴朝克图

仁·斯琴朝克图，正蓝旗文联名誉主席，生于1961年，2002年获日本东京外国语大学现当代蒙古文学硕士，2009年获蒙古国国立大学蒙古元朝喜剧学博士。中国少数民族作家学会会员。1978年开始创作。1991年，诗歌《花蕊在风中哭泣》获第三届内蒙古文学创作“索龙嘎”奖；2006年，诗歌《成吉思汗的马鞍》获第26届世界诗人大会二等奖，被授予成吉思汗圣旨金牌；2010年，歌词《妈妈是巍巍青山》获自治区艺术创作“萨日纳”奖。著有诗集《失落的天堂》、俳句集《白鹤》、儿歌集《花瓣》。

仁·斯琴朝克图

延伸阅读

在正蓝旗圆寂的三世达赖喇嘛索南嘉措

达赖喇嘛是西藏佛教格鲁派（黄教）中与班禅并列的两大宗教领袖之一。万历六年（1578年）5月，明代蒙古族土默特部顺义王俺达汗，在青海仰华寺会见西藏色拉寺第十三任池巴索南嘉措。俺达汗赠送索南嘉措“圣识一切瓦齐尔达喇达赖喇嘛”的尊号，索南嘉措也回赠俺达汗“咱克喇瓦尔第彻辰汗”的尊号。“圣识一切”是“遍知一切”的意思；“瓦齐尔达喇”是梵文，“执金刚”的意思；“达喇”是蒙古语，“大海”的意思，“喇嘛”是藏语，“上师”的意思；从此才有了“达赖喇嘛”这个称号，达赖喇嘛意为“德行科研成果像大海一样的上师”。后人把这一称号又追赠给索南嘉措承传的前两代黄教领袖根敦朱巴和根敦嘉措，分别称他们为一世达赖喇嘛和二世达赖喇嘛，索南嘉措便成为三世达赖喇嘛。

三世达赖喇嘛索南嘉措，出生于拉萨附近一个贵族家庭，他是藏族历史上著名宗教领袖和杰出政治活动家。他一生中最大的成就是把黄教传播到蒙古地区，在归化城（今呼和浩特市）建立锡热图召寺，使蒙古地区全部改奉了黄教，这是他与俺达汗共同完成的。其间，索南嘉措努力协调汉、藏、蒙古的民族关系及中央与蒙藏地方关系，为历代达赖喇嘛树立了榜样。据已故藏学学者牙含章先生生前所著关于西藏历史的学术力作《达赖喇嘛传》，乔吉的《蒙古佛教史》和乔吉、孙利中所著的《内蒙古寺庙》记载，万历十五年（1587年），察哈尔部首领图门汗派人邀请索南嘉措到内蒙古东部地区讲经说法，广收门徒。万历十六年（1588年），三世达赖喇嘛索南嘉措受明神宗邀请赴北京讲经说法，3月26日圆寂于喀喇沁万户的吉嘎苏台，即今正蓝旗小扎格斯台淖尔，时年46岁。

索南嘉措圆寂后，其管家班觉嘉措和云丹嘉措的师傅贡桑仔巴及当地蒙古人认定俺达汗的曾孙，苏弥尔代青洪台吉之子，万历十七年（1589年）出生的云丹嘉措为四世达赖。万历三十年（1602年），西藏噶丹、色拉、哲蚌三大寺派出正式代表前往内蒙古，承认云丹嘉措为达赖“转世灵童”，迎请入藏。万历三十一年（1603年），在藏北热振寺举行坐床典礼，并在哲蚌寺居住学经。这是诸达赖喇嘛中唯一一位不是藏族，而是出身于蒙古族的达赖喇嘛。

顺治十年（1653年），清世祖正式册封五世达赖罗桑嘉措为达赖喇嘛。从这以后，达赖喇嘛这个封号和达赖在西藏的政治和宗教地位才正式被确定下来。

元上都华严寺第六代住持

元上都“皇元敕赐”碑刻的主人公“寿公”，是大龙光华严寺的第六代住持惟寿禅师。内蒙古自治区考古学者张文芳研究员通过对元上都遗址发现的“皇元敕赐寿公之碑”，考证出元上都大龙光华严寺第六代住持的身份和经历。

这一学术成果最大的意义是确认了元上都华严寺在中国佛教历史上的重要地位。这件元代皇家御赐碑发现于元上都古城东北角的大龙光华严寺遗址内，碑首为雕龙装饰，用汉白玉精雕，碑文为玉箸篆，体现了“皇元敕赐”皇家碑刻的最高规格，全文为“皇元敕赐大司徒筠轩长老寿公之碑”，该碑碑身已无。碑首高约160厘米、宽约60厘米，现藏内蒙古博物院。

大龙光华严寺第三代至第七代主持法琳，史书中记载较少。碑文所记的“筠轩长老寿公”，是华严寺第六代主持。元代《佛国普安大禅师塔铭》记述寿公主持修缮了华严寺：“在寿公之时，英宗皇帝念兹寺为世祖所筑作，而新之加大广焉，命寿公为司徒，以重其事。”

据《元史》记载，至治元年（1321年）修缮华严寺时，总计征用役夫3500名，可见工程之浩大。元上都皇家寺院大龙光华严寺，在元代具有十分特殊的地位，元世祖忽必烈曾把供奉在明州（今宁波市）阿育王山广利禅寺的佛教圣物舍利宝塔，迎接到北方各大寺院供奉，其中包括上都大龙光华严寺，可见其特殊地位。通过对元代佛教历史文献的研究，元上都大龙光华严寺的第一代住持为普安大禅师至温长老，第二代住持为少林寺的福裕大禅师。

民俗文化

HUASHUONEIMENGGUzhenglanqi

民俗文化

MINSUWENHUA

正蓝旗是蒙元文化发祥地、中国蒙古语标准音示范基地、“中国察干伊德文化之乡”，具有典型的察哈尔蒙古族民俗风情。

节庆娱乐

元上都文化旅游节

2008—2014年，“中国·正蓝旗元上都文化旅游节”成功举办了五届，成为内蒙古影响较大的节庆活动之一。

活动一般举办5天，包括正蓝旗宫廷奶食节，金莲川赏花节，元上都自行车骑行赛，元上都杯“贵由赤”长跑大赛及搏克、赛马、射箭、蒙古象棋等蒙古族传统竞技比赛，元上都文化学术研讨会，上都之夜文艺晚会，元上都摄影大赛及蒙古族民俗展示等文化体育活动。

元上都遗址被评为“全国民族文化旅游新兴十大品牌”，“中国·正蓝旗元上都文化旅游节”荣获“中国十大民俗类节庆金手指奖”“最具国际影响力节庆奖”“中国最具民族特色节庆奖”等奖项。

元上都文化旅游节

元上都文化旅游节会场

奶食节

正蓝旗从2006年开始，每年都要举办奶食节，截至2016年已举办了九届。活动期间会上演具有蒙元文化特色的元代宫廷舞，为观众献上丰盛的文化大餐。奶食节上还会展示正蓝旗宫廷皇家奶食品及奶食品加工工艺，并进行正蓝旗宫廷奶食评比活动，评出精品奶食。

奶食，蒙古语称为“察干伊德”。“正蓝旗奶食甲天下”，正蓝旗奶食品历史悠久、工艺独特、味道鲜美、

奶食节上的奶食品（一）

营养丰富。正蓝旗曾为元、清皇家奶食的供应地，在中国传统乳食品加工历史上占有独特地位，在国内外享有盛誉。正蓝旗奶食品的技法延续元代传统工艺，奶食品以制作工艺及醇厚口感享誉国内外。2006年7月，正蓝旗阿格腾艾里奶食品加工企业被内蒙古自治区民间文艺家协会命名为“民俗文化之家”和“察干伊德文化保护基地”。2011年6月，正蓝旗被中国民间文艺家协会命名为“中国察干伊德文化之乡”“中

奶食节上的奶食品（二）

晾制奶食品

国察干伊德文化传承基地”。2013年9月,正蓝旗奶豆腐和奶皮子获“国家地理标志保护产品”称号。

中统四年(1263年),元朝在上都设立群牧,专为皇家供应奶食,元代诗人萨都敕的诗句“牛羊散漫落日下,野草生香乳酪甜”,生动地写出了草原的宁静和奶酪的香甜。正蓝旗察哈尔部落的奶食品加工和生产方式历史悠久,以净、精、美等特点居于其他部落之首。蒙元时代,察哈尔作为宫廷卫队,把蒙古族各部制作奶食品的好方法传承下来,同时把其他民族的先进方法引进来,其奶食品制作工艺达到了尽善尽美的程度。清朝时期,皇家在察哈尔养起了马、羊和牛群,生产专供皇家御用的奶食品,察哈尔奶制品制作更加精益求精。如今,曾为皇家养过牲畜并制作过奶食品的察哈尔蒙古族后裔生活在正蓝旗,继续制作皇家奶食品,传承制作工艺,其中从忽必烈时期开始传下来的“图德”,现在只有正蓝旗拥有该项传统奶食品加工制作技艺。在加工和食用察干伊德(奶食品)的过程中,有许多传统礼仪、民歌、谚语、祝词、赞歌、民间故事及禁忌,形成了正蓝旗特有的察干伊德文化,体现出正蓝旗在中国传统乳制品加工历史上的特殊地位。

2003年3月,正蓝旗腾格里塔拉民族奶制品厂成立,该奶制品厂是正蓝旗首家按照元代宫廷技法和民间传统工艺生产加工奶制品的企业,生产“萨利”牌奶豆腐、奶皮子、奶子酒、奶酪等八大系列、21个品种的奶食品。目前,正蓝旗传统奶制品厂家有腾格里塔拉、杭克拉、阿格腾艾里、萨拉沁等20余家。

为做大做强奶食品产业,正蓝旗成立了传统奶食品协会,建立了奶食品园区。全旗从事察干伊德加工行业的牧民7000多户、14000余人,奶食品经销店140多家,带动就业1500多人,户均增收2600多元,促进了奶牛养殖业发展,转变了农牧业生产经营方式,改变了牧民生产生活观念,解决了一批农牧民转移进城就业问题,培养出了一批从事奶食品营销的市场经纪人和牧民企业家。奶食品业的兴起,带动了正蓝旗奶牛养殖业的发展,全旗奶牛养殖2万余头,日产鲜奶600吨,仅全旗奶牛养殖一项,每年为农牧民增收3000万元。察干伊德的加工制作和销售,已成为正蓝旗的阳光产业和经济增长点。如今销售网络辐射内蒙古自治区各盟市及旗县市区,远销北京、天津、石家庄、保定、张家口等地区。2013年9月10日至11日,锡林郭勒盟传统乳制品协会成立大会暨发展研讨会在正蓝旗召开。协会通过制定行规行约，组织开展行评行检，规范锡林郭勒盟传统乳制品行业经营行为，挖掘传统奶食品文化内涵，开发名牌产品，提高锡林郭勒盟传统乳制品知名度和整体形象，促进了锡林郭勒盟乳制品行业可持续协调发展。2014 年 4 月，腾格里塔拉民族奶制品厂经理胡日查代表正蓝旗奶食品企业赴迪拜参展，与会的 80 多个国家和地区的外国朋友对美丽的正蓝旗草原和传统奶食品表现出浓厚的兴趣。中英文版杂志《合作》对这一历史性事件以“胡日查把皇家奶食推向世界”为题进行了报道。

金莲川赏花节

每年 7 月 19 日举办的金莲川赏花节，是正蓝旗“中国 · 元上都文化旅游节”的一项内容。正蓝旗的七月是金莲花开得最艳的时候，是赏花的最好时节。赏花节当日，元上都遗址对游客免费开放。赏花栈道游客络绎不绝，金莲川成为花的海洋、人的海洋。旗乌兰牧骑也前来助兴，为游人表演精彩的节目；察哈尔服饰模特队展示察哈尔蒙古族服饰，让游客大饱眼福。摄影师们用“长枪短炮”，记录下一幕幕精彩的瞬间。游人徜徉在花的海洋中，享受着、感受着大自然的恩赐。来金莲川赏花，到元上都访古，成为京津游客的时尚之选。

金莲川赏花栈道

那达慕

盛夏的正蓝旗绿草如茵，气候宜人。雨水也下得多、下得勤，浇灌得牧草郁郁葱葱，耀眼炫目的野花，掺杂在绿草丛中斑斓盛开。放眼望去，广袤的草原像一张巨大的绿丝绒地毯，无限延伸。上都河蜿蜒流过，河水清澈见底，两边是一望无际的金莲花，在徐徐的微风中弥漫着醉人的清香。

那达慕是蒙古族一年一度的传统盛会和节日，又是传统的体育比赛大会，一般是在每年水草丰美、牲畜肥壮的七八月份这一黄金时期举行。那达慕的规模大小不一，旗、苏木、嘎查都可以根据自己的特点举办相应规模的那达慕。人数少的有几百人，多的可达十多万人，大型的那达慕大会起码 7 天至 10 天，小型的 3 天至 5 天。那达慕，蒙古语，是“娱乐”或“游戏”的意思，是草原人民为庆祝丰收和祈求来年风调雨顺而举办的活动，具有悠久

的历史。过去，那达慕大会期间，要举行大规模祭祀活动，喇嘛要焚香点灯、念经诵佛，祈求圣灵保佑，消灾消难。起初，那达慕大会上，只举行射箭、赛马或摔跤的某一项比赛。据《成吉思汗石文》记载，成吉思汗征服了花剌子模，为庆祝胜利，在布哈苏齐海举行了一次盛大的那达慕大会，会上举行了射箭比赛。中统元年（1260年），忽必烈于开平继蒙古汗位，建立大元帝国，从此，那达慕活动更为广泛地开展起来。目前，正蓝旗那达慕的比赛项目主要有摔跤、赛马、射箭、蒙古象棋、贵由赤长跑、奶食品制作等，让人感受到正蓝旗的那达慕也在与时俱进。

走近那达慕会场，主席台前彩旗招展，场地四周一个个硕大的红色气球挂着彩色标语迎风飞舞，场地南门两边是大理石雕刻的扬鬃烈马，门前是汉白玉栏杆围着的一座呈阶梯式的高台，高台上矗立着“苏鲁锭”，庄重而肃穆。东、西两侧是前来参加奶食节竞赛或从各地赶来的牧民搭建的蒙古包，大大小小的蒙古包犹如繁星撒落夜空。那达慕期间，牧民们将在这里生活并观看自己喜欢的比赛，整个会场充满了浓郁的民族风情和节日气氛。开幕时，身着鲜艳民族服饰的表演队伍组成一个个方阵依次走过主席台，接受大会检阅；文艺、舞蹈、骑术表演队相继出场；搏克队出现时，跤手那雄健的体魄、强壮的身躯在阳光的映照下，闪耀着黑金般的光彩，引来观众阵阵呼喊和尖叫。当

身披绶带、胸佩红花的劳动模范走过主席台时，主席台上的领导和嘉宾全部起立，向光荣的劳动者表达敬意。大型团体表演把开幕式引向高潮，儿童穿着和金莲花一样颜色的服装蜂拥而至，整个会场成了金光灿烂花的海洋，再加上孩子们认真稚嫩的表演，使游客尽情享受大自然赐予的欢乐。民族服饰表演队款款走来，模特们的一举一动、一笑一颦都展示出蒙古族女子的典雅大方。她们鲜艳的服装、华贵的头

文化旅游节文艺演出

文化旅游节的热闹场面

饰吸引了游客的眼球，使游客发出声声惊叹。随着民族器乐演奏的传统乐曲《阿斯尔》，少男少女翩翩起舞，跳起蒙古族传统的顶碗舞、筷子舞、安代舞，场面大气磅礴。女子柔美的舞姿，似斑斓的蝴蝶在花丛中翻飞穿梭；男子刚劲的舞步、雄浑的气势，犹如草原上飞奔的骏马，把马背民族悠久的文化内涵表现得淋漓尽致。正蓝旗土生土长的草原歌手斯琴巴特尔的一曲《忽必烈汗》，把人带入久远的年代，让人仿佛看到忽必烈大帝金戈铁马、刀劈长空的骁勇风采……

下午，摔跤比赛正式开始，翘首以待的人们把赛场围成一个大圈，搜寻各自的亲属或偶像。雄浑激扬的蒙古族长调《乌里亚》响起，似出征的号角荡气回肠，一个个跤手上身穿铠甲似的黑色牛皮跤衣，袒露着前胸，下身穿肥大的彩裤，足蹬蒙古靴，脖子上套着各色绸布条拧成的名叫“章嘎”的圆环，圆环上挂着标志得胜次数的彩绸条，如雄鹰展翅腾跃而起。跤手从左右两路进入赛场，绕场一周向观众致敬后，找到各自对手开始角逐。由于蒙古式摔跤不分体重抽签对阵，因此有的对阵双方看上去实力悬殊，刚一交手，较弱的一方就被强壮的对手摔倒；也有的双方都是脖套彩圈的强手交锋，势均力敌、旗鼓相当，这也是观众最喜欢看的。哪一个跤手也不会轻易给对方留下破绽，在长时间的对峙中，最终的胜者往往乘对方不备，利用技巧将对手扳倒，突袭成功。由此可见，摔跤也是一项力量和技能、胆量和智慧较量的运动。2014 年，那达慕摔跤项目的参赛选手有 1024 名，以淘汰制进行，通过 7 轮比赛决出前 8 名。

那达慕的传统竞技比赛中，赛马也是一大看点，赛马分为速度赛马、颠马和走马三个项目。速度赛马的比赛规则是确定一条线路，长度大约 40 千米，选手同时起跑，先到者为胜。速度赛马就是人们俗称的“奔马”，选手比赛时不背马鞍，一般以少年骑手居多。这是为了减轻赛马的负重，因此骑手的体重越轻越好。参赛马匹的饲养也是有讲究的，在比赛的一个月前就要开始“吊马”，“吊马”就和现在人们减肥类似，可是又不完全一样。“吊马”期间，饲料以营养为主，不放养，最终把马的肚子吊到很小，这样的马才会赛出好成绩。颠马和走马就属于场地赛马了，场地以环形居多，距离要比速度赛马短得多。奔马可以前蹄腾空，四蹄可以同时离地，犹如蛙泳的姿势。颠马却不能这样，比赛规定：颠马时，马的四蹄不能同时离地，而是交替迈进，骑手根据手中握的缰绳掌握赛马的步伐和节奏，交替的频率越快越好。技术好的马后蹄迈出的步伐要超过前蹄，这样的马比赛有优势，但是也有弊端：在骑手的驱赶下，后蹄随时都可能踏到前蹄，比赛结束后这匹马的前蹄可能早已血肉模糊。值得庆幸的是，这样的马总能取得好的成绩。走马需要骑手有一定的功力，不是任何一个骑手都能驾驭走马的，调教和驾驭走马需要骑手把全部的

马术表演

力量通过臀部压住马的后腰，再通过缰绳的信息，使马领会主人的意图，四蹄左右交替迈进，只能走不能跑，所以走马既相似于颠马又有别于颠马。

举办奶食节是那达慕的又一特点。正蓝旗是察哈尔传统奶食基地，奶食品制作工艺被列入自治区非物质文化遗产名录。近年来，随着旅游热度的提升，察哈尔奶食愈加受到青睐，加之文化产业政策的支持，正蓝旗奶食加工基本形成了产业化经营，举办奶食节给当地牧民提供了一个展示技艺和品质的平台。走进那达慕会场西侧的奶食品制作展示蒙古包群落，无论你是当地人还是外地游客，任意进入一个蒙古包，都会受到主人的热情接待，他们会为你端上自己加工制作的新鲜奶食品。你也不要见外，也不必有陌生感，盘腿围着炕桌坐下，主人才会认为你是朋友；如果你很客套，主人会不高兴的。当你接过主人为你倒的奶茶，那股地道的清香沁人心脾；面前的饭桌上还摆放着琳琅满目的奶食品和红食（牛、羊肉食品），奶豆腐、奶皮子、炒米、嚼克、黄油、风干牛肉等任你挑选；蒙古族妇女自己做的炸馃馃，松软、爽口、香甜，而且泛着金黄色，看着就让人食欲大增。当你还在回味刚品尝过的奶食时，主人已手捧哈达、银碗，斟上自家酿制的奶酒，唱着悠扬的《祝酒歌》为你敬酒。你要双手接过银碗，用右手无名指沾着奶酒上下分别弹三次，意为敬天、敬地、敬朋友，然后一口喝下，一股热流上下涌动，你也感觉融入了蒙古族的生活之中。

正蓝旗奶食

白天的喧嚣结束了，晚会和娱乐也是必不可少的，那达慕持续几天，演出活动就安排几个晚上。夜色下的那达慕会场空旷、清凉，悠扬的马头琴响起，呼麦、长调、潮尔不时回荡，让人如醉如痴、回味悠长。敖包前、蒙古包旁一簇簇篝火点燃，也燃烧起人们的激情，相识的、陌生的人们手拉手围成圆圈，无论会不会跳舞，都伴随欢快的音乐舞动起来，心情是一样的，喜悦是一样的。这就是那达慕的魅力，也是这一古老习俗得以传承的动力所在。

章　嘎

草原的那达慕少不了蒙古族“男儿三艺”的竞技，“男儿三艺”中最为普及、最引人注目的当属搏克了。当雄浑激扬的搏克音乐《乌里亚》如出征的号角响起时，众跤手似振翅高飞的雄鹰跃入赛场，其装束成为场上一道亮丽的风景线。摔跤手的服饰虽简单但很考究。摔跤手袒露着前胸，只披挂着一件蝶翅状的“昭德格”（坎肩），下身穿着肥大宽松的“图胡”（裤子），脚上穿着马靴，整体装扮看上去很简单。然而，这些“行头”件件都精刺细绣、缝制精美，蕴含着丰富的民族文化元素，堪称艺术精品。“昭德格”多用香牛皮制作而成，上面嵌有镶包，亦称“泡钉”，以铜或银制作，便于对方抓握，不易脱手。背部中央部位饰有精美的图案，呈龙形、鸟形、花蔓形、怪兽形，具有古朴典雅之美。称为“图胡”的套裤是用十五六尺长的白绸子或其他颜色的绸料做成，宽大多褶，裤腿前面双膝部位绣有别致的图案，呈孔雀羽形、火形、吉祥图形，底色鲜艳。

最令人好奇的是那些著名摔跤手的脖子上佩戴的缀有各色彩条的“章嘎”。在炎炎烈日的照耀下，“章嘎”与脚下的绿草相互映衬，色彩斑斓、绚丽夺目。这可不是单纯为了好看，它是摔跤手在以往比赛中多次获得头跤的标志，更像是一张张随身携带的让人一目了然的荣誉证书。每一场摔跤比赛的前几轮，场上对阵的佩戴“章嘎”的跤手数量不是很多，就如初夏的金莲川草原上那一朵最先冲破苞蕾、突兀挺

赛前准备

进入赛场

戴着章嘎的搏克手

立的金莲花，让人感到新奇与期待。经过激烈角逐，到了后几轮，留在场地上的几乎都是戴“章嘎”的选手了。这时，这些选手的实力才真正显现出来，他们在对抗中突然发力，“章嘎”上下跳跃、舞动飘逸，给人以无尽的遐想。

这个“章嘎”也不是谁想戴就能戴的，它是根据跤手在不同场合、不同规模的大赛上取得相应的冠军次数，由当地的协会组织或是政府机构授予的。如果按规模分，在512人大赛中取得冠军一次，或是在256人大赛中取得冠军三次，抑或是在128人大赛中取得冠军五次，只要满足其中的一项，就有资格获得“章嘎”。每个人佩戴的“章嘎”上的布条也是不一样的，戴得越多说明获胜的次数越多。别看这上边五颜六色的绸布条儿虽然不过几厘米宽，其数量增减是有讲究的，是要同冠军奖品一起获赠的。在64名摔跤手中比赛夺魁的，可以得到一块三角形的绸带（整方绸子的一半）；在128名摔跤手中比赛夺冠的，可以得到一匹打了结的彩色绸哈达。

佩戴“章嘎”是锡林郭勒盟及其他少数地区特有的习俗，我国的呼伦贝尔地区和蒙古国的摔跤手是不戴“章嘎”的，而且锡林郭勒盟还延续着交接“章嘎”的习俗。一位久经沙场、多次取得冠军的跤手到了知天命的年纪，就要把自己的“昭德格”和“章嘎”传给他认为有希望的后代或乡邻里崭露头角的新手。交接仪式一般是在一个规模较大的那达慕上来完成的。经过管理机构事先批准，某两个摔跤手或几组摔跤手将要“解甲”并被封为荣誉布魁。届时这几个人来到会场，披挂整齐，互相摔跤。这场摔跤并不是比赛，而是表演，最后以和局结束。结束后，几位摔跤手立于主席台前，由主持人简单介绍他们的基本情况、过往战绩及取得的荣誉，并给他们发放奖品。奖品与本次冠军设置的奖品相同或相近，过去是以羊、牛、骆驼等为奖品，现在一般直接颁发现金了，少则一两万元，多则十几万元。这次发的奖品，是老摔跤手在摔跤场上领到的最后一件奖品，也是他们参加的最后一次比赛。这次那达慕以后，他们将退居幕后，专做搏克方面的技术指导或裁判工作。交接“章嘎”时，老少双方相向而立，同时解开“昭德格”上的腰带，表示老摔跤手从此将退出“江湖”，不再参加任何摔跤比赛了，并当场把自己的“章嘎”解下，给选定的接班人戴上；年少的摔跤手重新系好腰带，戴上“章嘎”，表示今后可以带着这个“章嘎”参加摔跤比赛了，交接仪式到此就算完成。

2014年正蓝旗的那达慕上，有4位摔跤手把各自的“章嘎”传给了后辈，并在全旗人民的见证下举行了交接仪式。苏德毕力格就是在这次那达慕上把伴随了自己近30年的“章嘎”传给了目前还在中学读书的孙辈威力斯。苏德毕力格是在他25岁的时候，参加了由苏木举办的512人规模的那达慕并取得冠军，次年在旗那达慕上被正蓝旗人民政府授予了“章嘎”。在以后的摔跤生涯中，他先后共获得了66次冠军，骄人的成绩为项上的“章嘎”增添了靓丽的色彩。苏德毕力格离场后说，他对这支“章嘎”还是很眷恋的，因为那上面有他的额吉日积月累攒下的头发，一缕缕的头发裹挟在彩条之中，这或许寄托了一个母亲永远守望儿子的朴实愿望和款款深情。如今，他的额吉已经去世了。每次下了赛场回到家里，苏德毕力格总是要把“章嘎”恭恭敬敬地摆放在高处，以表达对母亲的崇敬和怀念。可能是冥冥之中有了额吉的佑护，苏德毕力格说他从事摔跤活动以来，从没有在赛场上受过伤，这对于一个摔跤手来说是不多见的。

有人认为“章嘎”是在模仿狮子的鬃毛，是凶猛无敌的象征。也有人说“章嘎”象征着太阳，挂在上面的彩条就如滋润万物的阳光，能够给予摔跤手不竭的能量。其实，它更代表着一种自强不息、不断进取的民族精神，包含着前人对后人的殷切希望，承载着草原人的中国梦、民族魂。

打马鬃

草原一年四季都有丰富多彩的民俗活动，每年从四月份开始，最热闹的要数打马鬃了。打马鬃时，你会看到在刚刚苏醒的草原上，牧人驱赶着马群奔涌而来，卷起滚滚尘烟，让你仿佛置身于金戈铁马的征战之中；套马手准确无误的娴熟技艺、徒手撂马的力与技的巧妙结合让人叹为观止；驯马手贴在桀骜不驯的马背上随其狂奔腾跃，奔马直立咆哮，驯马手还能驾驭自如，不禁让人想起草原歌手乌兰图雅的歌曲《套马杆》。

打马鬃是察哈尔蒙古族千百年来传承下来的一个民俗活动。过去手工业不发达，骑乘用的马具都离不开马鬃搓成的绳索，而且在战乱年代，马的作用无可替代，常年征战，鞍马劳顿，固定马鞍的肚带直接与马的皮肤摩擦，如果用硬质皮条会磨伤马的皮肤，用鬃毛搓成的细绳编成带，宽而柔软，因此鬃毛是最理想的马肚带材料。现在牧民生活富裕了，打马鬃既是对自己民族文化的守护，也有给马装扮、美容的成分在里边。用鬃绳捆扎的蒙古包、拴着鬃绳的勒勒车，这些得以传承下来的非物质文化遗产用品，装饰古朴典雅，给人以返璞归真的感觉。

说是打马鬃，其实并不只是简单的剪马鬃，还要为马打驱虫针、去势（摘除雄性马的睾丸）、烙马印、调生个子（生个子指没有调教驯服的马）等。然而，并不是所有的马都需要剪鬃毛的，打马鬃只是针对

牧马人

套马（一）

两至三岁的小公马和其他生产用马，儿马（种公马）和骒马是不打马鬃的。儿马是族群的首领，留有长长的马鬃，更能展示它的雄壮、伟岸与威严，犹如非洲雄狮，尽显王者风范。骒马留着长鬃，既可体现它的隽美飘逸，也具有实际作用。草原上时有野狼等野兽出没偷袭小马驹，骒马由于震怒而鬃发炸起，野狼便不敢轻易靠近，马鬃起到了威慑作用；恶劣天气时，草原上空旷无垠，没有其他遮挡物，小马驹站在妈妈的脖子下面，长长的鬃发能起到遮风挡雨的效果。

去势也是针对两岁以上的雄性马，因为牧民已经挑选身材、血统、品质各方面都属顶级的小公马留作儿马了，其他小公马不必承担繁育责任，只在驯服后用于骑乘和生产，如果不为其去势，到了发情期很难驾驭。其实，马在动物界是最讲究"人伦"礼数的，而且"家规"也非常严格。雄性马在长到两岁以后如果还没有去势，其父亲（儿马）就会将其驱离族群，被驱离的这些小公马会单独建群，独立生活，直到去势后才能重回族群。单从马的成长阶段看，打马鬃有点和人类为男儿举办的成人仪式"冠礼"有些相似。

烙马印也是自古延续下来的习俗。首先做出铁质模具，把它连接在一根长铁棍上，当模具带印记的一端烧得发红时，马上烙在刚刚打过鬃的马的左后腿上部。每家的印记各不相同，有的印记还会一直沿用，有的用阿拉伯数字做印记，有

赶马

套马（二）

的用汉字或蒙古文字做印记，还有的以拼音字母做印记。牲畜印记图案中蕴藏了丰富的民俗信息，从某种角度也可以说是一部浓缩的蒙古文化史。马的印记当时在部落之间具有“公章”的功能，如今仅仅是

为了便于辨认。马群不像牛羊群那样朝出暮归，草原上的马群放出去后，如果附近有淖尔（湖）或河流，主人十几天都不用去管它们，任其采食，因为有儿马“管理”，一般不会出现单匹走失，但是有时候会出现整群“出走”。有时马倌归拢马群时，这些马早已跑到几十千米之外了，但因为马带有印记，马倌相互之间也都知道是谁家的，都会捎信给主人告诉马的去向。主人找马时“循记问马”，也会省去许多劳顿。

4月中旬，在正蓝旗上都镇白音高勒嘎查，打马鬃由两家牧民合办，有100多匹马。全嘎查的青壮年几乎都来帮忙，城里提前得到消息的人也来了很多，圈马、套马、抓马、剪鬃、烙印、去势、打疫苗等都有分工，一应程序进行得井井有条。

最引人入胜的当数套马、抓马、调生个子这几个环节。随着远处哒哒作响的马蹄声伴随着飞扬的尘土，牧马人拢着马群由远而近飞奔而来，众多的套马手们手执套马杆早已摩拳擦掌等着一展身手了。马群进入围圈，套马手看准目标纷纷出手。只见一个骑手左手握缰，右手持着套马杆，紧紧追着他前边的一匹枣骝马伺机出杆。神奇的是坐骑很能领会主人的意图，随着骑手身体的左闪右挪紧紧咬住目标不放。时机到了，骑手敏捷地甩出套马杆，套绳很精准地套住枣骝马的脖子。骑手并没有立即用力去拽，而是握着套马杆跟随前边的马继续奔跑一阵。瞅准时机蹬着马镫的双脚一用力，迅速抬起屁股往后一挪离开马鞍桥，直接坐在马的后腰上，同时手中的缰绳往回一拉，身下的马就像接到指令一样四蹄戳地，瞬间止住奔跑。骑手适时变为双手紧握套马杆，加大回拽力度，前边飞奔的枣骝马猝不及防，前蹄离地身体直立，马头不由自主地调转过来。再看身下的坐骑屁股后坐，四蹄牢牢钉在地上，任凭被套住的马如何挣扎，马蹄没有再前移半步。

骑马套马者身手不凡，徒步套马的汉子更是技高一筹。只见手擎套马杆的汉子，注意力高度集中，他一般不追逐马群奔跑，而是目不转睛地盯住早已选定的目标。等到这匹马随着被驱赶的马群来到他的左右，而且是他最顺手的位置时，他出其不意，一杆中的。被套住的马受此惊扰，带着套马杆拖着套马手加速狂奔，套马手岔开双腿，马靴后跟用力前蹬，屁股向下用力直至坐在地上，套马杆夹在胳膊里侧，双手抱紧套马杆。套马手保持这个姿势，被马拖着 30 米、50 米甚至更远，屁股后边留下两道深深的印辙，直到被套住的马无奈地调头站住，被后边赶上来的人抓住摁倒。

再看混乱的马群里边，一个蒙古族小伙子徒手抓住一匹马的尾巴，然后腾出左手，抓住马的一只耳朵，伴随奔跑的节奏，快速地伸出右脚，横扫马的右后腿，同时手向外侧使劲一推，奔跑的马匹轰然倒地，蒙古汉子力拔山兮的气势让人折服。

如果说套马是力量与技艺的结合，那么调教生个子就是意志与野性的博弈。一般而言，主人每年要在马群里精心挑选出一匹马，留作自己日后的骑乘，这匹马要血统纯、体形好、速度快、耐长跑，这匹马或者已经在上一次打马鬃时去过势了，抑或是被烙过马印了，虽然已经三岁了还未进行过正规的调教，野性还在。调生个子，就是要强制驯服，去其野性，培养其在脱离马群后独立生存的能力，让其学会与人沟通，接受和领会主人的指令。我们看到生个子马被套住后，多人一拥而上，分别抓住马耳马尾，有两人紧紧地靠住后腿，防止其跳跃起来踢到人，其他人则强行带笼头、马嚼（勒在嘴里铁质的缰索），剪马鬃，背马鞍，并协助驯马手跨上马背。等一切准备就绪，大家一同闪开。这匹马恼羞成怒了，一阵疾风暴雨般地猛尥蹶子，一阵前蹄离地直立咆哮，忽而左右摇摆，忽而原地打转，总之是不服驯马手的摆布。只见驯马手左手提缰，右手紧扣前鞍桥，双腿紧紧夹住马肚，随着马的每一次跳跃，他的身体上下起伏、左右摇摆，仿佛随时就会脱离马背摔下来，可是他总能及时调整重心化险为夷。生个子马也许知道自己已是黔驴技穷，再做挣扎也是徒劳，只听一声长嘶，真如脱缰野马向远处奔去。等再返回时，马匹早已大汗淋漓，当初狂野气躁的性情荡然无存。

打马鬃等多项活动多在春天进行，这是因为经过寒冷的冬季，马匹的体能消耗巨大，膘情还没有恢复，也是驯服生个子的最佳时期。这时候让马出透了汗，体外的寄生虫会随着汗水一同排出，能够促进新陈代谢，使体毛滑顺。一旦过了春季，马吃上了青草恢复体力与膘情，那时再想驯服生个子，就困难得多了。而且春季的气候、温度都适宜刀伤、烫伤的愈合，所以给马去势、烙马印等也是正当时。

4月的草原，大地回春、万物复苏，一份辛勤一份回报，牧民在冰雪融化之后，就进行这一系列活动，反映出他们对新的一年风调雨顺、五畜兴旺的美好心愿。

烙马印

骆驼节

骆驼节，是以骆驼赛事为主的那达慕，因为受冬季季节限制，其规模和时间都要比夏季的那达慕小而短。正蓝旗的骆驼节一般在美丽的小扎格斯台淖尔举办，之所以选择在这儿举办赛事，是因为其处于浑善达克沙地的腹地，是典型的沙地草原，适宜骆驼生长生活，又处于全旗各苏木的中心位置。

参赛的牧民穿着皮袍，头戴特制的“大尾”皮帽，脚蹬马靴，有的还穿着多年看不到的“毡疙瘩”。他们穿的“得勒”，从外面看和夏季穿的蒙古袍没什么区别，里边是缝着的羔羊皮或山羊皮，再用近十米长的彩色绸布做成的腰带一圈圈缠绕“得勒”。穿的马靴也很讲究，用千层牛皮做底，香牛皮做帮，靴头尖而上翘，靴体高及膝盖以下，里边宽大便于在靴内套裹腿毡或是毡袜，裹腿毡露出靴筒两寸左右，露出的这部分以刺绣花纹图案装饰，相当精美。这样的马靴穿着舒适，又可保暖，骑乘时能护腿护踝，便于勾踏马镫。骆驼比赛为什么要安排在这种数九寒天里呢？那是因为锡林郭勒地区的双峰骆驼体型大、绒毛好，耐粗饲、耐饥渴、耐严寒、耐负重，抗干旱、抗风沙、抗疾病，

骆驼节盛况

正蓝旗第十届冬季骆驼文化节

经过夏秋季节的补饲和调养，到了冬季已是膘肥体壮。平时骆驼的奔跑速度也就是每小时 10 千米左右，但到 12 月份，公驼追赶母驼的速度，远远超过这一速度，每小时可达 40 ~ 50 千米，一般的骏马根本

蓄势待发

赶不上它。这一发现使它有了“沙漠飞船”的美名，同时人们也产生了在这个季节举行骆驼比赛的想法。

骆驼比赛是根据参赛骆驼数量的多少来编组的，选手大多是青年人，男女都有。比赛时，分组不分

男女，骑手们身着艳丽的民族服饰骑在驼背上，在起跑线排成一行。裁判员发令后，众骑手挥鞭驱使骆驼疾跑。赛程一般为10～30千米，先到达终点者为胜利者。别看骆驼形体笨拙，一旦奔跑起来却是疾如飞马。赛后，众骑手按到达终点的先后顺序绕着象征时运的火堆小步跑三圈并向火祭酒，意在感谢火神的护佑。

有时，报名参加比赛的骆驼有110峰，可是附近有的养殖骆驼户为了壮大声势，或是为了抒发畜牧业丰收的喜悦之情，把成群的骆驼赶到现场，场面甚是壮观。比赛先期，各选手要到早已确定好的线路起点聚集。有的观众会随着选手赶往起点，然后再跟随选手一起跑，这样他们就能够看到全程的精彩场面；大多数观众是在终点等候，期待赛手冲刺的时刻。为了给在终点等待的观众增添欢乐，选手出发以后，同时在终点开展骆驼选美赛和搏克赛。骆驼选美主要是以修长的身体、高耸的驼峰、宽大的腰背以及姿色和姿态为评判的标准，其中体型高大是骆驼选美的首要标准。冬季搏克赛的规模远小于夏季赛的规模，一般有32对选手参赛，规则与夏季赛是一样的，竞争的程度并没有因为规模小而减弱。受观众的感染，势均力敌的对手也有对峙近半个小时的，虽然当时的气温在零下十七八度，但也没有人愿意主动

骆驼节比赛（一）

放弃。到了决出胜负时，选手的手指已经麻木了。到了下午1点左右，听见有人大喊“来了”，人们不约而同地向选手来的方向望去。先是看到有身影移动，紧接着就看到有汽车疾驰而来，后边是骑手策“驼”

骆驼节比赛（二）

扬鞭、你追我赶。在奔跑的过程中，骑手都是高高地扬起皮鞭，又快速落下，抽出去的皮鞭只甩向骆驼的两侧，因为谁都不愿把皮鞭落在心爱的骆驼身上。这时候再看跑在前边的骑手，早没了出发时那么整洁的装束，本来是作为御寒的帽子大多都戴不住了，挂在脑后，鼻子和嘴的周围、眼睫毛上沾着一层白霜，头顶冒着热气，随着狂奔的骆驼身体上下颠簸、左右晃动，即使如此，骑手还是得心应手、驾驭自如。当第一峰骆驼跑过终点，人们发出一阵欢呼，并在骆驼头上披上绚烂的彩带。由于第一方阵的骑手先后距离相差不多，第二名、第三名也很快就到了。等所有骑手到齐，绕火、祭酒等一应礼仪有序进行。随着骆驼赛的结束，期间进行的骆驼选美和搏克赛也到了尾声，相应的奖项也花落各家。

祭　火

元朝皇帝一般不用金银财宝奖励勤劳勇敢、有突出功绩的牧民，而是奖励他们一个精致的“图拉嘎”（钢制火撑子），取其家族兴旺、寿长福永之意。

每年农历腊月二十三，蒙古族群众会举行传统的祭火神仪式，又称“祭火”“祭灶”或“过小年”。火神，蒙古语“嘎来罕额合”，汉语意思是“灶王奶奶”，蒙古语暗指家族的女主人。现如今，由于文化的发展和变迁，各地祭火神仪式各具特色，在元朝龙兴之地、元朝开国之都元上都所在地正蓝旗境内的祭火神仪式则传承了蒙古族隆重的祭火传统。

每当祭火神日来临，家家户户从早上起便开始打扫卫生，扫尽去年“积攒”的所有尘土，同时，还要洗涮全部火灶器具，尤其是要清理灶火灰尘。蒙古人认为，火是家族兴旺发达的象征，祭火神要用火撑子、灶衣、灶灯、酹酒、供桌，十分讲究。

火撑子　蒙古语“图拉嘎”，是由四根撑条和三四条横圈儿做成的圆圈形铁架子。蒙古人把火撑子看得很神圣，它有家族人丁兴旺、平安吉祥的意义。

灶衣　用黄、白、绿、粉四色绸缎或布剪成条子，寓意给火神穿上了新衣服。

灶灯　盛四碗肉汤煮的稠粥，放到供桌四角，一天中所有食用的食物都放一点进去，祭祀时插入灯芯草，点燃。

酹酒　取家中最好的酒，加入红枣、黄油、脂油、奶皮子等，放于专用酒器中。

供桌　供桌上一般摆放五类物

浑善达克生态园祭火台

品：一是剔除外侧大肉的羊胸骨。胸腔内侧朝上安放在专用的祭品盘里，上面摆放五谷、灶衣、香、杜松叶、9颗红枣、9根针茅草、剔除肉的完整胫骨。两边对称放置2条同样剔除肉的长条肋骨。用自制羊毛线从胸脯骨架的胸骨柄开始顺时针缠绕9圈到第一对胸叉骨，盖上网状羊肚油，用哈达包住，上面点上黄油灯，头朝火撑子安放在供桌上面。二是摆放果子、奶食品、红枣等日常食物的供盘。三是“招福桶”。把羊胸骨、胫骨、肋骨剔下的肉，一根完整的肥肠，一根肩胛骨和4根最长的肋骨放到招福桶里，祭祀结束后放到佛龛里，三天后全家人食用。四是供桌四角点燃的灶灯。五是酹酒。

祭火神仪式前，全家人都穿上新衣服，戴上佩饰、头饰。天上布满星星时，全家人按辈分入座，点佛灯、香炉。香炉内燃艾蒿或小白蒿。主人点燃灶灯，往火撑子里横向交叉摆放新劈的木材，一般摆放9层。按照最传统的习俗，由家族中最小的儿子把包好的胸骨放到火撑子里的木材上，同时由喇嘛或家族长者念祭火神经文。之后按辈分长幼撒酒、朝火撑子九叩头。火撑子内燃烧的火焰越烧越旺，象征着新的一年里幸运吉祥。

现在越来越多的农牧民进城住进了宽敞、温暖的楼房，祭火神仪式受到了制约。正蓝旗委、旗政府在上都镇浑善达克生态园修建了巨型“图拉嘎”，每年农历腊月二十三，举行集体祭火神仪式，保护传承了民族传统文化，浑善达克生态园也成为正蓝旗民俗旅游景点之一。

苏鲁锭祭祀

1206年，铁木真统一蒙古各部后，在斡难河畔举行大会，建立蒙古帝国，庄严地树立起察干苏鲁锭。从那时至北元，蒙古民族逐渐有了专司祭祀苏鲁锭的机构和全民族共同遵奉的祭祀仪式。明崇祯七年（1634年），林丹汗病逝青海，该

祭祀苏鲁锭（一）

祭祀苏鲁锭（二）

祭祀苏鲁锭（三）

部中负责守护苏鲁锭的部众守护着察干苏鲁锭，留驻于鄂尔多斯高原。其后代在300余年波澜壮阔的历史中，从未间断过对察干苏鲁锭的祭拜活动，使苏鲁锭祭祀得以传承，堪称世界历史文化中的奇迹。

苏鲁锭

正蓝旗自2008年从鄂尔多斯市乌审旗请来察干苏鲁锭、举行祭祀，至今有十余年。察干苏鲁锭祭祀仪式于早晨5时在察干苏鲁锭广场进行，祭拜者身穿民族服饰，怀着虔诚的心，向苏鲁锭敬奶献酒，跪拜苏鲁锭，通过各种方式表达对苏鲁锭的诚心，并祈求保佑人畜两旺、水草肥美、幸福美满。

民间艺术

浑善达克根艺

正蓝旗浑善达克根艺近年来得到发展。正蓝旗美丽、神奇的浑善达克沙地孕育了千姿百态、具有沙生特色的宝贵植物体系。党崇祥、都龙、索龙嘎、李巨林、斯琴巴图、乌尼日乐图等一大批根艺艺术家深入挖掘根艺艺术的自然美和创造美，走上变废为宝、化腐朽为神奇的根艺道路。他们寻根觅宝，利用浑善达克沙地风化枯死的山杏根、榆树根及各种灌木根，借天然枯树形态，

根艺作品（二）

根艺作品（一）

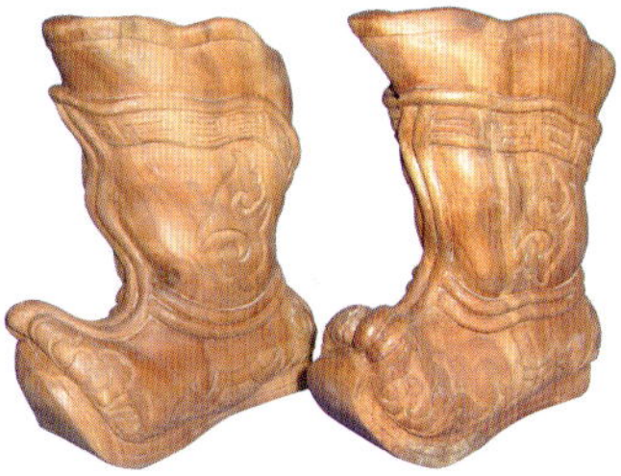

根艺作品（三）

制作出独具浑善达克沙地特色的根艺品，把大自然在浑善达克沙地创造出来的美揭示了出来。党崇祥编写了一本有关根艺的图书，《浑善达克根艺》，全书收入蕴含大自然的鬼斧神工和无穷魅力的根艺彩图70多幅，大部分图片是以浑善达克沙地为背景。书中真实记录了浑善达克沙地的由来和生态变迁，突出了挖掘废弃资源、变废为宝、保护生态环境的意义，使读者在欣赏艺

根艺作品（四）

术品的同时，接受生态环境保护教育。浑善达克根艺作为正蓝旗特色工艺品，深受游客喜爱。

浑善达克沙画
——以阿拉腾毕力格的沙画作品为例

来自正蓝旗桑根达来镇的阿拉腾毕力格用浑善达克沙地的沙子制作的浑善达克沙画，线条鲜明，色彩柔和，给人以强烈的视觉冲击。

在正蓝旗非物质文化一条街的浑善达克沙画工作室，几把沙子，在阿拉腾毕力格的手中仿佛有了灵气，平时难以抱成团的沙子在他的画板上，听话地变幻着各种图案。

在浑善达克沙地深处长大的阿拉腾毕力格，从小就有艺术天赋。无论是在上学的路上，还是在放牧的时候，他都喜欢蹲在沙地上，把沙子堆成各种造型，或在沙子上用柳条画出牛、马、羊等草原上的动

沙画作品（一）

沙画作品（二）

阿拉腾毕力格在创作沙画

物和蒙古包图案。

2008年，阿拉腾毕力格在北京，当他在外墙上作画时，脑海中突然迸发出这样的灵感：为何不回家乡用沙子作画呢？2009年，他在自家房前屋后找到了三种不同颜色的沙子，配上用牛角、树皮、糯米汁熬制的胶水，创作出第一幅作品。阿

沙画作品（三）

沙画作品（四）

拉腾毕力格成为正蓝旗沙画制作第一人。现在，阿拉腾毕力格在浑善达克沙地已找到15种颜色的沙子。

沙画作品（五）

沙画作品（六）

阿拉腾毕力格经常背着帐篷、带上水，徒步去沙漠里找沙子。时间久了，他发现可以根据地形找到不同颜色的沙子。

“每在沙地里挖一个坑，我都会在原地种上一棵树。”阿拉腾毕力格不善言谈，却感情真挚。对他来说，在沙地里种树不需要理由，只是一种对大自然馈赠的感恩之情的自然流露。

由于沙画是用无毒环保、永不褪色的纯天然沙子制作而成，加上元上都深厚的文化底蕴和沙画艺术家高超的绘画技术，浑善达克沙画一直处于供不应求的状态。但“草原有多大，沙画的艺术空间就有多大”，说起未来，阿拉腾毕力格一脸憧憬。

蒙古包

正蓝旗1962年开始生产蒙古包，一直以来是内蒙古乃至全国最大的传统蒙古包加工基地。正蓝旗生产的蒙古包用料考究，做工精湛，彩绘图案具有浓郁的民族特色，外罩防寒套和防雨套。蒙古包采用全木质结构，坚固耐用，拆卸灵活，美观大方；防雨套用维伦、有机硅高级防水帆布做成。蒙古包不仅要有防雨防腐功能，还要有防寒、防风、防打击作用。

近年来，在保持传统蒙古包风格的基础上，正蓝旗的蒙古包制作进行了创新和发展。全旗现有牧星、金莲川等传统蒙古包制作厂家33家，年生产直径3.2～50米的50余种规格的传统蒙古包1万余顶，年销售5000多顶，畅销全国各大旅游城市景点，远销日本、美国、澳大利亚、新西兰等十几个国家。

正蓝旗牧星蒙古包厂已有55年历史，1997年被指定为全国民族用品定点生产企业，1998年被指定为内蒙古自治区传统木制蒙古包专业生产厂家，2003年“牧星牌”蒙古包被自治区评为著名商标。

2005年，正蓝旗蒙古包作为南极科考队员的用品，扎根到了南极洲。2008年作为汶川地震抗灾用品，正蓝旗蒙古包受到了灾区群众的欢迎。

2013年、2015年，正蓝旗还分别举行了“中国梦·劳动美”全盟（锡林郭勒盟）、全区（内蒙古自治区）蒙古包技能比赛。

蒙古包内饰

察哈尔服饰

察哈尔服饰（一）

正蓝旗察哈尔服饰继承和发展了传统察哈尔服饰风格，具有元代宫廷“久松”（指相同颜色）服装的特色，领口、大襟不锈花，领边、领座、大襟、垂襟和开衩衣边用绸布进行镶边。传统礼节中有相互赠送服饰表示美好祝福的礼俗。察哈尔人穿的长袍两边开衩。察哈尔人夏季一般穿衬衣，单、双缎袍，裤子；冬季穿白皮袍、带面皮袍、山羊皮袄、皮裤、棉裤；春秋一般穿“召布查”长袍、棉袍、夹裤、套裤。穿蒙古袍时，头戴蒙古帽，脚穿蒙古靴，腰扎腰带“布斯”，更显整齐美观。目前正蓝旗的蒙宇服饰、吉颂服饰等察哈尔服饰颇受游客的青睐。

察哈尔服饰（二）

柳编

在正蓝旗北部草原上，生长着较大面积的黄柳、红柳、灰柳等。柳树是一种非常易活的植物，有的牧人在围封草场时，不小心落下几把柳条，它们就会自己生根发芽，验证了那句“无心插柳柳成荫”的俗语。

柳树耐旱、抗风沙，生长迅速，枝叶茂密，根系庞大，固沙保土能力强。生长在正蓝旗浑善达克沙地上的柳树，最长的根可达30多米。20世纪80年代前，那日图、扎格斯台、宝绍岱一带的柳树长得比现在要好许多，柳林方圆数百里，虽然有的地方都不透阳光，但柳树生长依然茂盛，牧民称之为“黑柳林”。柳条每隔两三年必须割掉一次，叫作“平茬”，如果不割，就会被“顶死”，所以柳树不像其他许多树木那样怕砍伐，反而越割越旺。如今，牧民大都进了城，留在牧区的也住上了砖瓦房，牲畜用上了暖棚，柳条编制品失去了用武之地，人们不再大量采割柳条，天然柳条反而变得越来越少了。

2008年，正蓝旗的柳条编制已被列入自治区级非物质文化遗产名录。自治区非物质文化遗产柳条编制代表性传承人赛音胡都嘎苏木巴音查干嘎查牧民吉·巴雅尔图说，他年轻时曾和朋友使劲儿拧湿柳条，但柳条

柳树

柳编工艺品

就是不断，反而越扭曲承担力越大，挂上一桶水都断不了。有时牧民在野外赶勒勒车，半路上牛鞅子下面与车辕子拴在一起的那根绳子断了，人们便会找一根湿柳条换上去，完全可以坚持到家。

过去，牧民的蒙古包是柳制的，牛羊圈是红柳扎的，草垛是黄柳围的，

草库伦的围墙是用柳条编的，车上的囤笆子是用柳条穿的。此外，制作奶食品用的笊篱，拾粪用的背篓和叉子，装草料用的大筐，接羔保育时节做的栅栏，仓库、伙房使用的崩克等生产生活用品，也都是牧民用柳条编制而成的。那时候虽然不谈什么柳编文化，但实际上柳编已经融入了牧民生产生

柳编院墙

活的方方面面，成为牧民家庭的重要组成部分。

柳条编制是一门学问，有许多要求和讲究。牧民由于长期和柳条打交道，对它的性能了如指掌，知道什么样的柳条适合编制什么样的生产生活用品，什么季节割的柳条最好用。据牧民老乡介绍，一般来说，最好在春天发芽前或秋天上冻前割柳。柳条春天发芽后开始生长，上手容易脱皮；夏天柳条正在发育，质量欠佳；秋天柳条已经成熟，皮与心结为一体，质量最好；冬天柳条上冻，脆而易折，也不好用。采割柳条时不能成片连根打光，察哈尔蒙古人有“背阳割柳，不抱阳打柳；落叶割柳，不绿叶打柳”的说法。割好的柳条不能马上用来编制，起码要在外面晾晒5天，让它变得更加柔韧有弹性、不易折断。

编织柳制品不需要任何工具，有一双勤劳而灵巧的手就行。但前期需要一种特殊的镰刀，称为柳镰。柳镰刀柄比普通镰刀长，但刀头很短，看惯普通镰刀的人觉得它畸形，其实这是一种自然选择。柳条丛生密集，必须单根采割，刀头宽了不好出入而且易割了别枝。打枝杈的柳刀刀头也小，刀柄短得出奇。这两种柳刀，刀柄或长或短，完全是为了适应柳编生产的需要。编制柳制品的柳条，都要打杈，不用旁枝逸叶。

随着现代化进程的加快及牧民生产生活方式的转变，柳条编制用品从人们的视野中渐渐淡出。

近年来，正蓝旗通过在旗蒙古族中小学校开办柳条编制工艺美术课，举办柳条编制讲座展览，不断加大对柳条编制这项自治区级非物质文化遗产的传承和保护力度，使人们从中感受到其厚重的历史文化内涵和高超的传统技艺。

文化遗产与文化交流

“一座元上都，半部元朝史”

漫步元上都遗址，雕栏玉砌已不在，但轮廓分明的宫城、皇城、外城、关厢和街道，仿佛让人回到700年前的上都。

上都城作为13—14世纪世界的心脏，其繁荣程度可与当时的意大利庞贝古城相媲美。

这里曾经是宗教大辩论的场所，也是藏传佛教扩大发展之地，还是“逐水草而居”的草原游牧文明与“背山面水”定居的农耕文明融合之地，它见证了曾经纵横欧亚大陆的蒙元帝国的兴衰。

金莲川草原上的元上都，自古以来就是东胡、突厥、匈奴、鲜卑、女真等北方游牧民族狩猎、避暑的地方。大定八年（1168年）五月，金世宗完颜雍以“莲者连也，取其金枝玉叶相连之意”，将曷里浒东川命名为金莲川。这里的金莲花每年农历六月盛开，一望无际，十分壮观。

宪宗元年（1251年），蒙哥汗在漠北即位后，为扩充家族势力，命忽必烈总领漠南汉地国军庶事，由漠北南下驻帐金莲川，征天下名士，建立了蒙元历史上著名的金莲川幕府。宪宗六年（1256年），忽必烈在属桓州东、滦河北的一片开阔草原上，选地建城郭。元上都城北为东西连绵的高冈，叫作龙岗，是北方屏障；城东是小元山，西北有幡竿山，西南为乌兰台山，连同城南12千米东西横亘的南屏山，共同形成了拱形环卫之势。刘秉忠初建开平城时，由于地多沼泽，山上立有铁幡竿用以镇水，今天这里还保留有铁幡竿的基座。宪宗九年（1259年），城郭建成。七月，蒙哥汗亲征南宋时，在今天的重庆钓鱼山染热疾驾崩。这时，在鄂州前线指挥作战的忽必烈和留守漠北的阿里不哥闻讯后都开始了谋取汗位的行动。根据史料记载，中统元年（1260年）四月十二日，忽必烈抵达开平，四月二十八日忽必烈在开平被推举为蒙古大汗，建元“中统”。阿里不哥在首都哈剌和林西按坦河忽里勒台（选举大会）上也被选举为大汗。由此，出现两个大汗、两个首都的局面，就此爆发了兄弟之间的汗位之争。中统四年（1263年）五月，忽必烈下诏书将开平升为都城，定名为上都。至元元年（1264年）八月，阿里不哥来上都投降，结束了历时四年多的汗位之争，并将年号改为至元，取《易经》“至哉坤元”之意。至元元年（1264年），燕京改名为中都，两都制度正式确定了下来。元朝的皇帝每年巡幸上

冬季元上都遗址 殷子健／摄

都，大都东出西还，即从东道辇路赴上都，经西道返回大都。一般每年的农历二三月份就从大都出发，历时一个月到上都，九月份草微黄时再从上都返回大都。“未暑而至，先寒而南”“龙岗秀色常青青，年年五月来上京”便是元朝皇帝每年驾幸上都的真实写照。元时去上都多从驿路走，故而驿路实际上成为两都间最重要的交通干线。驿路途经大都、昌平、南口、居庸关、怀来、赤城、牛群头、桓州，大约800里。黑谷东道俗称辇路，大约750里，途经之地主要是小村、小镇。

元朝末年，南方爆发了一场由韩林儿和刘福通率领的红巾起义。至正十八年（1358年）十二月，由破头潘、关先生、沙流二率领的一支红巾军绕过大都，经山西大同、雁门关北上偷袭上都，攻陷并放火焚烧了上都，“宫阙殆尽，大王不复时幸”。元惠宗妥懽帖睦尔失去了上都，只能回到大都维持统治，结束了元朝大一统的局面。至正二十九年（1369年），明军在常遇春、李文忠等指挥下，大败元军，直指开平。六月，开平被攻克，惠宗逃往应昌。积蓄了百年之力陆续建成的上都宫殿，就这样在战火中化为灰烬。

从这段历史来看，元朝崛起于上都，而元朝又随着上都的沦陷逐步衰落，可以说，上都的兴衰史就是元朝的兴衰史。

“一座元上都，半部元朝史”，史学家的说法再恰当不过了。

元上都遗址

元上都遗址申遗成功

2012年6月29日深夜，一个喜报从俄罗斯圣彼得堡传回中国：元上都遗址申报世界文化遗产获得圆满成功！

喜讯传出，第36届世界遗产大会现场一片欢腾……内蒙古自治区元上都遗址申遗代表团成员纷纷鼓掌庆祝！

元上都遗址申遗成功，草原人民一片欢腾。正蓝旗的网友“上都狂人”发帖说：“元上都，那是我儿时的乐园。我留恋儿时的‘百草园’。”网友“TT”说：“内蒙古为你喝彩，锡林郭勒为你高兴，正蓝旗为你自豪。”草原人民载歌载舞，沉浸在一片喜悦中。

全票通过只用两分多钟

6月29日，世界遗产大会开始对申报世界遗产的项目进行审议。据了解，中国元上都遗址项目是当天第四个审议的文化遗产项目，经过大会讨论，中国元上都遗址获全票通过，被正式列入《世界遗产名录》。

时任国家文物局副局长童明康在接受采访时说：“讨论中国元上都遗址这项世界遗产，一共用了两

申遗签名活动

在俄罗斯圣彼得堡斯莫尔尼宫，第36届世界遗产委员会会议表决通过元上都遗址为世界遗产

分多钟，是29日讨论最快的。讨论时间最长的超过了三个小时，而我们这个项目只用了两分多钟。”

展现人类历史重要阶段

2012年5月14日，国际古迹遗址保护理事会（ICOMOS）受联合国世界遗产中心委托，在世界遗产中心网站公布了元上都遗址突出普遍价值审定报告。其中对元上都遗址的价值认定和真实性、完整性评语如下：元上都遗址的位置和环境显示出来自于蒙古族和汉族两者在价值观及生活方式上的共同影响。城市遗址展现了两个民族结合的城市规划模式。通过蒙古族和汉族在思想上和制度上的融合，元朝才得以将它的统治扩展到当时已知世界的极大一部分范围。元上都遗址是一个包含了不同民族团体的融合型城市规划的独特范例。

元上都遗址非凡地见证了元朝的征服者忽必烈汗的最高统治，这种统治包括对被征服者的文化和政体的吸收和改变，也包括征服者在保持和维系原有文化传统的决心和努力。

元上都遗址的位置、环境以及它的城市模式，证实了游牧与农耕文化的并存与融合。汉地结合园林和景观的城市规划对于元朝蒙古人的生活方式在元上都是必要的，也因此产生了一个城市布局的杰出范例，展现了人类历史上的一个重要阶段。

元上都城是13世纪“佛道大辩论”的发生场所，这个事件促成了藏传佛教在东北亚地区的传播。

元上都城于1430年废弃。这座大型考古遗址现在被草原覆盖，仅保存了13—14世纪元上都城的整体格局和城址。宫城、皇城、外城的城墙墙体共同展示了中原传统的城市规划布局，并且可以通过其中一部分已经被发掘、记录和回填的宫殿和庙宇建筑的土堆，清晰地展示出元上都城的规划布局中对于蒙古部落会议和狩猎需求的考虑。门外的关厢、铁幡竿渠和墓葬群遗存都存在于它们的自然和文化环境范围内。墓葬群保存了关于城市选址至关重要的自然要素，背山面水和四种类型的草原景观，尤其包含了具有河流湿地的金莲川草原。在景观上，元上都遗址能够被清晰地解读。

考古发掘和史料记载见证了具有蒙汉民族文化结合特征的都城形制、历史格局与建筑材料等的真实性。墓葬群真实保存了蒙汉民族于上都生活的历史信息与物证；除明德门遗址和皇城东城墙进行过少量修缮活动外，其他组成部分基本没有出现人工干预。同时，地理环境与草原特色景观保存完好，真实地延续了草原都城的环境特征和空间感受。

至此，我国政府提交的《元上都遗址申报世界文化遗产文本》声明的列入理由、四条价值申报标准全部获得国际古迹遗址保护理事会（ICOMOS）的充分认可。

符合世界遗产四条标准

元上都遗址是我国文明与文化发展史上颇具特色并极为重要的一处大型考古遗址。为更加科学规范地描述元上都遗址，向世人展示一个真实完整的元上都遗址，中国建筑设计研究院建筑历史研究所编制完成了《元上都遗址申报世界文化遗产文本》。

2010年，中国政府在向世界遗产中心提交的《元上都遗址申报世界文化遗产文本》中提出，元上都遗址符合世界遗产的四条标准：

一是元上都遗址将北方草原游牧民族“逐水草而居”的传统非定居方式与中原汉地农耕社会“背山面水”的传统定居方式相结合，展现了不同文明与民族之间在征服与同化过程中生活方式与价值观的交互影响与融合。这种融合所产生的理念、制度、宗教、经济举措深刻地影响到北方草原和古代中国的中原与南方，以至其他一些地方。

二是元上都遗址是13—14世纪欧亚大陆的文明大转折和延续百

年的忽必烈时代"蒙元帝国"的特殊的见证。元上都体现着骄傲的征服者高高在上的统治，对被征服者文化与政治体制的吸收，及对征服者传统的坚守与维系三种矛盾却又相互作用的历史动力下所生成的一种延续百余年的庞大政体与文化现象的兴起与消失。

三是元上都是体现了亚洲北方独特的游牧和农耕两大文明兼容并蓄的"二元城市文化"模式的杰出范例，展现了忽必烈以游牧民族统治农耕民族、创建王朝治理这一重要历史时期，在世界文明史和城市规划设计史上拥有独特的地位。

四是元上都是标志了13世纪欧亚文明分水岭的忽必烈建立蒙元帝国这一历史事件发生的场所，与引发欧洲"大航海时代"的《马可·波罗游记》直接关联，是导致13世纪亚洲宗教格局发生重要变化的宗教事件"佛道大辩论"的发生场所，遗址所在地至今仍传承着游牧文化的活传统"敖包祭祀"，它还作为梦幻花园Xanadu这一文化符号的原型闻名于世，在当今世界的文学、音乐、建筑等艺术领域产生广泛影响。

鉴于此，中国《元上都遗址申报世界文化遗产文本》认为：元上都遗址符合世界遗产的标准Ⅱ、标准Ⅲ、标准Ⅳ和标准Ⅵ，并符合真实性、完整性要求，具有全球突出普遍价值，有资格列入《世界遗产名录》，特提至全世界予以保护。

内蒙古自治区实现世界文化遗产零突破

6月30日，时任内蒙古自治区文化厅文物处副处长富永军在接受采访时说："元上都遗址成功申报为世界文化遗产，对于深入宣传我国的民族政策，巩固全国各族人民的大团结，具有十分深远和重大的政治意义。元上都遗址成功申报为世界文化遗产，实现了内蒙古世界文化遗产零的突破，标志着内蒙古文化遗产事业迈入新的发展阶段，对于加快推动内蒙古文化事业的大发展大繁荣必将产生深远的影响。"

随着元上都遗址成功申报为世界文化遗产，草原文明将进一步走向世界。

沙·东希格一夜未眠

6月29日晚，元上都遗址申遗成功的消息传到草原，沙·东希格这位老人兴奋得一夜未眠。

沙·东希格，地地道道的蒙古族人，蒙古史学会会员。

这是一位生在元上都，长在元上都，守望着元上都的老人。

7月1日，在接受采访时，他还抑制不住内心的激动。老人从小过着游牧生活，对草原有着浓厚的感情，熟悉元上都的一草一木。

从1985年起，沙·东希格一直对元上都遗址进行着研究。20多年来，来自国内外的专家、学者都会找到沙·东希格，请他讲一讲元上都的过去、现在和将来，更有相关部门领导向他虚心请教，请他为元上都遗址的保护和管理提提建议。

沙·东希格说："元上都遗址申遗成功，说明世界各国已经公认元上都的历史就是世界的历史。"

庆祝活动丰富多彩

"元上都遗址申遗圆满成功！"6月29日，消息传来后，正蓝旗社会各界欢欣鼓舞，彻夜庆祝。

时任旗委宣传部副部长、外宣办主任的高家鑫说："旗委副书记、旗长宝音图连夜接受了自治区、锡林郭勒盟各级新闻媒体记者的采访，并与新闻媒体朋友们一起欢庆。"6月30日，正蓝旗政府在上都镇忽必烈广场举行了申遗成功盛大庆祝活动，活动中还宣读了国家文物局、自治区政府贺电。歌舞表演、烟花燃放，各项庆祝活动相继展开。正蓝旗广播电视台和广场大屏幕向全旗各界群众播放了第36届世界遗产大会现场盛况。各界群众载歌载舞，元上都遗址游人如织……机关、团体、企业人士自发举办各种形式的庆祝活动，商场店铺打出庆祝申遗成功的横幅……人们都表达着内心的喜悦。

赢得国际社会的赞誉

6月29日，在第36届世界遗产大会现场，时任内蒙古自治区副主席、内蒙古代表团团长刘新乐代表自治区政府致辞。他说，元上都遗址申报世界文化遗产的成功，是党中央、国务院以及国家文化、文物等有关部门对内蒙古文化遗产保护工作关心支持的结果。

在元上都遗址申遗成功当日，国家文物局向内蒙古自治区政府发来贺电。贺电中称：元上都遗址申遗历经10余年艰辛，成功殊为不易。在内蒙古自治区人民政府的领导下，各相关部门和社会各界共同参与、密切配合，开展了大量卓有成效的工作，在学术研究、遗产保护、环境整治、宣传教育等方面均取得了显著成绩，充分展现了元上都遗址的突出普遍价值以及当地政府和民众在文化遗产保护方面所做的努力，赢得了国际社会的赞誉。

六项措施保护遗址

为进一步做好元上都遗址保护工作，内蒙古制定了六项措施：

一是按照《世界遗产公约》和我国文物保护法律法规，为元上都遗址提供最高级别的保护与管理；二是为参观元上都遗址的游客提供优质服务，不断提高服务质量，保

正蓝旗各族人民欢庆元上都申遗成功

障游客和文物的安全；三是加强对元上都遗址的监测、消防、管理工作，设立元上都遗址监测中心，确保元上都遗址的安全；四是深入开展元上都遗址的考古发掘工作，加强与国际考古与文物保护机构的联系，达到共同研究、互相交流、共同进步的目的；五是加强元上都遗址的环境保护和防治沙化工作，保护元上都遗产区优良的生态环境，遏制沙化趋势；六是充分发挥元上都遗址周边农牧场干部职工的作用，在各族群众的支持下，把元上都遗址的保护管理工作做得更好。

元上都丰富了世遗价值和类型

元上都遗址凸显“普遍价值”。世界遗产申报的最根本条件就是遗产要具有突出普遍价值。元上都遗址遗产区面积 251 平方千米，包括城址、关厢、铁幡竿渠、砧子山墓群、一棵树墓群等。缓冲区面积 1507 平方千米，涵盖了敖包群和保留至今的蒙古族“敖包祭祀”等传统人文景观以及湿地、典型草原、森林草原和沙地等蒙古高原草原特色景观在内的遗址环境，具备很高的真实性与完整性。

首先，元上都遗址成功列入《世界遗产名录》，丰富了世界遗产的价值和类型。游牧民族与农耕民族的文化碰撞、交流和融合在人类文明的发展史上产生了深远影响。元上都遗址兼具游牧、农耕两大文明特点，对于丰富世界遗产的突出普遍价值和遗产类型，保护人类文化多样性，都具有重要意义。

其次，元上都遗址申遗成功，可促进我国世界遗产事业发展的区域平衡，推动遗产地可持续科学发展。元上都遗址实现了内蒙古自治

金莲花舞表演

区世界遗产零的突破，是近年来国家文物局积极支持边疆地区、民族地区文化遗产保护工作的重要成果，将带动遗产地的文化遗产保护和相关的环境整治、生态环境保护和基础设施建设工作，世界遗产的影响力逐步显现，成为推动遗产地经济社会可持续发展的重要动力。

第三，体现了我国大遗址保护工作取得的突出成绩。元上都遗址在申遗工作中，充分体现了中国大型考古遗址保护与展示的先进理念，坚持最小干预原则，维护遗址的真实性和完整性，展现了元上都遗址作为元帝国创始之都的恢宏气势与草原都城的景观特征，赢得了国际社会的理解和尊重。

每一处中国遗产列入世界名录，都是文化走出去的最好体现。2012年元上都的申遗文本非常精彩，可谓是文化走出去的典范文本。这可以让西方全方位地、从不同角度了解中国文化、文化遗产和文化政策。

中国蒙古语标准音

蒙古语属阿尔泰语系蒙古语族。所谓标准音是指某一语言的读音规范，是以在该语言方言中选定基础方言的某一土语作基础的。蒙古族居住在多个国家和地区，如中国、蒙古国、俄罗斯等国，在以上三个国家使用的蒙古语分别称作中国蒙古语、蒙古国蒙古语、俄罗斯布里亚特蒙古语和卡尔梅克蒙古语，它们之间区别较大。

中国蒙古语标准音问题从20世纪中叶开始研究。元上都所在地正蓝旗，曾以其在蒙古语基础方言区域中政治、经济、文化的重要地位而成为中国蒙古语标准音发祥地。中国蒙古语标准音是以察哈尔语音为基础，以传统的书面语为范例，参照现代蒙古语语音的共同特点而确定的。1979年9月，在新疆召开的全国八省区蒙古语文工作第三次专业会议上，确定了以中部方言为中国蒙古语的基础方言，以内蒙古正蓝旗为代表的察哈尔土语为标准音，以拉丁字母为基础的蒙古语音标方案。2005年5月1日公布的《内蒙古自治区蒙古语言文字工作条例》，以法律条文的形式规定“以正蓝旗为代表的察哈尔土语为蒙古语标准音”。

确定以正蓝旗为代表的察哈尔土语作为蒙古语标准音，这与元上都在蒙古语基础方言区域中的历史地位和元朝政治、军事、经济、对外交往和科技文化等方面的重要作用密不可分。以察哈尔土语翻译、撰写、创作的佛经和辞典等，也为察哈尔土语成为蒙古语标准音提供了理论依据，比如18世纪翻译出版的大藏经《丹珠尔》和蒙古语解释辞典《21卷本辞典》等都是以察哈尔语音为正音标准的。

正蓝旗重视蒙古语言文字规范工作，发挥蒙古语标准音优势，重视蒙古语标准音推广使用工作，在学习和使用蒙古语言文字工作及民族语言文字翻译、出版、教学、新闻、广播和学术研究等领域取得发展，为全国各地培养输送了蒙古语主持人、播音员、翻译和教师等优秀人才。

为保护传承中国蒙古语标准音，2016年10月，中国蒙古语标准音展厅在正蓝旗文化中心投入使用。展厅面积65平方米，分前言、指导确定标准音工作领导、参与确定标准音主要学者、蒙古语标准音播音员、蒙古语标准音功臣、推广标准音工作活动、结束语七部分。展厅收录了有关中国蒙古语标准音书籍、报刊、文件、图片音像等资料380多种，帮助人们了解研究中国蒙古语标准音历史现状。

宫廷音乐阿斯尔

元上都作为元朝的统治中心，宫廷音乐十分发达，其中潮尔合唱、赞歌、酒歌等对宫廷音乐的发展产生了深刻影响。随着古丝绸之路的发展、《马可·波罗游记》的出版，蒙古宫廷音乐也被传播到世界各地。在达延汗统治时期，蒙古族固有的草原游牧音乐文化继承元代的优良传统，得到迅速发展。林丹汗执政

宫廷音乐阿斯尔演奏

的30多年间，丰富和整合了蒙古宫廷音乐。清朝也重视蒙古宫廷音乐，专门设立了“什榜处”，管理进奉蒙古族宫廷乐曲。在宫廷音乐不断发展的过程中，“阿斯尔”这一音乐形式应运而生。阿斯尔是一种器乐合奏曲的统称，流传于锡林郭勒盟南部，以正蓝旗为主要代表。阿

斯尔由蒙古族传统的弓弦乐器、弹拨乐器和吹管乐器组合演奏，也见于各组成乐器的独奏。主要演奏乐器有火不思、云王敖、雅托格、胡尔、琵琶、方响、龙笛、头管、笙、箜篌、箫、戏竹、鼓、杖鼓等。过去王府举行各种仪式活动时会演奏阿斯尔乐曲，察哈尔蒙古人举行祭敖包、那达慕、祝寿、婚宴、婴儿剪胎发等民俗活动时都要请乐班来演奏阿斯尔。2009年，内蒙古电视台对正蓝旗整理的阿斯尔曲目进行录制，正蓝旗还成立了阿斯尔协会。阿斯尔艺术显示出生机和活力。

嘎丹丰吉灵庙蒙古文《大藏经》

2014年8月13日农历七月十八，一个金莲川草原上吉祥的日子。上午9时，当蒙古文《大藏经》赠送仪式在正蓝旗嘎丹丰吉灵庙举行时，草原上空出现了罕见的日晕奇观，太阳周围有一个巨大的彩色光环，人们纷纷仰头观看。大家虔诚地将内蒙古史学会名誉会长、内蒙古《大藏经》编委会主编金峰教授，内蒙古传统文化教育推广协会会长郭慧珍女士等捐赠的400部《大藏经》捧入禧盛寺。庙内高僧喇嘛们身披袈裟、手持法器诵经不断。

据了解，藏文《大藏经》的蒙文译刻本，又名《如来大藏经》或《番藏经》，元大德（1297—1307年）至清乾隆十四年（1749年）年间，先后四次译刻。影印版蒙古文《大藏经》，是中共中央批准保护和抢救民族文化遗产的巨大工程。在

嘎丹丰吉灵庙禧盛寺

1993年3月全国政协九届二次会议上，内蒙古和新疆三名政协委员联名提交了《关于抢救影印出版蒙古文〈大藏经〉的提案》，同年7月提案得到了国家新闻出版总署的答复。2000年1月8日，内蒙古师范大学宗教研究所在北京主持召开蒙古文《大藏经》立项论证会。2003年起蒙古文《大藏经》纳入《内蒙古自治区民族文化建设发展纲要》，2004年1月29日纳入国家新闻出版总署“十五”国家重点图书出版规划。本书曾作为向内蒙古自治区成立60周年献礼项目，从2007年

开始陆续出版。

据郭慧珍介绍，蒙古语文诵经已被纳入国家非物质文化遗产名录。蒙古文《大藏经》堪称目前国内外最完整的佛法大典，它具有显著的蒙古地区特点和民族特点，它的整理出版对于推动成立蒙古佛学院、继承和弘扬蒙古佛教文化优秀传统、恢复和推广蒙古语诵经、扩大蒙古语文的学习和使用范围等方面，都有着重要的现实意义和深远的历史意义，也意味着蒙古族传统文化的主体被抢救后，可以充分发挥佛教文化和游牧文化的开放性、包容性等优势，对蒙古、藏、汉、满等多种文字佛教经典进行对比研究。目前，蒙古国正着手把它翻译成斯拉夫蒙古文出版。

元代太医忽思慧与《饮膳正要》

蒙元宫廷饮食谱《饮膳正要》是我国第一部营养学专著，初刻于天历三年（1330年），至今近700年，作者忽思慧，蒙古族（一说为回族），兼通蒙汉医学，曾于元仁宗延祐年间被选为宫廷饮膳太医。相传，忽必烈在上都称帝后举行国宴时，忽思慧采用大火烧沸、小火熬煮的方法，并加了一些山珍海味，为皇帝专门制作出了一道新式全羊肉。忽必烈吃后连连称赞，赐名为“烫全羊”，蒙古语叫“诈马”。此后，元代皇帝每到秋季必在元上都举行一次“诈马宴”。

忽思慧总结了元世祖忽必烈活到80岁的长寿饮食之道，选择历朝食疗精粹和民族食疗方法，继承整理古代医学理论，结合任职期间积累的营养卫生、饮食保健及烹饪技术等经验著成《饮膳正要》。该书共分为三卷，全书约3.12万字。卷一载有三皇圣纪，养生、饮酒避忌，妊娠、乳母食忌，山珍海馐所做的羹、粉、汤、面、粥、饼等聚珍异馔。卷二记载了诸般汤煎，食物治病，食物相反及食物中毒的救治等。卷三是可供食疗的天然食品，如米、谷、果、菜、鱼、禽、兽及料物等，详细叙述了每味食品的性味、良毒、功效、主治、宜忌等内容。《饮膳正要》记有宫廷饮食谱153种、药膳方61个、服用方法24则，其中食谱方中有78个方是以当地羊的肉、脏、骨、血为主要原料。另外，还有可供食疗的米、谷、果、菜等组成的食谱及药膳方230余种。该书集营养学、药物学、养生学及康复学之大成，具有浓郁的民族特色，有较高的实用价值和学术价值。明朝代宗皇帝朱祁钰曾亲自为之作序，颁旨复刻。清代官印民刻，此书广为流传。2010年12月，国家将其列入中医非物质文化遗产临床经典读本并出版，为中国乃至世界所用，得到广泛认同。

蒙古族饮食文化是富有历史性、地域性和民族性特征的文化存在，有着与众不同的魅力。元朝建都后，许多中原宫廷厨师和蒙古族厨师一道，用蒙古族传统的烹饪原料，在元上都为皇帝及王公贵族、达官显贵制作了许多具有民族特色的经典美食，如手扒肉、烤羊腿、烤全羊、血肠、肉肠、肉粥、蒙古包子、蒙古面条等，使蒙餐制作达到了登峰造极的地步。据考证，时下各地流行的“分餐制”，就是蒙古人率先使用的，例如蒙古人都有自己的刀、银碗等用餐工具，而且西餐的分餐制应是蒙古人传过去的。

元上都的中外使者

元朝时期，国外的使者、商人、旅行家和传教士纷纷来到上都，其中最有名的是大旅行家马可·波罗与伊本·白图泰。1266年，马可·波罗的父亲和叔叔觐见元世祖忽必烈。忽必烈即遣使臣随其西返，带去给罗马教皇的信，使臣因病阻隔于中途，信则被马可·波罗的父亲和叔叔辗转送达。数年之后，马可·波罗随二人东来，于1275年17岁时到达上都，见到了元世祖。此后，马可·波罗留居中国达17年之久，还曾被委派为扬州官吏，并出使过一些国家。直到1291年，马可·波罗才离开他心爱的中国，返回家乡威尼斯。后来，马可·波罗因参加威尼斯对外战争而被俘入狱，于狱中口授其旅行经历，由他人记录成为《东方见闻录》，即《马可·波罗游记》。该书对元朝的政治、经济有详细的描写，盛赞中国的繁荣、富庶与发达。该书的问世使西方人大开眼界，引起他们对中国文明的向往。

马可·波罗之后，罗马天主教士接踵而来。意大利传教士约翰·孟德高维诺于1294年抵达元朝，建了三所教堂，并将《新约全书》翻译成蒙古文，后来还担任大都城区主教。孟德高维诺在中国前后居住了将近30年。元朝末年，元惠宗曾派遣一个使团前往罗马，受到教皇的盛情接待。教皇即组织使团东来，该使团约在元朝居住三年，然后取海路返回欧洲。欧洲人陆续来到中国，中国使者远赴西欧，这在元朝以前是不曾有过的。

阿拉伯旅行家伊本·白图泰于至正六年（1346年）来中国游历，抵元上都，考察中国风土民情。白图泰先后访问过泉州、广州、杭州及元大都。返回摩洛哥后，白图泰将他的游历笔录成书《伊本·白图泰游记》。这部旅行家笔录，因丰富翔实的资料，成为中世纪地理、历史、民族、宗教、民俗等方面一部价值极高的著作，被许多学者引用，至今仍是研究宋元时代中国与阿拉伯国家关系的重要资料。

中国旅行家汪大渊，于1328—1332年和1334—1339年先后两次从刺桐港（今福建省泉州市）出发远航，曾穿越阿拉伯海、波斯湾、亚丁湾及红海，是第一个可以稽考的去过摩洛哥和坦桑尼亚的中国人。有关其航行与旅途的综合性记述是《岛夷志略》，它对14世纪阿拉伯等地的政治、宗教，经济、航海和社会生活加以详细记述，是了解该地区中世纪历史的不可或缺的资料。

回族人札马鲁丁还被忽必烈任命为上都司天台提点(天文台台长)。在札马鲁丁领导下编撰的《大元一统志》，是一部集地理与历史之大成的著作，为后人研究当时的自然及社会状况提供了翔实珍贵的文献参考。

“当代女马可·波罗”正蓝旗见闻

1298年，意大利威尼斯商人、探险家马可·波罗以著名的《马可·波罗游记》，向欧洲揭开了万里之外的东方古国中国的神秘面纱。他用大量篇幅讲述了中国的文化、中国的财富、中国人的智慧和华丽的建筑。直到700多年后的今天，《马可·波罗游记》仍是中意两国民间友好交流、体现中意人民传统友谊的见证。

1987年，马可·波罗的同胞，意大利人加博列拉·波尼诺女士首次来到对外开放不久的中国，两年后成为中国国际广播电台意大利语部外籍工作者。20多年来，她以媒体工作者的身份遍访中国大江南北，用心记录了她在中国的点点滴滴，充满感情地报道了中国的历史和变化。

2011年11月，她汇编出版了《当代女“马可·波罗”的中国日志》，书中讲到她赴元上都追寻她的祖先马可·波罗700年前游历中国的足迹时，自己的所见所闻。其中，《沿着马可·波罗的足迹》和《游走正蓝旗：蒙古包与蒙古医学的奥秘》两篇文章记录了正蓝旗的故事，摘录如下：

见闻之一：沿着马可·波罗的足迹(2003年)

元上都是马可·波罗到中国后受到忽必烈汗接见的城市。可以想象到在经历过磨难之后，马可·波罗来到这座草原之城时的喜悦。每逢七八月间，草原上就开满了美丽的金莲花，今天来此旅游的游客也会不禁沉醉其中。

元上都遗址离与河北交界的内蒙古南部旗县正蓝旗20千米，这里被认为是标准蒙古语的发源地，盛产优质奶制品。青山翠岭中长满了美味的野生蘑菇，作为地方特产被销往全国各地。从现代化城镇上都镇，我搭乘了一辆载满乘客和行李的中巴来到了元上都遗址。从检票室出来，我迅速注意到了文物站院子里那些令人惊叹的大理石雕刻，刻的是元代官员。最特别的一块是一个四方的大理石柱子，上面刻着龙和云朵，完全的中国风格，是最新挖掘出来的，是放置在当时忽必烈接见马可·波罗的那个宫殿里的，证实了他确实到过此地。因为在他的游记中，他描述了那些矗立在草原中央的大理石雕刻的壮观宫殿。蒙古国的皇帝们受到中原文化影响，往往也在他们的首都建造石头或大理石宫殿，把他们蒙古包用作行军打仗。我们将要参观的就是皇城所在地，当时被蒙古包围绕着保护起来。

一位当地的满族姑娘小张是我这次旅行的向导。那天刮着很大的风，小张给我介绍说，元上都即元朝的夏都，位于金莲川草原，北傍龙岗山，南临上都河，分别在四个方向的山顶上建有许多烽火台。远处山顶的烽火台，令我印象深刻，而我们顶着大风走在通向城中的小道上似乎更像是一次冒险，因为在那里只剩下城墙的遗址和大宫殿的地基。

这是元朝建立的两个首都之一，第二个首都是大都，就是今天的北京。值得一提的是，这两座首都城市竟然位于同一条子午线上。我们从南门进入皇城。这座城市是忽必烈于1256年建造的，起初命名为开平府，是作为一个军事机构用的。1260年忽必烈成为蒙古大汗，1263年改开平府为上都，即北方的都城。城市由刘秉忠负责建造。1264年，燕京，就是今天的北京，易名为中都，即中部的都城，之后称大都，即伟大的都城，就这样形成了上都和大都两都制的格局。元代的皇帝夏初时就离开夏日炎热的大都，20天后来到这里，一直待到9月底草原开始枯黄时。在上都避暑的皇帝们一般都会迅速处理完公务，尽情享受那凉爽的天气和围猎的乐趣。这个底座宽、顶部窄的蒙古式城墙是去年刚刚修复的。1964年这个遗址被列入自治区保护单位，1988年列入国家保护单位，现正在申报世界文化遗产。

古城包括三座城墙，外墙、皇城墙和宫殿墙，现在我们位于第二层，皇城墙的范围，是个四方造型，每边长约1440米，宫殿城墙从东至西长540米，从北至南650米，而外墙长达8800米，四边各2200米。

位于皇城墙南边的明德门是前不久刚被挖掘出来的，椭圆形结构，用作防守。后来这里建了一座喇嘛庙，缩减了些，没有原先宽阔。现在，让我们一起来追溯一下那段历史：1206年当成吉思汗建立蒙古王朝开始，直至1368年，元朝灭亡，共经历了163年。从1206年到1271年，只是蒙古国，到了1271年忽必烈将蒙古国改名为元朝，统治了整个中国，一直到1368年，元朝真正存在了98年。

1358年爆发了农民起义，起义者包围了上都，结果是，经过了连天战火的上都最后只剩下城墙遗址和宫殿地基。不过这毕竟是当时草原上最宏大的一座城市，在蒙古族人心中这就是一个奇迹，因为在他们的眼中，那里全是无边无际的草原和散落点点的蒙古包。越过城墙，西侧是一个商贸区，东侧是官员和百姓的住宅，城中却是用石头搭建的皇家宫殿和贵族官邸。

这里留下了马可·波罗的足迹吗？这就是那座忽必烈加冕和1275年接见马可·波罗的宫殿大安阁，位于城市中央。在《马可·波罗游记》中，马可·波罗描述了他对这个地方的极大赞赏，因此那时的欧洲人视元上都为一个神话般的地方。

曾经有一段时间，这个地区水量充足，城市的建造者刘秉忠开始时认为这里并不合适建城。传说，有一天晚上，掌管这个地区的龙飞上了天，人间立刻变得干旱了许多。于是，郭守敬就在附近建起了一个水利工程，以防水患，这表明在那个时候这里确实水量丰富。不过这些年来的内蒙古时常有大片的干旱和骇人的沙尘暴。

蒙古人视土地为母亲，因此不愿意挖掘她，当他们每离开一个地方，他们都会仔细地带走垃圾。他们的水源就是泉水，从不挖井寻水。他们视天为父亲，蒙古语称腾格尔，经常会以隆重的仪式祭天。

大安阁曾经是元朝六代皇帝加冕的宫殿，没有在这加冕的皇帝们则会每年来拜祭，他们认为这里才是真正的登上皇位的地方。忽必烈就是在这儿加的冕。宫殿高22尺，相当于7米，但是后来这里的石头都被当地农民用作建房用了，还有那些城墙的石头也同样遭此命运，所以现在剩下的就只有地基了。原来的时候这里是个制高点，周围还有运河护城。

古城最高的地方是穆青阁，是皇帝欣赏歌舞表演和举行阅兵仪式的地方。这是一座“敖包”，也就是用石块堆砌的用作礼仪的小石堆，原先是作为烽火台报警用的。慢慢地，人们经过的时候就加上一块石头，后来这就成为祭山神和路神的地方。敖包可以是单个的、3个的或者13个一系列的。如果是3个的，表示天、地和人；如果是7个，表示太阳、月亮和构成宇宙的五种元素金、木、水、火、土；如果是13个，中间的表示天神，其他表示地神。在元上都，人们会庆祝农历的五月十三，牧民们会在凌晨抵达，在敖包顶端放上柳树条。有四种祭祀礼仪：火祭、酒祭、玉祭和血祭。蒙古人崇尚火祭，他们认为可以除净一切，他们会燃烧小米和奶制品。

火焰越大，祝福越多。第二种是敬献酒。第三种玉祭，现在已经替代为人民币祭了。最后一种是敬献羊肉和牛肉，一般会邀请喇嘛来主持仪式，选定敖包的位置，一半选在高山或是选择一处好风水的地方。但凡来这里的，都需要绕敖包走三圈，表示太阳的行走，并许三个愿。

我们的元上都之行到这里就结束了。虽然昔日元上都的辉煌随着岁月无情地流逝了，但今天的人们正在这里创造着一个又一个的奇迹。

见闻之二：蒙古包与蒙古医学的奥秘（2004 年）

为进一步了解关于蒙古包的知识，我来到了内蒙古正蓝旗。正蓝旗的空气清新，每天清晨，看着四面环绕的群山，就像是盖着一层蓝色的被子，正应了“正蓝旗”之名。在这里，我参观了正蓝旗蒙古包厂，在工厂里接待我的是原该厂老厂长，名叫赵振华，他现在是厂里顾问。他介绍说：“我们的工厂 1962 年成立，独家生产传统的木制蒙古包。蒙古包所用的木头是硬质的，而篱笆所用的传统材料则是柳树木。过去，蒙古包的规格都是一样的，直径大概在 3 到 4 米，用于牧民的游牧生活。然而在 20 世纪 80 至 90 年代，蒙古族就定居了。现在随着旅游业的发展，我们的生产主要是服务旅游业，制造不同规格的蒙古包，最小的蒙古包直径只有 90 厘米，可以随身携带，而最大的直径会达到 21 米，346 平方米的占地面积。凭借着这样的大型蒙古包，我们正在申请吉尼斯世界纪录的提名。

“除了使用价值，蒙古包还有着显著的美学价值。蒙古包代表着蒙元文化。来到内蒙古，人们肯定要看看蒙古包，甚至还要在里边睡上一夜。所以我们现在的用户就不再是牧民了，因为牧民现在已经有了固定的住宅，我们现在的用户是游客。我们的产品销往全国 60 多个省市，还出口到日本、加拿大、西班牙、法国、蒙古国，甚至远到南极。

“如今蒙古包的丝质材料都是防雨的，而以前，牧民们都是用白色的羊毛毡来作为材料的，没有任何装饰，而现在的蒙古包上面还加上了彩色的花纹。除了蒙古包，我们工厂还生产蒙古风格的家用小桌、小柜子和床。今年我们售出的大大小小的蒙古包大概有 1000 个；一个直径 3 至 4 米的蒙古包价格大概在 4000 元（500 美元左右），不含装修费用。

“蒙古包的门应该是朝向东南方的，蒙古包上的孔事实上有两个功能：采光和报时。草原上是没有钟表的，所以当阳光照到蒙古包内的某一个点时，牧民就会知道一天中的某一个钟点到了。如果将门的方向改变，那么时间的指向就会变得混乱。蒙古包的圆形结构是抵御大风的最理想形状，而倾斜的屋顶则可以让雨雪滑落，因此这样的结构是非常科学的。另外，蒙古包还很方便，可以收放自如。最后要说的是，蒙古包是现存的最环保的住宅了，当人们拆除一座砖房后，会遗留下砖头、瓦片、水泥、废铁等各种废弃物，但当蒙古包被收起来时，只留下了一块空地，而空地上的草很快就会继续生长。以前，牧民们在地上放上一层干羊粪，在这层羊粪上面铺上一块鲜牛皮，以吸收湿度。而现在在蒙古包内放的是木头做成的床、地毯等。一座蒙古包可以使用20年，每5年要更换一次外套。

“夏天的时候，我们的工作任务就会非常繁重。因为夏天是旅游旺季，而在冬天，我们便生产蒙古包的配件。我们可以生产组成蒙古包的所有配件，而这个地区其他的小工厂就只能组装某个部分的配件。我们唯一不能生产的配件是毛毡、人工纤维外套和一些不常用的金属部分。我们厂生产的蒙古包是牧星牌的，是内蒙古自治区的驰名商标。我们厂有36名工人和百余名季节工。为保证木质结构蒙古包的传统生产工艺不失传，我们的产品大都是通过手工制作的。”

在正蓝旗，我还认识了一位开诊所的蒙古族大夫。当我走进诊所时，这位大夫正在为一位病人把脉，接着便给他开了自己的独家药。在诊所的旁边，是他儿子工作的药店。这位大夫名叫巴图苏和，53岁。在给当地一位大夫当完学徒后，从18岁开始当医生。大约十年前，他开了这家诊所。

蒙古医学来自于民间的实践，没有专门的理论支持。不过，医学的准则还是与佛教一起被引入了内蒙古。传统的医术是用藏语写成的，随后才有蒙古语版本，1949年才开始从藏语翻译成蒙古语。现在为了大众需求，蒙医首先用汉语写医书，然后再翻译成蒙语。那么如何依照蒙古医学诊断呢？（答案是）把脉、询问病情，同时观察症状。蒙古医药原料有矿物质、动物和植物。一件尤为有趣的事就是：由于在露天的环境下生活，蒙古人最常见的病是因着凉所致的肚子疼和风湿腿，也有与蒙古包内湿气有关的病症，还有因为食用肉奶过多而造成的蛋白质过剩和消化问题。

离开正蓝旗后，我短暂的内蒙古之行就要告一段落了。北京距此有

400多千米，但由于张家口在修路，再加之那里群山林立，回到北京还需要一些时间。在公共汽车上总会有一些令人喜悦的相遇：坐在我旁边的，是一位年轻的职业军人，他刚从锡林郭勒盟开会回来。他是汉族，尽管在内蒙古工作很多年，但他还是不会说蒙古语。不过他的英语说得倒是不错。这个小伙子在宝昌下车了，把座位留给了一个本地的大学生，他坐车回天津的大学。刚刚过完暑假，他又将开始计算机课的学习了，为此他感到很高兴，他的专业是计算机工程。坐在他旁边的是他8岁的小侄子，因为能够和一个外国人讲话而感到很兴奋，他问了我很多问题。

在一望无际的大草原之后，一个拱门告诉我们，现在已经离开内蒙古了，我们已经进入了河北省。透过车窗，我们看到了张北县附近的小房屋，那是几年前地震后政府为灾民所建的住房。在从高原下了几段陡坡之后，我们就到达了张家口。在过去，张家口是京城北部的战略屏障。在山顶上，出现了长城和雄伟的瞭望塔。上了通往北京的高速路后，可以在沙城看到壮丽的石头山峰——鸡鸣山，在鸡鸣山脚下，是一座名为鸡鸣驿的小城，那是清朝时期（1644—1911年）的驿站，被雄伟围墙所环绕。傍晚时分，微弱的光线将围墙照亮，又为其平添了一分神秘感。同时，在群山前面，升起了一轮明月，陪伴了我们许久。这或许是北京对于我们的欢迎，对于这样的欢迎，公共汽车上的所有乘客都默默地欣然接受了。

开放包容的元上都文化

元上都文化融合了中原文化、草原文化、边塞文化，还吸收了大量的西方文化，是各民族共同创造的文化，是兼容并蓄的文化。

元朝建立后，政治、宗教、文化、艺术等方面发生了深刻变化。一是政治上建立了统一的多民族国家。二是元朝的版图横跨欧亚，东西文化通道得以打通，上都文化把中原文化和西方文化紧密地结合起来，并有效地保留了蒙古民族的文化。三是元上都的城池建设，体现了蒙汉结合的特点，既有中原的亭台楼阁宫殿群，又有草原穹庐毡帐群。四是元朝特别注重宗教的和睦相融，上都城里有佛教、伊斯兰教、景教、基督教、天主教。五是在语言的影响力方面，现在中国对世界广播的蒙古语用的是上都的标准音。六是在蒙古族文化艺术的影响力方面，从正蓝旗流传下来的400多首民歌中有不少宫廷音乐可见一斑。蒙古民族的饮食文化得以保留，比如正蓝旗奶食文化。

延伸阅读

元上都申遗成功背后的故事

第36届世界遗产委员会会议同意，将中国元上都遗址纳入《世界遗产名录》。对于元上都遗址所在地正蓝旗，荣誉和责任一同降临。

从正蓝旗到圣彼得堡

7月的正蓝旗，金莲川草原绿意正浓。夕阳下，元上都遗址静卧在一片苍茫中。

因为拥有这座草原都城遗址，内蒙古自治区在1996年就启动了申遗工作。

“最初是组织专家进行考察调研。”时任旗文物局局长高华说。在忽必烈曾经称帝的“龙兴之地”，专家对遗址、敖包和古墓群进行全面勘测，发掘并展示出明德门、御天门、大安阁、穆青阁等遗址，出土了汉白玉龙柱等珍贵文物。遗址承载的蒙元文化，体现的中华游牧文明和农耕文明的融合，得到了世界的认可。

同步进行的还有环境整治，除了拆除原有木栈道、遗址大门、苗木基地和淀粉厂，政府还组织修复了可视区内的山体及乌兰台敖包、乌和尔沁敖包，退耕还草12005亩。为了“将一个庞大废都的‘真实性’和‘完整性’呈现于世”，发掘展示工作中，“规划先行、有章可循、有法可依”的原则贯穿始终。2005年开始，先后编制完成了《元上都遗址保护总体规划》《元上都遗址保护管理规划》和《元上都遗址周边生态环境与特色景观规划》等，并经自治区政府颁布实施。

2011年初，元上都遗址被正式列入中国政府向联合国教科文组织世界遗产委员会申报世界文化遗产项目。当年8月，国际古迹遗址理事会专家到实地评估考察元上都遗址和周边环境，不仅认可元上都遗址价值，而且对中国政府针对元上都遗址的规划、保护、管理、研究、展示、服务、宣传等表示满意。“16年磨一剑，宣布申遗成功的那一刻，全场沸腾了！”回忆起在俄罗斯圣彼得堡申遗现场的那一幕，高华激动不已。当晚，中国驻圣彼得堡使馆大使、华人华侨和留学生代表70余人参加庆祝活动。

“保护刚刚开始”，与荣誉一同降临的，是沉甸甸的责任。

“申遗成功仅仅是万里长征第一步，目的是为了更好保护和传承，肩头的担子更重了。”高华说。

制度上的保障还不够，配套工程建设也至关重要。在遗址南5千米处，总面积近7000平方米的元上都遗址博物馆主体掩映在山体间，与周边环境融合，与自然协调；遗址核心保护区安装26千米的高密度围栏，围封面积41平方千米。除了日常人工巡逻，“草原神灯”安防系统投入使用，安装了视频监控、声音采集、报警和广播等系统，确保“保护区内无死角”。

遗址周边建了气象观测站，主要监测风向、风速、气温、降水、气压、相对湿度等，对遗址状况进行实时监测。

“申遗成功后，游客的增长会对遗产保护带来新问题。”时任国家文物局副局长童明康说，“内蒙古自治区对此已有预案。”

有关部门已对遗址的客流量进行评估，按照《元上都遗址保护管理规划》要求，城址现场展示区一次性游客容量不超过2078人，游客开放容量严格控制在11000人次／日以内，每年游客容量控制在62万人次以内。

“目前是旺季，每天的客流量两三千人，远远未达上限。”高华说，“以后我们将向布达拉宫等景点学习，采取参观预约制。”

元上都遗址只用了两分多钟就在第36届世界遗产大会上审议通过，这两分钟背后是16年的漫漫长路。16年里围绕申遗发生了很多很多的故事，最精彩的莫过于联合国教科文组织的三次“考试”。而最后见证元上都遗址成为世界文化遗产的恰恰是另一处世界文化遗产——圣彼得堡历史文化名城和有关遗址群，历史的安排是如此有趣。

世界文化名城见证世界文化遗产的诞生

时间回到2012年6月29日，第36届世界遗产大会开始进入大会表决新的世界遗产阶段，我国申报的世界遗产——元上都遗址，排在大会第七个审议表决。可是整整一个上午过去了，大会只表决了两个，时任自治区文化厅文物处处长王大方心里那个急呀。作为从1996年开始元上都遗址申遗的第一批工作人员，王大方几乎参与了申遗的全部工作，他已经等了16年，但是这最后的几个小时他比以往任何时候都着急。“代表团的很多人都和我一样的心情。”王大方说。

中午，大会安排了午餐会，王大方没有去，他在会场外的大厅里吃了块黑面包，喝了几口水，就坐在斯莫尔尼宫的木地板上等待。斯莫尔尼宫位于圣彼得堡市中心，建于1806—1808年，是一座外观典雅的三层巴洛克式建筑，极其豪华。1917年十月革命武装起义的日子里，列宁把革命指挥部设在斯莫尔尼宫，并在这里发表了苏维埃政权的成立宣言。直到1918

年首都迁到莫斯科为止，这里一直是苏维埃政权的中心。1990年，斯莫尔尼宫所在的圣彼得堡历史名城和有关遗址群成为世界文化遗产。这个世界文化遗产将在这一天见证中国元上都遗址的历史时刻。

看到斯莫尔尼宫内的油画、瓷器和一排排俄罗斯式的高背椅子，王大方想到了元上都遗址。它曾是13—14世纪元朝的夏都。遗址由规模宏大的城市遗址，辽阔的草原包括湿地、森林、沙地景观，还有特色浓郁的蒙古人祭天、祭敖包以及传统的蒙古族风情等要素共同组成。

这座由宫殿、草原、森林、溪流构成的梦境中的上都，在英、美的《韦伯英语大辞典》中，被单独列为词条。后来，欧洲的天文学家还用它为土星的第六颗卫星命名。几百年来，这个名字已成为欧美人士用来形容神秘美丽的地方，亦有宛如仙境之意。

下午会议继续进行。圣彼得堡当地时间6月29日18时10分，大会终于开始审议元上都遗址。世界遗产委员会官员苏珊女士向大会进行了元上都遗址的陈述。她说中国元上都遗址作为草原都城遗址，展示了文化融合的特点，见证了北亚地区游牧文明和农耕文明之间的碰撞及相互交融。在对世界文化的影响方面，有记述元上都的《马可·波罗游记》，也有英国诗人科勒律治的诗篇《忽必烈汗》。元上都遗址符合世界遗产的价值标准，满足遗产真实性和完整性要求。

18时20分，苏珊女士结束了向大会作的陈述报告。此时，斯莫尔尼宫大会堂内一片寂静，代表们似乎还沉浸在元上都遗址的美好境界之中，在稍许等待之后，世界遗产委员会主席米特罗法诺娃讲了一句话："如果对中国申报的元上都遗址感到满意、没有异议与问题的话，就请大家鼓掌通过。"短暂的沉默后，会场上爆发出热烈的掌声。第36届世界遗产大会主席米特罗法诺娃敲响木槌并宣布："经全体与会代表一致同意，中国元上都遗址被列入《世界遗产名录》，这是中国人民的荣誉。"这一时刻，是北京时间2012年6月29日22时23分，俄罗斯圣彼得堡时间6月29日18时23分。从苏珊女士的陈述结束到米特罗法诺娃宣布元上都遗址被列入《世界遗产名录》，全程仅用了两分多钟时间。

这时，中国代表团全体成员起

立向大会主席以及各国代表致谢。出席大会的蒙古、阿尔及利亚、柬埔寨、哥伦比亚、印度、日本、马里、塞尔维亚、阿联酋等20多个国家的代表以及国际组织负责人纷纷走到中国的席位前，与中国代表团成员拥抱、握手，表示热烈祝贺。“掌声在持续，拥抱和祝贺也在持续，会议不得不暂时中断了十几分钟。这是从来没有过的事情。”王大方回忆起那个时刻，自豪之感不自觉地浮现到脸上。

“大考小考”加“面试”

两分钟虽然短暂，但是为了这两分钟，元上都遗址努力了16年，等待了16年。16年内发生了很多故事，其中在《元上都申遗文本》提交到联合国教科文组织后，该组织对元上都遗址的三次“考试”在王大方的叙述中让人十分感兴趣。

时间回到2011年8月，正常年份本已凋谢的金莲花依然有一部分在努力地开放着，它们似乎在等待着什么。的确，它们等来了联合国教科文组织委派的国际古迹遗址理事会专家组对元上都遗址的实地考察，这就是王大方口中的“面试”。

专家们到来之际，正值正蓝旗传统的那达慕大会举办之时，牧民们热情邀请专家组组长崔在宪体验“男儿三艺”中的射箭项目，崔在宪为那达慕大会射出了第一箭。专家们在草原上喝着奶茶，看着搏克、赛马、射箭，欣赏着蒙古族姑娘和小伙子们原汁原味的表演。那一刻，他们或许透过历史的时空看到了当时中国北方草原地带最大的都市元上都毡车如雨、牛马如云的盛况，看到了游猎、祭天、祭祖、祭敖包等具有浓郁草原游牧文化特色的祭祀典礼活动。专家们认为元上都遗址是世界上面积最大、保存情况最好的草原文化遗产，一定要为全人类好好保存。他们又召集了生活在遗址周围的学生、牧民、商人等社会各阶层人士，倾听他们对元上都遗址申遗工作的心声。牧民代表没有直接提到申遗的事，反而说起了正蓝旗具有代表性的奶豆腐。“那位牧民通过奶豆腐说明了元上都申遗以后会给当地人的生活带来的积极影响，这让专家们非常直观地了解到了普通人的心声，效果非常好。”王大方回忆道。

专家们回到联合国提交了评估报告，“面试”结束。9月份，“大考”来了。国际古迹遗址理事会在对中国元上都遗址提名项目实地评估考察的基础上，对元上都遗址提出了9个询问，内容涉及遗址的保护范围，周边的文物保护，遗址及其周边地区的降雨量、沙漠化、沙尘暴等生态环境，等等。问题不多，只有三页纸。“但是最终我们给出的答案超过了900页。因为我们得按照国际规则办事，回答的每个数据都来自权威人士或者权威单位。仅仅降雨对遗址的影响这一点，我们就从水利厅水文地理档案室调集了遗址周边有记录的60多年的降雨量数据，并依据数据分析一千年内的降雨会对遗址产生的可能影响，以此给出一个最终结果。”王大方说。经过三个月夜以继日的努力，到11月份，“大考”顺利通过。

时间进入到了2012年4月，离申遗表决已经只有两个多月的时间了，联合国教科文组织在这个时候又对元上都遗址的申遗做了一次“考试”，这次只有7个问题，王大方称为“小考”，提出的问题比“大考”更细致。然而接到这份“试卷”的时候，所有人都很开心。为什么呢？王大方说：“这次的问题几乎都是对元上都遗址的保护，对当地群众等相关人员的经济生活、文化权益的影响以及下一步如何发挥元上都遗址的作用等。但是这些都是建立在一个前提之下的，那就是元上都申遗成功。我们从问题的字里行间也感到了联合国教科文组织对元上都遗址的肯定，感受到了即将到来的成功，大家都很兴奋。”就是在这种兴奋的状态下，“小考”以超出想象的速度顺利通过。

民间传说

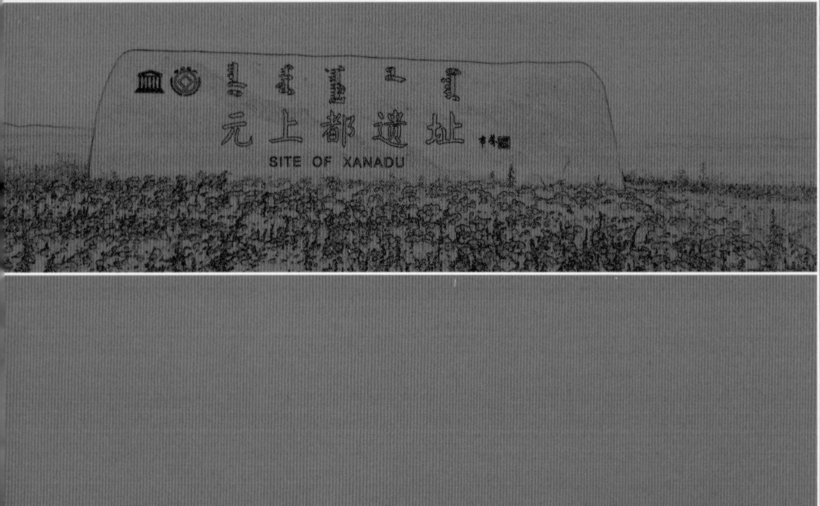

HUASHUONEIMENGGUzhenglanqi

民间传说

MINJIANCHUANSHUO

正蓝旗民风淳朴，正蓝旗人民热爱生活、勤劳勇敢、充满智慧。这里有许多古老的动人故事。

千古史谜：元代皇帝为何没有陵墓

元代皇帝为何没有陵墓？每个封建王朝的皇帝死后都有陵墓，唯独元朝任何皇帝没有留下陵墓，这是一个千古之谜。明朝叶子奇《草木子》中记载：元朝皇帝驾崩，“用啰木两片，凿空其中，类人形大小合为棺，置遗体其中……加髹漆，毕，则以黄金为圈，三圈定（箍两头、中间）”。然后，掘深沟一道埋葬，“以万马蹂之使平。杀骆驼于其上，以千骑守之。来岁草既生，则移帐散去，弥望平衍，人莫知也”。当年成吉思汗去世，就是采用了这种方式下葬。南宋文人记载，成吉思汗在宁夏病逝后，其遗体被运往漠北肯特山下某处，在地表挖深坑密葬。其遗体存放在一个大树中间被掏空做成的独木棺里。独木棺下葬后，土回填，然后“万马踏平”。为了不让外人看出曾经动土的痕迹，“万马踏平”后，还要用帐篷将周围地区全部围起来，待到墓葬地面上的青草长出，与周围的青草无异，才将帐篷撤走，这样，墓葬的地点就不会暴露了。全套工作完成后，蒙古人在墓葬地表杀死一头小骆驼，这时，陪伴这头小骆驼前来的母骆驼就会十分悲痛地号叫，并且记住这个地点。第二年来祭祀的时候，把这头母骆驼牵来，在杀死小骆驼的地点，母骆驼就会悲痛地流泪，前来祭祀的人就能找到墓葬。

浩雅日宝恩巴的故事

侍郎城遗址东5千米、元上都遗址西2千米处有一对小山包，当地人称“浩雅日宝恩巴”，汉语意思为“两座塔”，山上和山下都有建筑遗迹，周围有基石及青砖残存。上都镇有一个社区，名叫浩雅日宝恩巴社区，就是源于这个典故。据《元史》记载和民间传说，山上两座塔是八思巴和他创造的八思巴文的纪念塔。八思巴受忽必烈之命为元朝创制了新文字，为蒙古族文化教育事业做出了卓越贡献，忽必烈晋升八思巴为帝师，并赐玉印。1280年，八思巴英年早逝，忽必烈万分悲痛，下令厚葬，为他建造了这两座塔。相传一座葬有八思巴大师的舍利，一座供奉他留下的八思巴文书籍。山下还有两座塔，传说忽必烈因思念他的女儿，为他的女儿和女婿建造了山下的两座塔。

1908年，山上的一座塔部分坍塌，1914年，八世哲布尊丹巴花费3000两白银派人修缮塔身。辛亥革命后，发生了丑年之乱，八世哲布尊丹巴派四路大军进占内蒙古草原，与袁世凯派来的民国军队在元上都遗址附近相遇发生混战时，两座塔遭到民国军队的人为破坏，珍贵的八思巴文书籍散落遍野，被多伦制鞋铺的鞋匠拉去，用来打袼褙制鞋底了。自此，元代两座宝塔被彻底地破坏了。2009年7月29日，八思巴第二十六代传人、青海文都大寺第二十六代昆氏座主、西宁市宏觉寺住持、十世班禅大师因明佛学院院长葛尔哇·阿旺桑波活佛专程赶到浩雅日宝恩巴遗址举行了悼念和诵经活动。

玛拉日图庙传说

玛拉日图庙又名噶丹丰吉灵庙、喜盛寺，建于1741年。1941年迁至上都河旁，1966年被损毁，仅留下小部分建筑。2008年重修。

相传，古时太仆寺右翼旗有位叫贡楚格道尔吉的人去西藏拜佛求学。学成归来的路上，有一天闪电雷鸣天昏地暗，突然天空中出现骑着黑马、表情愤怒的人，渗入岩石中消失了，随后天空瞬间放晴、万里无云。他靠近岩石发现那片岩石上出现了马头明王的形象，他急忙将它印在毛头纸上，带回故乡，兴建寺庙将其供奉了起来。因建寺动土时，出现了两只金色豹猫，蒙古语中豹猫叫玛拉日，故寺庙取名叫玛拉日图庙。

乌兰台敖包

乌兰台敖包位于元上都遗址南2.5千米，也称图木特山。如今元上都遗址博物馆就建在乌兰台敖包半山腰间。乌兰台敖包为什么又叫图木特山呢？这里面还有一个故事呢。

相传元朝时期，每年夏天都会在元上都举办大型那达慕，在金莲川草原上举行摔跤、赛马、射箭等活动。当时军队以万户为单位，军队首领叫万户长。因万户长的军营设在这座山上，故名图木特山，意为万户长之山。

饮马井

正蓝旗有很多以井为名的地方，仅赛音呼都嘎苏木就有哈登呼都嘎、阿敦呼都嘎、毛敦呼都嘎等40多个与井有关的地名，上都镇有一个嘎查叫阿敦呼都嘎嘎查，也称饮马井嘎查。呼都嘎，蒙古语中是“井”的意思。

地名多以井为名，这与蒙古族的游牧生活和历史密切相关。据当地老人讲，现赛音呼都嘎苏木满达希勒北，曾有一口元代大井，井口呈八方形，用巨石压着。察哈尔正白羊群境内有也可呼都嘎、乌兰呼都嘎等七口井，相传这七口井是为忽必烈汗军马提供饮水的。

大汗夫人扎楠达日在正蓝旗草原的故事

在正蓝旗草原，至今流传着一位巾帼英雄的传说，就是曾经追随准噶尔大汗噶尔丹的厄鲁特汗夫人扎楠达日哈屯的故事。扎楠达日哈屯，又称扎楠哈屯（“哈屯”为“夫人”之意），她是喀尔喀部土谢图汗衮布多尔济之女，早年嫁与漠西厄鲁特部僧格汗。后来僧格汗被杀，她随噶尔丹南征北战，经历了千辛万苦。1690年，噶尔丹率军来到今克什克腾旗境内的乌兰布统，与清军决战。双方大战后，准噶尔军队遭到重创，扎楠哈屯与噶尔丹走散，与几位侍女和她的200多名士兵被清军一起俘获到了今天的正蓝旗。清军虽然抓获了扎楠哈屯和侍女们，但并不知其中哪一个是扎楠哈屯。清军让她们排成一行，命令扎楠哈屯向前迈出三步治罪，但就是没有一个人走出来。清军想尽了办法，想从中认出扎楠哈屯，最终没有得逞。无计可施的清军军官正要下令处决那些妇女时，一位白发苍苍的老人突然走出来说：“我就是扎楠哈屯，你们要杀就杀我一个人，不要加害于这些无辜的侍女们。”清军信以为真，就地砍杀了那位老人，扎楠哈屯和其他侍女们幸免于难。后来人们把那位老年侍女被杀的平原称为“包日勒音塔拉”，意思是“白发老人平原”，这片平原位于今正蓝旗那日图苏木境内。

从此，扎楠哈屯和她率领的厄鲁特人在察哈尔定居下来。清朝平定噶尔丹之后，扎楠哈屯不再隐姓埋名，果断地站出来向清王朝提出建立厄鲁特佐（苏木）的请求。清朝准予扎楠哈屯的要求，建立了隶属于察哈尔正蓝旗的两个厄鲁特佐，即正蓝旗第九佐和第十佐。后来从上述二佐又分离出第十一佐，并划定了游牧边界。之后，扎楠哈屯又向清朝提出建寺庙的请求。她的请求被获准后，厄鲁特人兴建了那岱庙（位于那日图苏木贺日斯台），把噶尔丹从拉萨带回来的吉祥天女、大黑天两尊佛像供奉在庙内。清朝出资兴建了寺庙，还赐予该寺《甘珠尔经》一套。扎楠哈屯谢世之后，定居于正蓝旗的厄鲁特人将她的头饰和生活用品供奉在那岱庙，在她的陵墓附近用柳条建了敖包，于每年阴历七月初三举行祭祀，祭奠这位为厄鲁特群众奔波一生的大汗夫人。

有趣的肩胛骨

正蓝旗牧人吃手把肉时，要把羊肩胛骨留在最后，由客人中的一位把上面的肉剔下，根据在座的人数，切成小条分给每个人吃，而后把肩胛骨上的肉啃得干干净净。有时也会将一长条绵羊尾巴和一杯酒置于其上，献给在座的民间祝颂家：“扎，请您祝颂肩胛骨吧。”于是，祝赞家便有板有眼地把肩胛骨从里到外祝颂一番。末了还对主人赞扬道：“愿这肩胛骨的主人全家幸福安康，孩子成器，牲畜成群，资产丰厚，善及乡民……”祝颂完后，将那条长尾巴吸进肚里，把那杯酒一口喝干。

肩胛骨为何获此殊荣，必须大家分食呢？相传一位老猎人打猎时总骑一匹白马，总是满载而归。有个财主看上了老猎人的马，要也不给，换也不给，便起了歹意。那天晚上，他骑上自己的黑马去老猎人家做客。老猎人摆下“肩胛宴”（即胸椎、前腿、肩胛和羊头）招待他，那家伙竟把肩胛上的肉一人全吃光了。半夜风雪交加，财主假装去外面解手，把老猎人的马弄死了。第二天一早，他告诉老猎人说：“不好了，刚才我看见您的马死了。”老猎人说：“我活了70多岁，肩胛上的肉从未独吃过，哪会出现这种事情！”跑出去一看，死的却是财主的黑马。原来昨夜雪大风紧，财主的黑马身上落了冰霜，财主误认为是老猎人的白马，结果落了个自食其果。从那以后，便形成了大家吃肩胛骨的风俗。

肩胛骨人畜都有，一头通过窝骨疙瘩连接前臂骨，一头通过脆骨连接躯干的肌肉，独立而完整。古人在有锅、马径、水井、草场等牧区常见的自然和人文环境中进行肩胛骨占卜。占卜时先要洗手净面，对肩胛祝福，再向神佛祈祷，使其有了灵气，这才开始占卜。占卜的肩胛，分黑白两种：吃净肉以后直接用来占卜的，叫白肩胛；啃净肉以后再烧黑用来算卜的，叫黑肩胛。肩胛骨还有某种暗示、警戒的作用。至今牧区有些关隘险路，往往把肩胛骨和几根长肋骨一起挂在树上。风吹肋骨打在肩胛上，发出丁零当啷之声，提醒过路人前面有危险，不可贸然行进；或在路的中间，横拉一条皮绳，把许多肩胛像旗帜一样挂在上面，同样起一种警戒的作用。肩胛骨上大下小，有柄可握，薄而易响。孩子们便在上面打两个孔，拴上两枚铜钱，像拨浪鼓一样满村子打着摇。肩胛为骨中奇，讲究颇多。孩子不能啃肩胛骨，晚辈不能在长辈跟前啃肩胛骨，外甥不能在舅舅跟前啃肩胛骨。牧民转场搬家时，不能把完整的肩胛骨丢在旧营盘上，一定要砸碎再扔掉。如今牧区往来做买卖的与日俱增，过去扔掉的骨头也成了回收的东西，但牧民仍不会出售肩胛骨。

北斗七星的故事

很久以前，有一对老夫妻生了七个儿子，眼看着孩子们很快长大成人，有一天，老头把孩子们叫到跟前说："我给你们一年时间，你们现在可以出去见世面学本领了。"

一年后，孩子们按约定期限都回来了。父亲把孩子们叫到跟前说："孩子们，告诉我你们学的本领。"最小的儿子说："学了跟踪蜘蛛足迹、跟踪虫子足迹的技巧。"二儿子说："学了使用鞍屉捉住孔雀，能呼唤七十种动物的技巧。"三儿子说："学了射击空中飞鸟且能百发百中的技巧。"四儿子说："学了接取地雷、击中子弹的技巧。"五儿子说："学了及时纠正错误、神功建玻璃城的技巧。"六儿子说："学了神乎其神、轻取自如的技巧。"长子说："六个弟弟学的，我都会做，我掌握了全部的技巧。"

当地有一个可汗，有一天突然起了一阵黑旋风，卷走了在宫殿门前游玩的公主。这下可把可汗给急坏了，急忙张榜公告说："谁要能找回公主，公主就嫁给谁。"老头的七个儿子接过了找公主的榜。

能跟踪蜘蛛足迹、跟踪虫子足迹的侦探说："横脚的抱走了。"能使用鞍屉捉住孔雀，能呼唤七十种动物的侦探说："庞大的魔鬼抱走了。"射击空中飞鸟且能百发百中的侦探一箭射出去，能接取地雷、击中子弹的侦探把公主接过来，就在此刻魔鬼慌忙射出了铁砂火，纠正错误的侦探及时纠正错误，用神功筑起了玻璃房。神乎其神、轻取自如的侦探拿来了牛羊肉，做好美餐，救回公主交给了可汗。

可汗见到女儿非常高兴，就按告示所述，想把女儿嫁给老头七个儿子中的一个，七个儿子各自论功，互不相让，争个不停。这时，可汗说："把公主嫁给会全部技巧的长子。"长子得到了公主，领六个弟弟上天做了"北斗七星"。现在，北斗七星旁有一个小星星，那就是可汗的公主。

骆驼与鹿的故事

很久以前，骆驼头上长有十二齿犄角，具有庞大的身躯。可是作为美丽好看的动物，鹿没有犄角，头是秃的。

一天，骆驼和鹿在河边喝水时相遇，鹿请求说："骆驼哥哥，你把犄角借给我用一下，我今天要参加婚礼，明天中午就在河边还给你。"骆驼见鹿秃着头，还要去参加婚礼挺可怜，便说："行吧，犄角可是明天必须还的。"鹿戴上骆驼犄角嘴里说着"必须明天要还"，便跑走了。

第二天，骆驼想向鹿要回犄角，到了河边，连鹿的影子都没见到。骆驼一边喝水，一边遥望远处。过去了很多个日月，鹿还没有把犄角还给骆驼。从那以后，骆驼每逢喝水时都在想："鹿会来还我犄角吗？"总是一边喝着水一边遥望远处。鹿的犄角每年换一次，原因就是那犄角本不是它自己的犄角。

昌图敖包

昌图敖包位于正蓝旗胡尔虎山脉北缘、横亘于上都河北岸的高山密林，四周泉水清澈，椭圆形状的山就是昌图敖包。昌图敖包到元上都城直线距离十几千米。传说，古时候人们在这个山上发现了一对配有金把的镲。镲的声音洪亮、传声很远，是号令全军、传达政令专用的镲。这个宝物由多伦淖尔汇宗寺收藏保管。据说汇宗寺大殿领诵经喇嘛所持的镲即为此宝物。因镲的出处为此山，故称为昌图（镲的蒙古名称）。后来这个山由嘎拉登席热图活佛弟子祭拜，便称之为昌图敖包。

巴拉根仓的故事

巴拉根仓的故事，是数百年来在内蒙古民间广泛流传的以巴拉根仓为主人公，表现蒙古族诙谐、智慧的民间故事。巴拉根仓，蒙古语意为"丰富的语言""智慧的宝库"。主人公巴拉根仓是聪明机智、幽默风趣的蒙古族劳动人民的代表。在正蓝旗，几乎每个蒙古族群众都会讲《还本付息》《为吝啬鬼打工并坚持了三个习惯》《井底捞鼻烟壶》等巴拉根仓的故事。《还本付息》讲的是巴拉根仓为了惩罚放高利贷者，去他家借虱子的故事。《为吝啬鬼打工并坚持了三个习惯》讲的是有个吝啬鬼虽然牛羊满山坡，但对雇工很苛刻，巴拉根仓为了给雇工们报仇去应聘的故事。

在旧时代，无论是诺颜还是大喇嘛，都想信佛行善，希望通过假仁假义来获得民众的尊重和爱戴。因为巴拉根仓聪明机智、美名远扬，一些权贵恶官就故意找到他，用一些疑难问题刁难他，结果往往被捉弄得威风扫地，自讨没趣。这些故事反映了古代蒙古族劳动人民与统治者之间的尖锐矛盾。官僚、牧主和上层喇嘛给巴拉根仓加上“流氓”“骗子”的罪名加以迫害，但每次都被他机智地斗败。巴拉根仓受到穷苦人民的欢迎和称赞。“风能刮到的地方，人们都知道巴拉根仓的名字”。巴拉根仓走到哪里，哪里就是他的家，哪里就有朋友，他是一个群众基础十分深厚的人物。劳动人民通过这个被理想化的聪明而幽默的人物，抒发自己的激愤和反抗情绪，讽刺和嘲笑残暴的统治者，揭露和鞭挞贪财如命的剥削阶级，表达了人民群众对封建社会的官僚、地主、奸商的憎恨与愤怒，寄托了正义战胜邪恶的美好理想。

巴拉根仓的故事，风格独特，非常富于幽默感和戏剧性，是由许多独立的小故事组成的。每个故事，讲述者亦采取各自不同的方式。如有的人把几个故事连起来讲，有的单独讲一个故事，但都统称巴拉根仓的故事。巴拉根仓的故事是蒙古族民间故事的典型代表，有很多版本。2008 年，巴拉根仓的故事被列入第二批国家级非物质文化遗产名录。2009 年，正蓝旗的籍芒·牧林被旗政府确定为旗级巴拉根仓的故事非物质文化遗产代表性传承人，2010 年被确定为盟级传承人。

北围子的戏台

清末，朝廷实行“借地养民”放垦政策，长城内的中原人弃土离乡、不畏艰辛，到长城以外的塞北从事农耕和商业活动，发生了较大规模的移民，形成了包括正蓝旗哈毕日嘎镇在内的农业人口居住区。随着农业人口的增加，戏剧文化从长城内进入草原。在正蓝旗北围子（原阿日虎布乡所在地，今哈毕日嘎镇红星村），曾经有一个建于民国时期，村民自发从事娱乐活动的戏台。1964 年 6 月，村民又义务进行了修建。

北围子的这个戏台坐落在 20 世纪 70 年代初的乡中学前面。戏台坐北向南，高约 6 米，东、西、北面的土坯墙体相连，墙下垒有石头地基，为土木结构。戏台东西长 12 米，南北宽 8 米，东墙和西墙顶部中间位置各有一个圆孔，起到通风、排气、采光、扩音等作用。南面是敞开的戏台，供观众看戏，戏台离地面一米高。戏台东面有台口，供表演人员进出，中间大幕一拉，台前演节目，台后供演员换衣服、化妆。平时不演戏时，戏台就是小伙伴们砸宝、弹弹球、玩打仗的好去处。

过去每到农历二月二和六月初八就有村民到戏台给龙王唱戏，祈求风调雨顺、五谷丰登。每逢此时，戏台周围全是人，有坐着马车从南围子等地赶来看戏的地主老财，有四里八乡跑来买东西看戏的男女老少，有赶庙会做买卖的小商小贩，有耍手艺、变戏法儿的外地人，加上那敲敲打打、吹拉弹唱的场景，要多红火有多红火。

在没有通电，没有电视、手机的年代，戏台子是北围子最热闹的地方。每年中秋和春节，周边农民、民间艺人和商贩都赶来了，有杂耍的，卖吃食、针头线脑的，最招人的当然是唱戏的。随着锣鼓家什、音乐弦索，演员们在舞台上竞相争艳。大人们在戏台底下聚精会神地看戏，或对演员评头论足，或跟着演员咿呀哼唱，摇头晃脑；姑娘媳妇们则一边纳鞋底一边叽叽喳喳议论哪个演员扮相好，哪个演员唱腔好。虽然看戏的人很多，但无论是外乡的还是本村的，大家都互相谦让，秩序井然。大凡是年纪大、辈分高的老人们，总是被让在最中间靠前边的好位置。那些刚过门的小媳妇，端着小板凳，远远地羞涩地站着等。毛头小伙子则围着场子乱跑。在等待开戏的时候，大家开着玩笑，新闻发布会般地谈论着村里村外发生的各种逸闻趣事，介绍前来看戏的陌生人，互相亲热地打着招呼。到了吃饭的时候，你家几个，他家几个，总是招呼着到家去。那些后生小年轻们，则打打闹闹，你抽了他的凳子，他掀翻了你的座位。这时候，老人们特别慈祥，抽着旱烟憨厚地笑着，任由嬉闹。

1981年前后，因年久失修，戏台子坍塌了。后来，村民在戏台子原址打了一口井，大家每天早晨挑水时，都要拉拉话，哼唱几句，仿佛昔日的古戏台换了另一种方式向人们诉说着乡土民风。如今，北围子戏台早已旧迹难寻，但它曾记录了老百姓的喜怒哀乐，为几代人所感念。

壮丽景观

HUASHUONEIMENGGUzhenglanqi

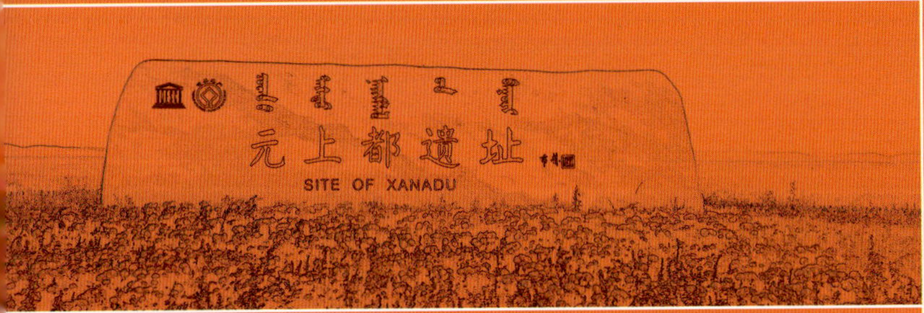

壮丽景观

ZHUANGLIJINGGUAN

正蓝旗位于锡林郭勒南部，几乎有锡林郭勒草原所有的地貌类型。其南部是美丽的金莲川草原，北部为浩瀚的浑善达克沙地，集草原、沙地、湖泊、河流、疏柳、古榆、文物古迹于一体。

正蓝旗景观独特，集湿地、森林、草原、沙地等多种地貌类型于一体，有“温带非洲”之称。

湿地　金莲川湿地景观位于元上都遗址南部，呈东西向狭长形状，总面积约 4120 公顷，地下水量 32670 万立方米。湿地水系由上都河、草原湖等构成，是典型的原始湿地草原。每到夏季金莲花盛开之时，草甸上盛开着黄色、白色、紫色、粉色的鲜花，形成了独特的湿地草原景观。

森林草原　指位于元上都遗址北乌和尔沁敖包林场的森林草原。群落类型主要有森林群落、疏林群落和灌丛群落。森林群落的树种主要有白桦、山杨、油松、华北落叶松、蒙古栎等，疏林群落主要是榆树，还分布着柴桦、小黄柳等树林。白桦林和山杨林组成的斑块状成为森林草原的特色景观。乌和尔沁敖包森林草原分布着多种名贵中草药，如蒙古岩黄芪、知母、柴胡、甘草等。森林草原是野生动物重要的栖息地，有狍子、百灵鸟、狐狸、野兔、山鸡等动物。

典型草原　主要指元上都遗址保护区周边的典型草原，由典型旱生植物组成，以丛生禾草为主，伴有中旱生类杂草及根茎苔草，还混生旱生灌木或小半灌木，以大针茅群落和羊草群落为主。珍稀濒危物种有黄花菜、甘草、大黄芩等野生植物及蒙古岩黄芪、柴胡等珍贵药材。

沙地　沙地景观主要指正蓝旗北部的浑善达克沙地榆树疏林灌丛草地景观。浑善达克沙地有温带“萨瓦那”之称，东西狭长，约 450 千米，南北较窄，宽 10 ~ 300 千米，总面积 5.2 万平方千米，其中在正蓝旗的沙地面积 6700 平方千米，海拔 1100 ~ 1300 米。流动沙丘、半固定沙丘、固定沙丘、丘间低湿地及小湖、沙泉交错其间，形成生态环境复杂多样的独特沙地景观。著名的小扎格斯台淖尔是天鹅、灰鹤、鸿雁等候鸟理想的栖息场所。

金莲川草原

金莲川是上都河（又称滦河）沿岸的一片绿洲。元上都遗址就位于金莲川草原上。关于金莲川的记载最早见于《金史地理志》，这个地方因每到夏季盛开一种金黄色的小花而得名。据史料记载："金莲花，花瓣似莲较制钱稍大，多为黄色，金黄七瓣环绕其心，一基数朵若莲而小，六月盛开一望，遍地金色澜然，至秋花干而不落。结子如粟米而黑，其叶绿色瘦尖而长，或五尖或七尖。"历史上有"八百里金莲川"之称。如今，除正蓝旗金莲川草原之外，临近的河北省沽源县五花草甸草原还存有一片金莲花。由此推测，可能是到了近代，人类的活动和气候

金莲川草原

盛开的金莲花（一）

的变化，导致了草原退化。

金莲花以其顽强的生命力，盛开于塞北的草原，为正蓝旗富饶的土地增添了几分秀色。元代以后的文人墨客，多有对金莲花的咏赞。清朝诗人胡会恩有咏金莲花诗：“仙葩生朔漠，当暑发奇英。色映金沙丽，香芬玉井清。倚风无俗艳，含露有新容。试植天池侧，芙蕖敢擅名。”诗中把金莲花比作天宫瑶池边的芙蓉，可见金莲花虽生朔漠，却似天池仙葩。金莲花在元朝被定为国花，今天，金莲花被正蓝旗定为旗花。每当人们游览元上都遗址的时候，不禁为金莲川的景色所陶醉，那盛开不衰的金莲花在向人们诉说着昔日的风韵。

金莲川是宝贵的湿地，这里空气清新、景色宜人。近年来，由于

冬季的乌和尔沁敖包原始次生林

冬季的乌和尔沁敖包原始次生林

乌和尔沁敖包

乌和尔沁敖包是正蓝旗的最高峰，也是浑善达克沙地最高峰，海拔 1673.9 米。位于上都镇东北 60 千米处，像巨人一样屹立在群山之间。据记载，元朝时百姓称此山为万寿山，是皇家狩猎场，元世祖忽必烈经常在此狩猎。到了清朝，乌和尔沁敖包被划为察哈尔正白牛群苏鲁克祭祀敖包。

乌和尔沁敖包林场

山上有茂密的原始次生林、潺潺的溪流、各种各样的奇花异草、种类繁多的野生动物，还有很多可以采食的山珍野果。在山上游客能欣赏大自然的美景，享受大自然的恩赐；拜谒神秘的乌和尔沁敖包，参加庄严肃穆的祭敖包仪式；也可以到附近昌图敖包下的淖尔里戏水、垂钓，登上敖包山回首遥望，碧绿辽阔的草原在跳跃，金波滚滚的沙地在翻腾，郁郁葱葱的林木给草原与沙海增添了几分壮美！

乌和尔沁敖包

上都河

143千米，其中正蓝旗境内82千米，这一段河流因流经上都，史称上都河，是正蓝旗人民赖以生存的母亲河。千百年来，她像母亲一样滋育着金莲川草原，使这里山清水秀、天蓝云白、鸟语花香、牛羊肥壮。这一片风水宝地也先后成为辽、金、元三朝皇族生活的家园。

关于上都河还有一个美丽而神奇的传说。据说，有一次，成吉思汗带领骁勇善战的士兵围猎来到上都。当他们狩猎后准备做饭时，发现附近找不到水源。这时，成吉思汗就把手中的宝剑抛向不远处，锋利的宝剑牢牢地插在一块洼地上，只听成吉思汗在祈祷："长生天保佑，请赐予这里甘甜的水吧。"说着，便把宝剑拔了出来。宝剑拔出之后，就有一股泉水喷涌而出，慢慢汇集，最后形成一条河。这条低洼处的河流叫上都河，上都河流经上都镇，流向元上都。

对于游牧民族来说，水源同草场一样重要，二者缺一不可。上都河作为正蓝旗地下水的重要补给源，对维系沿河两岸生态平衡，保障居民生产生活正常用水发挥了重要作用，沿河两岸也因水资源充沛，成为水草丰美的地区。

如今，由于上游沽源县截留修水库、生态恶化、气温升高、降水减少、蒸发量大等原因，导致上都河失去径流补给，地下水位下降，河道断流干涸，湿地逐渐消失，湿地草原生物物种减少，原有的草甸草原退化为干旱草场。如何恢复上都河的生态环境，已成为当地党委、政府工作的重点和媒体关注的焦点。从2012年元上都遗址成为世界遗产以来，正蓝旗与沽源县协作，在每年夏季调配部分水量补给下游，并投入专项资金对上都河流域疏浚治理，使上都河重新流了起来。但金莲川湿地保护任重道远。

上都河　高家鑫 / 摄

上都河湿地景观

盛开的金莲花（二）

正蓝旗非常重视生态环境保护，金莲川湿地面积逐年增加，植物种类增多，有100多种。每年从初夏到深秋，各种鲜花争奇斗艳，花的颜色从浅黄、金黄到白色，美不胜收！金莲川每隔一段时间，就变换出一种主色调，从浅黄、金黄直到白茫茫的一片。游人徜徉在花海里，如痴如醉，流连忘返。每年7月份，盛开的金莲花吸引了大批中外游客，这里成为人们在正蓝旗草原游玩的绝佳胜地。

上都河

上都河是华北境内第二大河——滦河上游的支流河。滦河发源于河北省丰宁县骆驼乡孤石村东南的小梁山南坡大古道沟，向北流经河北省沽源县，内蒙古太仆寺旗、正蓝旗、多伦县，折回丰宁县境内，南下隆化县汇入库尔奇勒河，再一路曲折辗转后，流经河北滦平、承德、宽城、兴隆、迁西、迁安、滦县、昌黎、滦南、乐亭，在昌黎的刘占铺和乐亭的兜网铺之间注入渤海。滦河全长877千米，流经3省、8市、27个旗县，流域面积5.4万平方千米。滦河一路吸纳了黑风河、上都河、吐里根河、库尔奇勒河、伊马图河、武烈河、瀑河、老牛河、洒河、青龙河、溯河等500多条支河。河北滦县依托滦河文化，每年举办滦河文化节。

滦河在内蒙古境内流域面积6900平方千米，锡林郭勒盟境内长

盛开的金莲花（一）

的变化，导致了草原退化。

金莲花以其顽强的生命力，盛开于塞北的草原，为正蓝旗富饶的土地增添了几分秀色。元代以后的文人墨客，多有对金莲花的咏赞。清朝诗人胡会恩有咏金莲花诗：“仙葩生朔漠，当暑发奇英。色映金沙丽，香芬玉井清。倚风无俗艳，含露有新容。试植天池侧，芙蕖敢擅名。”诗中把金莲花比作天宫瑶池边的芙蓉，可见金莲花虽生朔漠，却似天池仙葩。金莲花在元朝被定为国花，今天，金莲花被正蓝旗定为旗花。每当人们游览元上都遗址的时候，不禁为金莲川的景色所陶醉，那盛开不衰的金莲花在向人们诉说着昔日的风韵。

金莲川是宝贵的湿地，这里空气清新、景色宜人。近年来，由于

乌和尔沁敖包原始森林

这里一年四季风景如画。春天，百鸟啼鸣，百花含苞待放；盛夏，漫山葱绿，群花烂漫；深秋，层林尽染，秋实正茂；冬季，雪披山谷，银装素裹。

密林深处，栖息着狍子、黄羊、

山鸡等几十种珍禽异兽。

这里还是中草药材天然宝库，芍药、当归、黄芪、山丹随处可见，被人们誉为“额木其”敖包，意为医生敖包。至今当地蒙医还定期到山上采摘药材。

小扎格斯台淖尔

有“沙地明珠”之称的小扎格斯台淖尔，距元上都遗址40千米。小扎格斯台淖尔周围是蒙古族牧民的夏营地，游客在领略美景的同时，可以体验蒙古民族骑马、唱歌、摔跤的风情和手把肉、奶酒的香甜。小扎格斯台淖尔水面面积6700亩，南部与乌和尔沁敖包林场原始次生林相连，北部为浑善达克沙地，草地、山水、林地与沙地融为一体，景致独特。

扎格斯台淖尔蒙古语意为“有鱼的湖”。在这里，岸上青草成片、野花盛开；水中鱼儿戏耍，野鸟成群；蔚蓝的天空流动着纯色的白云；远处有成群的牛羊在太阳底下懒洋洋地吃着青草。洁白的蒙古包如点

小扎格斯台淖尔（一）

小扎格斯台淖尔（二）

点繁星般跌落在绿色的原野上。淖尔的北岸是绵延起伏的沙丘，有寺庙遗址，是蒙古族著名语言学家科尔沁阿尤希的家乡。

20世纪40年代初，小扎格斯台淖尔北岸还建有白塔，淖尔四周以铁索相环。小扎格斯台淖尔水资源丰富，盛产鲫鱼、鲤鱼、草鱼、鲢鱼、泥鳅等。游客可以在这里垂钓、捕鱼，一展厨艺，既饱眼福又享口福。小扎格斯台淖尔是沙地内各种候鸟的乐园，这里鸟类繁多，除百灵外还有天鹅、红嘴鸥、遗鸥、野鸭、灰鹤等。它们将巢筑在水边的苇秆间、草丛里，产下的各色蛋散布其间。目前这里建了高端旅游别墅——上都湖旅游景区。

浑善达克沙地

浑善达克沙地是内蒙古四大沙地之一，面积5.2万平方千米。正蓝旗位于浑善达克沙地腹地，浑善达克沙地在正蓝旗的面积为6700平方千米。

神奇的浑善达克沙地形成于22万年前。它横亘在正蓝旗北部，沙山安静地躺在蓝天下，反射着金色光彩。沙地上分布着许多湖泊，湖水清澈如水晶。沙链、沙丘、沙山，线条多样而柔和，一层层推到了天边。姿态各异的榆树在这里生长了几百年甚至上千年，有的根系已被风沙吹得露到地表外，却依然顽强

浑善达克沙地古榆树

地生长着。万里明沙中，长风猎猎，却依然有生命存在，构成了一幅奇绝壮美的风景画。

浑善达克在蒙古语中是“野马”的意思。据说成吉思汗南下征金时，带领蒙古铁骑怯薛军穿越这里，以他胯下的白色良骥“神驹”为这片不知名的沙地命名。

黄沙、碧水、青草、牛羊、蓝天、白云编织出一幅美丽的画卷。目前，浑善达克沙地成为京津游客休闲度假的绝好去处，是都市人释放工作压力、抛却生活烦恼、清静养生娱乐的世外桃源。

浑善达克沙地风光

壮美的浑善达克沙地

168
236
033

1852
166
232

黑风河

黑风河距上都镇约60千米，是正蓝旗正在开发的独特自然景观。这里山美水秀、树奇花艳，河底泉水叮咚，两岸茂密的森林郁郁葱葱，构成了一幅神秘绚丽的原始风光画。这里自古以来就是牧民“逐水草而居”的极佳的夏营地，也是牧人举行那达慕的理想场地（这里是清代举行那达慕大会之地），这里被人们誉为“天然公园”。河水滋润着两岸繁盛、肥美的林草。环绕在它身边的草原，被称作“空中牧场”。站在沙丘之上，远远望去，弯弯曲曲的河流在茫茫沙地和榆柳中时隐时现。

黑风河

高格斯台河

高格斯台河位于国道207线120千米以西的浑善达克沙地，意为“韭菜之河”。河水在沙漠深处流淌，两岸林草肥美。它地处天然沙地之中，不知疲惫地伸向沙漠深处，滋润着繁盛、肥美的林草。这里夏天气候温润，凉爽宜人，登高眺望颇有几分“江南水乡”的风姿。葱郁的草木、连绵的沙丘、潺潺的流水、珍珠般散落的畜群，构成了这里独特的迷人风光。在这里可以采摘黄花、蘑菇，可以越野、骑马，亦可徒步穿越沙地或在户外露营。

高格斯台河

蓝旗榆

蓝旗榆是正蓝旗浑善达克沙地榆。有的沙地榆经百年雨雪风霜，历经沧桑，却枝干遒劲，为游客和摄影爱好者所青睐。蓝旗榆的枝干也是根艺作品浑善达克根雕的上好材料。蓝旗榆为浑善达克沙地增添了一道亮丽的风景线。

正蓝旗政府设立的古榆树保护碑文

为加强生态环境建设，保护蓝旗榆，2011 年 9 月，旗政府选择了浑善达克沙地具有代表性的蓝旗榆——那日图苏木高格斯台嘎查古榆树群，实施了古榆树保护工程，设立了古榆树保护区。保护区面积 340 亩，有 300 年以上树龄的古榆树 1800 余株，六七百年以上的古榆树

蓝旗榆

800 年树龄的古榆树

60 余株，还有一棵经鉴定已逾 800 年的古榆树，堪称国之瑰宝。

塔安图经文泉

出正蓝旗上都镇，沿国道 207 线向北行驶 30 多千米，再沿着草原路向西插入浑善达克沙地腹地深处，便来到远近闻名的草原圣泉——经文泉，蒙古语称之为“玛尼图宝拉格”。“玛尼图”蒙古语意为“经文”，“宝拉格”为“泉子”，“玛尼图宝拉格”直译为“经文泉”。

经文泉位于正蓝旗桑根达来镇塔安图嘎查玛尼图浩特。这里泉水清澈，百鸟低旋，两岸芳草青青，树木成荫，牛羊似珍珠般撒满两岸，恰似一幅美丽安宁的草原风景画卷，是浑善达克沙地一道奇特的景观。经文泉水量丰富，一年四季都有水流涌出，冬暖夏凉。泉水中含有20多种矿物质和微量元素，传说饮用和洗浴后可治疗肠胃病、皮肤病和风湿性关节炎等疾病，所以经常有旗内外的游客慕名前来饮用。每年端午节，人们更是在太阳没出来之前，骑着马或开着车三五成群结伴而来，手捧哈达虔诚祈福求安康，饮用洗毕后还要带上一些圣水回家。经文泉泉眼现已被当地牧民用砖铺砌并加井盖保护起来。泉井深约1米，泉水沿着宽约3米的河道日夜不息地向东流去，1000米后渗入沙地。经文泉周围绿树成荫，北面粗大的树上系着数不清的蓝色哈达，让人顿生神秘和圣洁之感。

据说，清朝时期，在经文泉后面的小山上一个天然的山洞里，住着一个德高望重的喇嘛。山前立着一块石碑，石碑上用藏文写着“阿弥陀佛”。20世纪50年代，在山洞中还可以看到写满经文的纸片，洞内有明显被烟火熏过的痕迹。20世纪60年代，山洞被人为破坏。如今，刻有经文的石碑早已不知去向。由于该地住过传经布道的喇嘛并立过写有“阿弥陀佛”经文的石碑，牧民称其为“玛尼图宝拉格”。

关于经文泉，还有一个美丽动人的传说。很久以前，有个叫巴特尔的牧马人，把马看作最亲密的朋友，视马为命根子，他的枣红马在赛马中曾多次夺冠。有一次，巴特尔的马病了，怎么也治不好，他十分着急。在一位喇嘛的指引下，巴特尔牵着马来到一片美丽的草原上，那里彩虹高挂，清风习习，在丛林绿草中出现一股清澈的泉水，喝过泉水后的枣红马立刻变得强悍有力，疾驰如飞。从此，一传十、十传百，人们纷纷来到这里定居，并繁衍生息，将古老的牧歌传唱了一代又一代。

泉水是我国民间一种特别的饮用水，陆羽在其《茶经》中写道：“其水，用山水上，江水中，井水下。”认为用来泡茶的水，以其自然涌出的泉水为最佳。泉水最大的优势在于，水源来自环境清新的大自然，水质干净，没有受到任何工业污染。经文泉便是一个纯天然优质饮用水源。

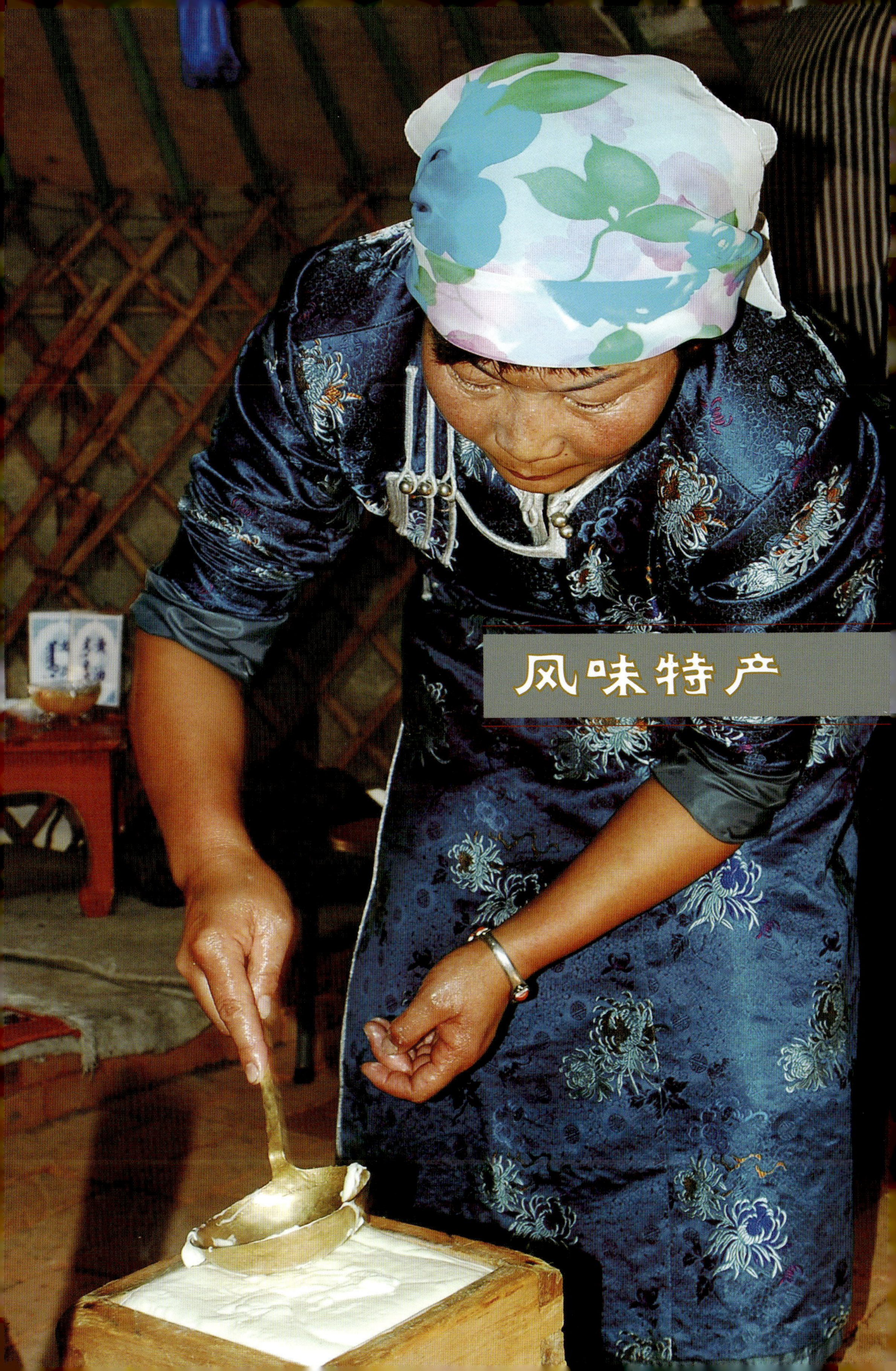

风味特产

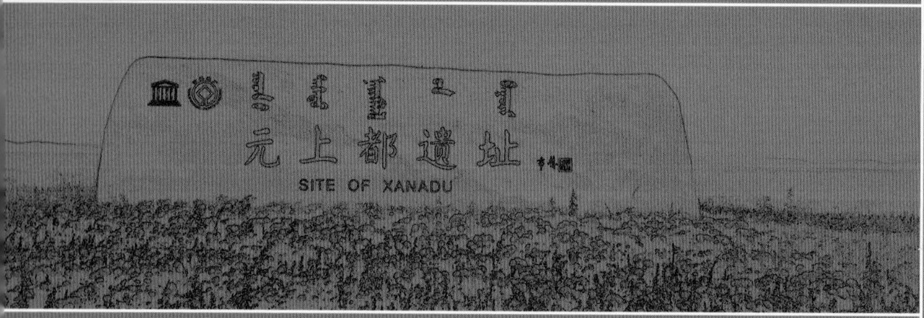

HUASHUONEIMENGGUzhenglanqi

风味特产

FENGWEITECHAN

人们常说："蓝旗奶食甲天下。"正蓝旗是中国奶食文化之乡，奶豆腐、奶皮子、黄油、奶子酒家喻户晓，金莲花茶、风干肉、正蓝旗糖果等饮品和食品也为消费者所喜爱。

金莲花茶

金莲花茶有消炎止渴、清喉利咽、清热解毒、排毒养颜的功效，对慢性咽炎、喉火、扁桃体炎有预防作用，对缓解老年人便秘有一定功效。

金莲花茶

正蓝旗奶食

正蓝旗奶食主要有奶豆腐、奶酪、奶皮子、奶油、楚拉、图德等几十种。正蓝旗奶食是以纯天然、无污染的新鲜奶为原料的。用奶制作的饮料有奶茶、奶子酒、酸奶等几十种。蒙古族以白为尊、以白为洁、

金莲花

正蓝旗奶食

视乳为高贵吉祥之物。正蓝旗奶豆腐具有浓郁爽口、质地紧密、略有弹性、口感筋道等特点。奶皮子具有纯正的奶油香味，呈淡黄色或乳白色，组织细腻，成型整齐，质地均匀。纯天然传统奶食品含有丰富的乳、油、糖、多种维生素等营养成分，有促进人体新陈代谢、健脾开胃、延年益寿等功效。

牛肉干

正蓝旗元上都是草原文化的发源地。早在800多年前，一代天骄

正蓝旗牛肉干

成吉思汗伐兵西征，途中为减少军队的辎重，把牛肉风干后食用。这样既方便携带又保留了牛肉中所含的各种营养物质，牛肉干被誉为“成吉思汗的军粮”。

牛肉干是蒙古族的特色食品，无论是成吉思汗时代，还是忽必烈时代，蒙古铁骑披坚执锐、横扫欧亚，其超强的战斗力和持久的耐力是因为具有良好的后勤保障，牛肉干功不可没。牛肉干保质期长、易储存、热量高，被认为是蒙古大军的秘密武器之一。牛肉干因丰富的营养价值而备受人们青睐，如今，医学研究证明，牛肉干中含有的人体所需蛋白质和氨基酸成分极为丰富，营养价值极高。牛肉干集牛肉之精华，在休闲营养食品中独领风骚。

正蓝旗糖果

正蓝旗长虹乳制品厂生产的糖果，绿色天然、营养丰富、入口细腻、香脆可口，远销全国各地，很受消费者喜爱。

正蓝旗糖果

酸马奶

酸马奶，蒙语为“其格”，是用马奶发酵制成的营养酒精型饮料。其外观与鲜马奶一样，酒精度很低，不超过五度。也许是由于酸马奶的外观与白酒不同，也不经过蒸馏，所以察哈尔蒙古族称其为“其格”(意为“淡白泛青色”)。

酸马奶具有悠久的历史，在《马可·波罗游记》中就有记载。酸马奶有两大特点：一是酸马奶是用纯马奶制作，不仅保留了马奶原有的营养成分，还增加了很多有益菌群和人体容易吸收的氨基酸、微量元素。二是特殊的药用价值。它不仅具有健脾胃、助消化、补充营养、增加体能的作用，而且具有调节气血、降血脂、降血酸、降低胆固醇、强身健体的功能。察哈尔正蓝旗人把它视为珍品，除日常饮用外，在各种宴会上常用酸马奶招待亲朋好友。

酸马奶的制作与艾日格(酸奶)的酿制相仿，只不过制作酸马奶的工艺要求更为严格。酿制酸马奶的传统工具有中型瓦缸、木桶、搅杆、过滤器等，瓦缸要准备几个，分别用作母曲缸、发酵缸、酸马奶成品缸；原料为母曲和鲜马奶。

牧民一般选在上午挤马奶，以日出前挤的马奶为最佳。先把母曲倒入发酵缸内，再加入凉凉的鲜马奶，用搅杆搅动，使马奶与母曲完全融合。然后，用干净的纱布密封好发酵缸口，放置在阴凉干净的地方。续加马奶，并增加搅动次数，直到奶量达到发酵缸的三分之二为止。为防止马奶腐烂变质，操作过程要特别注意卫生，还要避免温度过高或过低。

酸马奶质量的好坏，与是否科学搅动有很大关系。搅杆长度一般比发酵缸高二尺左右，入缸的那一头要安一个直径五六寸的圆形木托。搅动时木托像活塞一样上下翻动，使新加入的奶与发酵奶充分融合，起到散热和氧化作用。搅动次数、适当的温度和干净的空气，是酿制高质量酸马奶的重要因素。发酵较好的酸马奶，打开缸口就有喷鼻子的酒香味，发酵泡沫小而密，集中在中间冒出，入口甘甜微酸，舌尖稍有刺激感。如不是这样，那么酸马奶的质量就是差的。

当代风姿

HUASHUONEIMENGGUzhenglanqi

当代风姿

DANGDAIFENGZI

正蓝旗是内蒙古唯一的世界遗产——元上都遗址所在地，中国蒙古语标准音示范基地，中国奶食文化之乡。这里风光秀美、民风淳朴，是新兴的京北文化旅游胜地。

正蓝旗与北京的深厚历史渊源

700多年前，正蓝旗（上都）与北京（大都）是元朝的两个首都。时光轮回，今天正蓝旗上都电厂发出的电源源不断地输送到北京，使正蓝旗与首都北京再一次紧密地联系在一起。作为首都生态屏障的浑善达克沙地，在正蓝旗腹地面积达6700平方千米，近年来沙地生态好转，为改善首都北京的生态环境做出了贡献。

2003年“蓝旗会议”以来，锡林郭勒草原最大的工业项目上都电厂在正蓝旗开工建设，全旗经济社会得到快速发展。上都电厂一、

上都电厂　王建丰／摄

二、三期6台机组372万千瓦的火力发电，与10万千瓦2个风电、18万千瓦3个光伏发电，共计400万千瓦机组，成为蒙东地区向北京输送电力最大规模的电源点。

上都电厂是国家“西电东送”北通道建设的重要电源支点，已建成4台600兆瓦和2台660兆瓦火力发电机组。发电燃煤是锡林浩特胜利煤田的褐煤，水源为多伦县西山湾水库中的水，输电线路经承德、点对网接京津唐电网。一期、二期工程为4台600兆瓦国产亚临界燃煤空冷发电机组。2003年7月开工，一期2006年8月投产，二期2007年11月投产，投资96.1亿元。三期工程为2台660兆瓦国产超临界燃煤空冷发电机组。2008年8月建设，2011年底投产，投资50亿元。四期为2台660兆瓦国产超临界燃煤空冷发电机组，工程正处于开展前期阶段，机组为超临界直接空冷机组，计划投资51亿元，2011年6月取得自治区“路条”，待国家批复。目前上都电厂发电装机容量为3720兆瓦机组，为“中国最美电厂”之一。

靓丽的城镇建设

美丽的正蓝旗政府所在地上都镇，有敖包希热公园、忽必烈广场、生态园和滨河湿地公园，融山、水、湖、树、草、人文景观为一体，这个锡林郭勒盟南部标杆示范旗，正在焕发着无限的生机与活力。

忽必烈广场

忽必烈广场分忽必烈文化广场和休闲体育广场两部分。

忽必烈文化广场面积10万平方米，投资3000万元，2004年8月开工建设，2007年6月竣工；硬化面积4.3万平方米，绿化面积5.38万平方米，水体3200平方米。广场的中心是一座75米见方的古式城，城内是一个下沉广场，其中央4.8米高台上耸立着一尊高7米、重12吨、骑着骏马、目光炯炯的元世祖忽必烈铜铸雕像。城墙内侧镶嵌着记载元朝历史、文化、科技、军事、商贸等内容的汉白玉浮雕群。忽必烈广场是集历史、文化、教育、休闲、娱乐、健身于一体的文化广场，是上都镇一大亮点工程。其设计理念

忽必烈雕塑

是展现“废墟中的文明、碎片中的记忆”。主入口金莲花广场和景观大道，就像一把巨大的钥匙，象征着用这把钥匙来开启蒙元文化记忆之门；山丘和溪流象征正蓝旗的低山丘岭地形及上都河流。

休闲体育广场位于忽必烈广场东侧，投资1000万元，面积10万平方米，2007年建设当年投入使用。广场包括1个标准塑胶运动场、4个灯光篮球场、2个排球场、2个网球场、2个门球场、2个羽毛球场，有活动器材近100件，是居民健身、休闲、娱乐的场所。

蒙元文化街

正蓝旗为加大文化旅游宣传、弘扬元上都文化，对生态移民搬迁、移民扩镇进行规划，在上都镇建设了体现元上都文化的产业长廊——蒙元文化一条街。蒙元文化街于2006年8

上都镇蒙元文化街

忽必烈广场

月开工建设，2007年7月投入使用。文化街长314米，建筑面积7985平方米，30户移民入住，投资800万元，有奶食、风干肉、蒙餐、察哈尔服饰、文化传媒、工艺品等具有民族特色的产业，成为正蓝旗的“客厅”和“名片”，展示了上都镇的城市形象、建设风貌，是上都镇城市建设亮点工程和标志性文化设施。

敖包希热公园

敖包希热公园占地13公顷。一期工程建设面积4.3公顷，修建了健身场地、园路、园灯、音响、凉亭等设施。二期工程扩大了绿化面积和居民使用面积。目前园内栽植乔木1166棵、灌木1397丛。敖包希热公园丰富了上都镇居民文化生活，成为一处放松身体、愉悦精神、陶冶情操的地方。

敖包希热公园门景

正蓝旗文体中心

正蓝旗文体中心始建于2010年，2015年投入使用，位于旗生态园北、元上都夏宫大酒店南，由综合楼、活动中心、游泳馆和幼儿园四栋楼组成，占地2.6万平方米，建筑占地2万平方米，为正蓝旗规模最大的室内文化活动中心。综合楼建有乌兰牧骑排练厅、可容纳700人的上都剧场、电影院、广播电视演播厅，旗文体广电局、文化综合执法大队、旗广播电视台在这里办公。活动中心建有图书阅览室、群众文化活动室、非物质文化遗产展厅、中国标准蒙古语音展厅、书法摄影展厅、青少年科技展厅、搏克馆、健身房，旗文化馆、图书馆、文物局、文联、工会在这里办公。此外，还有面积2772平方米，集洗浴、健身为一体的可容纳500人的游泳馆；以及诃额伦幼儿园。旗文体中心可承办部分体育单项比赛、大型演出、电影放映，满足群众健身需求、艺术培训，进行美术摄影展、图书阅览等公共文化服务，开展广播电视节目制作、视频播控，收藏重要文化图书档案并提供信息查阅。旗文体中心为群众提供了一个学习文化知识、健身娱乐的平台，推动了正蓝旗文化体育事业的发展。

金莲川滨河湿地公园

金莲川滨河湿地公园位于上都镇北上都河畔，占地4000亩。目前，已规划建设了湖面，建设了“1256”标志性建筑、开平府广场，对观光长堤、三孔桥、金莲花广场进行了绿化、

滨河湿地公园开平府广场　李建林／摄

滨河湿地公园　管永新／摄

亮化。金莲川滨河湿地公园成为正蓝旗居民休闲娱乐健身场所和提升上都镇城市品位、改善人居环境、拉动城市发展的亮丽文化场所。

非物质文化遗产一条街

正蓝旗拥有非物质文化遗产 59 项，是内蒙古自治区各旗县中非物质文化遗产数量最多的。上都镇上都大街还有元上都非物质文化遗产一条街，有察干伊德、蒙古服饰、蒙古皮艺、蒙古纯银、蒙古雕刻、蒙古沙画、蒙古柳编、蒙古文化等文化展示店，店主均是正蓝旗当地的非遗传承人和民族工艺制作人，每个店提供现场制作技艺展示、产品展销和个性定制，提供定向采购和就业培训。

浑善达克生态园

浑善达克生态园位于上都镇西南通往哈毕日嘎镇、黑城子道路交叉口处，生态公园修复了上都镇建设取土植被破坏的区域，保存了湿地、沙地、丘陵和草地等植物多样性的地貌类型生态景观。生态园一期工程在园内种植植物，分公路绿化美化区、沙地植物种植区、湿地保护区、植被恢复绿化区。围封面积3000亩，建设面积1750亩，种

浑善达克生态园

植乔木、灌木32种，投资370万元，于2007年完工。二期工程，按整体景观设计建设花圃、园内行车和游人道路，对废弃采沙场及周边环境进行整平绿化，树种主要以针叶乔木和花灌木为主。工程面积1500亩，园区绿化1500亩，修建道路21000平方米。树种主要有云杉、雪柳、樟子松、旱柳、银中杨、火炬、白桦、红柳、垂暴柳、榆叶梅、丁香等20多种，投资484万元，2008年完工，形成层次分明、错落有致、树种多样、颜色各异的园林景观。三期工程2009年开工建设并完工。绿化面积600亩，针阔混交、乔灌结合。美化亮化生态园大门两侧，建仿石路、游人小道、“银河落九天”水幕平台及石材雕塑。四期工程2013年完工，陆续建设了旗敖包、祭火台、湖泊及道路工程。生态园改善了上都镇西南小气候，形成了环境优美、空气清新的亮丽景观。

浑善达克生态园一角

生态园旗敖包

循环环保的经济发展格局

正蓝旗利用上都电厂发电产生的粉煤灰和石膏，建设上都工业园区，引进宏江集团、富洋石膏等企业，变废为宝，对粉煤灰和石膏进行综合利用，发展循环产业。利用浑善达克沙地的丰富天然的沙子，引进了北京中关村一家高科技企业，发展环保的仁创砂产业。坤元太和种薯、西贝餐饮、中包集团等一大批龙头企业入驻工业园区，为地区发展奠定了基础。

在正蓝旗召开的亚洲粉煤灰大会

正蓝旗粉煤灰综合开发利用项目

本项目位于上都工业园区东区，利用上都电厂发电废弃物粉煤灰生产建筑材料，是一个循环环保项目。2011年6月，由正蓝旗宏江新型环保建材有限公司开工建设，占地750亩，计划投资6亿元，年处理200万吨上都电厂原状粉煤灰，建设年产60万立方米加气混凝土砌块、1.2亿块蒸压粉煤灰砖和155万吨一级和二级粉煤灰生产线。一期已完成8个钢板仓储罐，1.2亿块蒸压粉煤灰砖生产线进行试生产。二期完成加气砖厂房主体和设备安装。三期、四期主要建设5000万平方米的脱硫石膏板材及附属设施办公室、研发楼等。现已累计完成投资3亿元。2014年3月，年产1.2亿块蒸压粉煤灰标砖生产线试生产成功，第一批标砖出炉，并开始批量生产。2016年，生产标砖3000万块，粉煤灰砌块2万立方米。

正蓝旗仁创砂产业园

正蓝旗仁创砂业有限公司2011年3月入驻正蓝旗上都镇，位于上都镇至黑城子公路以南1000米处。

仁创砂产品

砂矿业项目总投资2亿元。一期规划用地面积60亩，年产30万平方米生态环保建材，安装8条生产线（1条生态透水砖线、2条水洗砂线、2条原砂烘干线、2条孚盛砂线、1条生态花盆线）。一期建设投资1.2亿元，办公、宿舍综合楼投资2000万元，8条生产线投资6000万元。着力生产新型砂系列产品，其中生态透水砖为高技术环保科技产品。仁创科技集团致力于砂产业开发，通过自主创新，以沙子利用研究为切入点，以沙地综合开发利用为目标，有300多项原创性发明，完全拥有自主知识产权，开创了以用砂为标志的工业型战略性新兴砂产业。

西贝餐饮

2015年6月，西贝餐饮集团独立子公司内蒙古西贝汇通牧业科技发展有限公司在正蓝旗成立。一期项目投资2000万元，安装奶皮子生产线，配备化验室、冷库等设施。项目建成后，年加工生乳能力2100吨，乳制品252.5吨，其中奶皮子116吨、奶豆腐136.5吨。这些奶制品作为原料供应全国140多家西贝餐饮门店。奶皮子生产线自2015年11月投产后，平均每天生产600多张奶皮子，生产时间由传统工艺的30多个小时，减少到10个小时，保留了传统奶食的味道和营养，提高了生产效率。西贝公司二期项目年生产500吨牛肉干、150吨牛肉副产品、600吨液态乳制品及600吨固态乳制品的传统奶制品、肉制品，占地6000平方米，2016年底项目主体工程基本完工，完成车间装修并进行设备调试。该公司力争把正蓝旗草原优质、绿色的食材带到全国、全世界。

京北文化旅游胜地

以世界遗产元上都为龙头，上都湖原生态旅游区、阿格腾艾里民俗旅游景区、元上都民族特色产业园区、元上天地蒙元旅游区、忽必烈影视基地等一大批旅游景区及众多牧人之家纷纷兴起，这片集沙地、湖泊、古榆、疏林、草地、文物古迹为一体的金莲川草原，正在成为京北文化旅游胜地。

忽必烈影视城

内蒙古呼察文化产业发展有限公司在正蓝旗五一种畜场投资13.5亿元建设忽必烈影视城，用于拍摄大型连续剧《忽必烈》。忽必烈影视城分6个拍摄基地，包括蒙古老营、

落马湖忽必烈影视基地

忽必烈影视城蒙古老营近景

落马湖忽必烈影视城一角

落马湖、金莲川幕府、开平王城等，建造大型成吉思汗雕像、忽必烈汗雕塑及元朝历代帝王、皇后雕塑群，再现元朝帝国的繁荣及元代蒙古族游牧生活的场景，诠释元世祖忽必烈的戎马一生。蒙古老营基地位于五一种畜场后，距上都镇 30 千米，有亚洲最大的金顶毡包；金莲川幕府位于落马湖，距上都镇 63 千米；开平王城位于落马湖，距上都镇 65 千米。影视城的建设，拉动了正蓝旗旅游业的发展。

正蓝旗蒙元文化旅游景区

景区位于元上都遗址东、上都河沿岸，占地 6000 亩，总投资 10 亿元，由内蒙古元上天地文化旅游发展公司于 2013 年开始投资建设，一期于 2017 年运营。建成后，成为一个集蒙元文化展示、文化生态建设、餐饮娱乐、休闲度假、商务接待、

蒙元文化旅游景区

会议及电影、电视剧拍摄于一体的旅游景区。

正蓝旗草原艺术公社

正蓝旗草原艺术公社位于五一种畜场总场，是一个集吃、住、行与培训为一体的特色文化旅游别墅区，拥有24栋三层别墅，有社员110余人，可供460人同时入住。艺术公社毗邻元上都遗址，依托元上都遗址博物馆、忽必烈影视城、乌和尔沁敖包原始森林公园、小扎格斯台淖尔、黑风河景区必经之地的区位优势，大力弘扬中华诗词文化。在艺术公社500多平方米的中

书法创作

正蓝旗草原艺术公社活动室

华散曲文化教育展厅内，展出百余幅书法、绘画、摄影、音像作品，展示宣传了中华散曲文化，提升了正蓝旗的魅力和文化旅游吸引力，艺术公社被评为“中华散曲文化教育基地”。艺术公社与首都师范大学、河南大学、内蒙古师范大学等40余所高校建立起合作关系，这些高校在艺术公社建立了写生创作基地。艺术公社在全国艺术领域打响了名声，走出了一条以吸引艺术院校师生写生创作、弘扬传承诗词散曲文化、开展书画摄影展览、传播草原文化的四季旅游新模式。

幸福的正蓝旗儿女

在正蓝旗这片热土上，生活着勤劳勇敢、智慧善良的各族儿女。治沙劳模米希格，牧人之家带头人孟克、刚宝力道，艺术人才乌日柴呼、图雅、乌英嘎，搏克健将占布拉萨拉沁，奥运健儿赛音吉日嘎拉，奶食带头人胡日查、岱青，牧民的好医生恩克太翁，蒙古诗人仁·斯琴朝克图、巴·乌云达来、达·巴图那顺、蒙古勒扎布，新闻人郭海鹏，自学成才的残疾女作家张慧婷，沙画技艺制作人阿拉腾毕力格，诚实守信模范梁有志，摄影人巴达日拉图、管永新，情系察哈尔民歌的鲍海玉，专注于民族文化传承的大学生创业者苏德布仁，带头创业女青年孙喜侠，文学爱好者陈耀全、张巨林、

精准帮扶与贫困户结对认亲活动

党员开展自愿服务群众活动

柴秀娥等，他们用先进事迹和实际行动，鼓起了昂扬向上、积极进取的正蓝旗新时代精神。

展望未来

正蓝旗将继承优良传统，各族人民携手走向未来！在“十三五”期间，正蓝旗将坚持生态立旗、工业强旗、农牧稳旗、旅游富旗、科教兴旗、商贸活旗“六大战略”，建设京津生态示范基地、绿色有机

一望无际的田野

丰收

食品加工基地、蒙元文化旅游胜地、绿色新能源基地、绿色新型建材基地和物流集散基地“六大基地”，重点打造电力能源、装备制造和新型材料、建材业及以文化旅游业为重点的服务业产值百亿元的“四个百亿工程”，努力在经济总量和增速、财政收入、农牧民收入、文化旅游、生态建设、综合立体交通、民俗民族体育、中国蒙古语标准音示范基地等方面树立“八个标杆示范”，力争实现经济总量、生态环境保护建设、文化旅游、装备制造、农畜产品深加工、城乡居民收入“六个突破”，建设好锡林郭勒盟南部标杆示范旗。

美丽的草原我的家　王建丰／摄

上都诗词

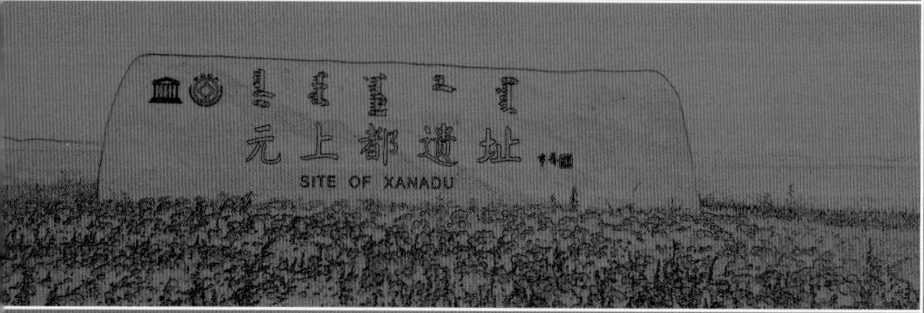

HUASHUONEIMENGGUzhenglanqi

上　都　诗　词

S H A N G D U S H I C I

从古至今，很多文人墨客吟诵元上都、金莲川、李陵台，留下了许多脍炙人口的名篇佳作。2016 年，正蓝旗被中华诗词学会授予“中华诗词之乡”称号。

2013 年，正蓝旗启动“中华诗词之乡”创建活动。2014 年 10 月，被自治区诗词学会确定为“中华诗词之乡”创建示范基地；2015 年，被评为全区诗词教育先进单位；2016 年 12 月 12 日，创建成为“中华诗词之乡”。2017 年，正蓝旗草原艺术公社被命名为“中华散曲文化教育基地”。

早在元朝，这片热土就成为诗词的故乡。元代诗人吟咏上都的诗篇，除具有较高的文学艺术价值外，还颇具史料价值。元上都鼎盛时期，巍峨宏伟的上都城出现在蒙古高原上，许多文人墨客在这里留下了诗文，在元诗中形成了自成一体、独具风格的上都诗。元代文人吟咏上都的诗篇多达 500 余首，题材包括山川、气候、风俗、宴饮、朝会、街市等。根据这些诗文，后人大致可以了解当时上都城的各种景观。

现当代蒙古族文学奠基人纳·赛音朝克图的感人至深的诗文，当代作家的仁·斯琴朝克图、巴·乌云达来等人的作品，也深受群众喜爱。元上都遗址申遗之际，李慧兰等一批区内外诗人创作的描写上都的诗作，影响很大。正蓝旗本土诗人创作的一些以描写家乡美景、抒发对家乡的热爱之情的诗作也常见诸报端。现将部分诗作摘录如下，与读者共勉。

描写两都巡幸和象辇的诗

从至元元年（1264 年）开始到至正十八年（1358 年），元朝实行两都巡幸制，每年夏历二、三月至八、九月，皇帝及随行大臣、官员等有半年时间在上都避暑理政。

皇帝巡幸上都，由扈从军队、随从组成浩浩荡荡的皇帝仪仗，供纳所用的牛羊畜群在大队出发前就已派出。胡助的“翠华慰民望，时暑将北巡。牛羊及骡马，日过千百群。庐岩周宿卫，万骑若屯云。毡房贮窈窕，玉食罗膻荤。珍缨饰驼象，铃韵遥相闻”“坡陀散漫草茸茸，地接乌桓古塞风。仰止神京三十里，楼台缥缈碧云中”“行人驱车上滦河，滦河水浅人易过”，周伯琦的“车驾春秋往还，百官迎送于此”“居庸东北路，草细一川平。夹岸山屏转，穿沙水带萦”，魏初的“皇帝马棰开云南，始得一象来中国”，张昱的“当年大驾幸滦京，象背前驮幄殿行”，杨允孚的“北顾宫廷暑气清，神尧圣禹继升平。今朝建德门前马，千里滦京第一程”“鸳鸯坡上是行宫，又喜临歧象驭通”“纳宝盘营象辇来，画帘毡暖九重开。大臣奏罢行程记，万岁声传龙虎台”“宫车次第起昌平，烛炬千笼列火城。才入居庸三四里，珠帘高揭听啼莺”，这些都是当时皇帝仪仗规模和供应补给的真实写照，也证实了元帝两都巡幸时乘坐的是象辇。

“又是宫车入御天，丽姝歌舞太平年。侍臣称贺天颜喜，寿酒诸王次第传”描绘的是到达御天门时的情景。“内宴重开马潼浇，严程有旨出丹霄。羽林卫士桓桓集，太仆龙车款款调”“南坡暖翠接南屏，云散风轻弄午晴。寄与行人停去马，六龙飞上计归程”，描述的是秋天从上都返回大都时和在南坡店迎送时的情景。

描写元上都城市布局和建筑的诗

元上都由宫城、皇城、外城和关厢组成。宫城开三个门，南门为御天门，东门为东华门，西门为西华门。内部的宫殿有30余处，已考证的主要建筑是大安阁和穆青阁。从胡助的“绿澜青草玉骢，驯鹿游眠殿阁东”，杨允孚的“曲曲栏干兔鹿驯，雨肥绿草度青春”，周伯琦的“数树青榆延阁东，云窗霞户绮玲珑。上林文鹿高于马，时引黄麛碧草中”可以看到，宫城内、殿阁旁、草丛中，时有骏马、驯鹿、驯兔、黄羊出没，体现了宫城的舒适闲逸。

大安阁。金朝灭亡之后，汴京（今河南省开封市）城内宫殿毁坏殆尽，“唯熙春一阁岿然独存”。为此，至元三年（1266年），忽必烈下令将其迁建到上都。从对汴京时熙春阁的记载可知，大安阁“高二百二十尺，广四十六步有奇，从则如之”。全阁“飞翔突起，于万千青霄而矗上”，今观者有“瑰玮特绝”之称和“神营鬼构、洞心骇目”之叹。元代许多诗人都提到这座雄伟瑰丽的建筑，把它视为元上都的象征。如周伯琦的“大安阁，故宋汴熙春阁也，迁建上京”“大安御阁势岧亭，华阙中天壮上京”“曾甍复阁接青冥，金色浮屠七宝楹”，许有壬的“大安阁是广寒宫，尺五青天八面风”，张翥的“大安阁是延春阁，峻宇雕墙古有之。四面珠帘烟树里，驾临长在夏初时”。

穆青阁。周伯琦的“北阙岧嶤号穆青，北山迢遞绕金城。四时物色图丹壁，翠辇时临号太平”，认为宫城北城墙上的阙式建筑是穆青阁。郑彦昭的“宫草葱茸拂槛青，苑中麀鹿自和鸣。云边仙子锵环佩，日暮君王幸穆青”，勾画出一幅上都城行乐图，点出穆青阁是皇帝傍晚纳凉之所，展现了上都城的离宫别苑特色。

宫城的东、南、西三墙正中各设一座城门，周伯琦的“东华西华南御天门，三门相望凤池（指中书省）连”把宫城三门的名称讲得清清楚楚。三门之中，南边的御天门最为重要，它与皇城的南城门明德门在一条线上，是出入的主要通道。御天门前是宽阔的广场，皇帝在上都期间下达的诏旨，都要在御天门发布。元朝诗人有“御天门前闻诏书，驿马如飞到大都，九州四海服训诰，万年天子固皇图”“御天门下百官多”“大乐出端门，金龙日正暾。千官齐跪听，百姓列行屯”等关于御天门下发布诏书时的隆重仪式的描述。

皇城在宫城的外边，正方形，与宫城构成“回”字形。皇城的城墙内部用黏土板筑，外边用石片包砌。皇城四角有高大角楼。皇城南、北各有一个门，东、西各有两个门。皇城内以儒、释、道建筑为主，东南角是孔庙，东北角是喇嘛教的大龙光华严寺，西北角为佛教的乾元寺，西南角有八思巴帝师府、道观和清真寺等。元朝皇帝每年夏季在上都时，全国各教派的宗教领袖也都来上都。元代诗人常把上都的皇城称为石城，如王士熙的“山拥石城月上迟，大安阁前清暑时”，陈旅的“往来饮马滦河秋，滦河斜抱石城流”，都有关于石城的描述。

皇城南门叫明德门，杨允孚的“偶因试马小盘桓，明德门前御道宽”，郑彦昭的“明德城南万骑过，御天门下百官多”“滦水桥边御道西，酒旗闲挂暮檐低”“滦河美酒斗十金，下马饮酒不计钱”“明德门前万骑过”，便是明德门前景象的真实写照。

皇城的东门分别是东门和小东门，王士熙有“惹雪和烟复带霜，小东门外万条长”的诗句。

皇城的西门分别是西门和小西门，有杨允孚的“窈窕仙姝出禁闱，小西门外绿杨隄。王陵公子多豪纵，缓勒骄骢不敢嘶”，胡助的“小西门外草漫漫，白露垂珠午未干。沙漠峥嵘车马道，半空秋影铁幡竿”描写的是小西门外的景色。

外城。从皇城东北角的角楼向北延伸 800 米，西南角的角楼向西延伸 800 米，围拢起来就构成了呈“L”形的外城。自皇城北门瓮城起，有一条东西走向的土墙，直抵外城土墙，把外城分隔为南、北两部分，北部为“北苑”（又称禁苑，为皇家野生动植物园），南部为“西内”。西内的北半部建有能容纳数千人的大型蒙古包失剌斡耳朵（又称金顶大帐或竹宫），南半部建有施拉特在《史集》中记载的宫外的行宫（又称离宫）。

西内。从周伯琦的“西内西城外，周围十里中。草阴迷辇路，山色护离宫。翠殿光凝雾，璇题影曳虹。鸣銮时一幸，草木尽祥风”“皇舆吉日如西内，马湩新羞白玉浆”“大驾留西内，兹辰祀典扬”“淡墨轻黄浅画眉，小绒绦子翠罗衣。君王又幸西宫去，齐向花阴斗草归”“凤楼春暖翠重重，内禁门开晓日红。宝马香车金错节，太平公主幸离宫”，王沂的“离宫金碧郁岧嶤，只隔滦河一水遥。知是上林进果来，铃声隐隐转山腰”，可知西内在皇城的西墙外，周长约十里，离宫的琉璃是绿色的……这些都与今天的考古调查相吻合。

失剌斡耳朵是举办诈马宴的场所。上都诗对此多有描述，提供了确切的印证。如袁桷的“沈沈棕殿云五色”“棕殿沈沈晓日清”“沈沈棕殿内门西，曲宴名王舞马低”“伏日翠裘不知重，珠帽齐肩颤金凤”“北极修门不暂开，两行宫柳护苍苔。有时金锁因何掣，圣驾棕毛殿里回”，贡师泰的“平沙班诈马，别殿燕棕毛”。

关厢。上都城的东、南、西都有关厢，城北没有关厢。吴师道的“阴山分脉自昆仑，朔漠绵延迥北门。遥见马驼知牧地，时逢水草似渔村”，描绘的是城外的景象。“西关轮舆多似雨，东关帐房乱如云”，说明西关是商业区，车辆繁多。东关邻近皇城，前来朝觐的王公贵族在这里搭建蒙古包居住，蒙古包的布局错落有致。北关为军营。宋本的“雨声才断日光出”，吴师道的“滦水萦回草满川，皇都佳气郁满天”，张翥的“滦河东出水萦回，叠坂层冈拥复开”，用生动的语言描绘了一幅滦河的风景画。

今天，当我们置身于佳气葱郁、瑰丽雄奇的世界文化遗产元上都遗址，聆听着对仗工整、华丽精美的上都诗，离宫别苑、百官闻诏、万骑驰骋、轮舆似雨、帐房如云、繁花似锦、鹿鸣鸟唱的曼妙草原都城景象跃然眼前。

滦京八景

张嗣德

滦京，即元上都，又称滦阳、上京、神京。所谓“八景”，是古人对一个地方具有代表性的自然和文化景观的统称，一般以八处最具地方特色的景观组成，并以四字命名。

《滦京八景》为元代至正年间，道教第四十代天师张嗣德所作，分别咏上都的八处景观：凤阁（大安阁）朝阳、陵台（李陵台）晚眺、松林夜雨、乌桓夕照、滦江晓月、天山秋狝、龙冈晴雪、敕勒西风。

张嗣德（？—1350年），汉代道教张道陵后人，张与材次子，为第四十代天师。生性宽厚仁爱，善于诗文书画。至正四年（1344年）袭位，至正十三年（1353年）授太乙明教大真人，主领三山符箓，掌江南道教事，后微疾而化。

凤阁朝阳

开圃行都重朔城，大安高阁焕鸿名。
中天旭霁昭黄道，万象春熙拱帝京。
瑞露气浮仙掌动，文星光挹泰阶平。
朝元羽佩辉蝉冕，长振琳琅侍玉清。

陵台晚眺

李陵行处莽平原，只见荒台思怆然。
野日断鸿空送晚，塞云归鹤不知年。
千重牙帐开周后，万里长城启汉前。
雅调蚤传来魏阙，赓歌尚拟颂尧天。

松林夜雨

百万苍虬几雪霜，夜深和雨激沧浪。
秦金赐爵总东岱，汉玉搜才负柏梁。
剑戟森严坚岁暮，佩环锵奏际时良。
千年琥珀应流地，服饵身轻久帝乡。

乌桓夕照

乌桓列部挺提封，落照千山返映红。
远树参差连塞北，断霞明灭际辽东。
牛羊下夕群屯雾，鹰隼横秋势掠风。
亦有隐沦怀济世，何时归猎载非熊。

滦江晓月

滦江晓月漾玻璃，皓景沈沈碧海西。
监牧平沙时洗马，趋朝青琐政闻鸡。
钟声破雾腾珠刹，桥影垂虹枕玉溪。
夙德词臣劳扈从，恩承紫诰又春泥。

天山秋狝

驾幸天山校猎场，夜严精骑裹糇粮。
鹰鞲脱臂高横塞，雉箭穿云急解囊。
岂但荐毛供俎豆，要知阅武固金汤。
敛围赐宴千军醉，驼背累毛总兔羊。

龙冈晴雪

阴山积雪亘春秋，霁景玲珑灿十州。
玉展画屏当黼扆，翠凝香雾绕龙楼。
吟怀暖动鼠须笔，酒力寒轻狐白裘。
清暑年年动游幸，冰壶六月坐垂旒。

敕勒西风

敕勒连营意气豪，西风沙漠静惊涛。
皂雕背影翻金镝，赤骥腾空顿紫绦。
入夜胡歌谐筚篥，蚤时新酒压葡萄。
旃庐处处人长乐，万里云屯雪自高。

上都十五首

楚石

楚石(1293—1370年),名梵琦,元末明初高僧,浙江海盐县天宁永祚禅寺祖师。《楚石北游诗》是一部描写楚石28岁和29岁时北游大都和上都及途中所见所闻的诗集,有诗篇315首。其中有43首是描写上都的诗。《楚石北游诗》是一部可以补史的采录元上都等地风土人情的诗化游记,楚石于1323年春夏之交从杭州出发,《楚石北游诗》的开卷第一篇即是《晓过西湖》,然后沿京杭大运河北上。楚石在6月到达大都。8月4日,英宗在开平驾崩,楚石有《八月四日宫车晏驾》诗二首,内有"驻辇开平实帝畿,秋来日月损光辉"和"此时俄闻帝上升,编年忍见史书崩"诗句,这些诗句都与英宗驾崩有关。楚石游上都的时间,比马可·波罗晚30余年,《楚石北游诗》可算作《马可·波罗游记》的姊妹篇。如今《马可·波罗游记》广为发行,为世界所熟知,产生了巨大影响,而《楚石北游诗》数百年来长期束之高阁,实是一件十分遗憾的事。正如《楚石北游诗解题》指出:"故而其书略近当时欧洲旅人马可·波罗之游记,惟较之典雅委婉,见识远大耳。"

每年夏季,元朝皇室从大都至上都避暑,大队人马出京,其中也有僧人。上都城繁华的景象令人神往,年轻的楚石为之心动,对上都充满向往,于是,他骑马北上,从大都启程赴上都云游。当时,从大都到上都有三条道路,楚石走的是"驿路"。他从居庸关出长城,经琴峡、龙门、枪杆岭、独石站、李陵台一路走来,风尘仆仆。一路上,口外塞北的风光深深打动了楚石,使这位饱学的僧人文思泉涌,诗兴勃发。所写诗句,展现了塞外天高云淡、歌舞升平的美好景象。楚石到达上都,深感此地与江南风景迥异,这里各色人等聚集,他亲身体验到四夷之人物、远邦之殊异,真是处处惊愕,事事怪讶。他心潮澎湃,感之于心,书之以诗,写下了《上都十五首》《开平书事十二首》《漠北怀古十六首》等43首内容翔实、语言清新的脍炙人口的描写上都的诗篇,表达了外来游客对元上都的真实感受,"今上年年上上都,上都风景古来无",道尽了上都的繁华。现摘录《上都十五首》,供读者鉴赏。

（一）

听歌新乐府，行在小长安。
玉殿当头起，琼枝傍眼看。
山从开辟有，地着画图难。
万室恩光里，千钟酒量宽。

（二）

突厥逢唐盛，完颜与宋隣。
君王饶战略，公主再和亲。
异域车书会，中天雨露均。
朝星真一统，御历正三辰。

（三）

王畿千里近，御苑四时春。
苜蓿能肥马，葡萄不醉人。
蓑衣明日月，关塞绝风尘。
古有官名谏，今无事可陈。

（四）

缥缈旌幢下，玲珑殿阁开。
雨师驱暑去，风伯送凉来。
白苎佳人曲，黄金俊士台。
宫中多胜赏，海内足奇才。

（五）

百尺凌风观，三休却月台。
银河天上落，玉帐夜深开。
内地荷花绽，南方荔子来。
闲烧冰片脑，更进水晶杯。

（六）

帝前称万岁，宫里乐千春。
日色明珠网，霞光散锦裀。
自天传笑语，倾府赐金银。
不是东方朔，难酬郭舍人。

（七）

今伐称文士，谁能赋两都。
内柈行玛瑙，中宴给醍醐。
夜雪关河断，春风草木苏。
不才惭彩笔，何得近看蒲。

（八）

双阙上云霄，层城近斗杓。
夜开金店锁，晨赴紫宸朝。
月屋闲浮蚁，霜空好射雕。
有官兼宰相，谁復似嫖姚。

（九）

霜威方肃杀，日色正苍凉。
献果金柈赤，连珠紫幄黄。
坐依重构晚，乐引一声长。
更出鱼龙戏，留欢夜未央。

（十）

塞外疑无地，人间别有天。
宫墙依树直，御塌爱花偏。
正想炉薰满，遥知漏点传。
轮胎方奉诏，版筑更求贤。

（十一）

避暑宜来此，逢冬不可住。
地高天一握，河杂水长流。
赤日不知夏，清霜长似秋。
向来冰雪窟，今作帝王州。

（十二）

夜斗低垂地，秋河近着城。
有天开月晕，无扇减风声。
角奏梅花早，杯传竹叶清。
尚衣锦欲折，高殿雪初晴。

（十三）

万国初无外，诸羌更在西。
阁门朝见雪，亭障开晚鞞。
天子黄龙府，将军白马氏。
锦袍凉似水，银瓮醉如泥。

（十四）

玉帛朝诸国，公侯宴上京。
泼寒奇枝奏，兜勒古歌呈。
地设山河险，天开日月明。
愿将千万岁，时祝两三声。

（十五）

积雪经春在，轻霜入夏飞。
凌晨握鞭出，薄暮打毬归。
冠带如今盛，山川似此希。
清朝多猎户，圣主只戎衣。

陟玩春山纪兴

忽必烈

时膺韶景陟兰峰，不惮跻攀谒粹容。
花色映霞祥彩混，垆烟拂雾瑞光重。
雨沾琼干岩边竹，风袭琴声岭际松。
净刹玉毫瞻礼罢，回程仙驾驭苍龙。

上京即事五首

萨都剌

大野连山沙作堆，白沙平处见楼台。
行人禁地避芳草，尽向曲阑斜路来。

祭天马酒洒平野，沙际风来草亦香。
白马如云向西北，紫驼银瓮赐诸王。

牛羊散漫落日下，野草生香乳酪甜。
卷地朔风沙似雪，家家行帐下毡帘。

紫塞风高弓力强，王孙走马猎沙场。
呼鹰腰箭归来晚，马上倒悬双白狼。

五更寒袭紫毛衫，睡起东窗酒尚酣。
门外日高晴不得，满城湿雾似江南。

忽必烈汗

【英】柯勒律治

忽必烈汗在上都曾经
下令造一座堂皇的安乐殿堂：
这地方有圣河亚佛流奔，
穿过深不可测的洞门，
直流入不见阳光的海洋。
有方圆五英里肥沃的土壤，
四周给围上楼塔和城墙：
那里有花园，蜿蜒的溪河在其间闪耀，
园里树枝上鲜花盛开，一片芬芳；
这里有森林，跟山峦同样古老，
围住了洒满阳光的一块块青草草场。

但是，啊！那深沉而奇异的巨壑
沿青山斜裂，横过伞盖的柏树！
野蛮的地方，既神圣而又着了魔——
好像有女人在衰落的月色里出没，
为她的魔鬼情郎而凄声号哭！
巨壑下，不绝的喧嚣在沸腾汹涌，
似乎这土地正喘息在快速而猛烈的悸动中，
从这巨壑里，不断迸出股猛烈的地泉；
在它那时断时续的涌迸之间，
巨大的石块飞跃着像反跳的冰雹，
或者像打稻人连枷下一撮撮新稻；
从这些舞蹈的岩石中，时时刻刻
迸发出那条神圣的溪河。
迷乱地移动着，蜿蜒了五英里地方，
那神圣的溪河流过了峡谷和森林，
于是到达了深不可测的洞门，

在喧嚣中沉入了没有生命的海洋；
从那喧嚣中忽必烈远远听到
祖先的喊声预言着战争的凶兆！

安乐的宫殿有倒影，
宛在水波的中央漂动；
这儿能听见和谐的音韵，
来自那地泉和岩洞。
这是个奇迹呀，算得是稀有的技巧，
阳光灿烂的安乐宫，连同那雪窟冰窖！

有一回我在幻象中见到
一个手拿德西马琴的姑娘：
那是个阿比西尼亚少女，
在她的琴上她奏出乐曲，
歌唱着阿伯若山。
如果我心中能再度产生
她的音乐和歌唱，
我将被引入如此深切的欢欣，
以至于我要用音乐高朗而又长久
在空中建造那安乐宫廷，
那阳光照临的宫廷，那雪窟冰窖！
谁都能见到这宫殿，只要听见了乐音。
他们全都会喊叫：当心！当心！
他飘动的头发，他闪光的眼睛！
织一个圆圈，把他三道围住，
闭下你两眼，带着神圣的恐惧，
因为他一直吃着蜜样甘露，
一直饮着天堂的琼浆仙乳。

（屠岸　译）

窗口

纳·赛音朝克图

啊！窗口，给我送进来——
那驱散心中烦闷的黎明的光辉，
点燃伟大理想的灿烂的阳光，
和唤醒清新知觉的爽朗的空气，
啊，窗口，让它们送到我的房间里来！

啊！窗口，给我飘送进来——
在温暖的阳光下生长的青草的气味，
在幽静的月光下盛开的花朵的清香，
和那清凉的露水洗拭过的清晨里流动的空气，
啊，窗口，让它们涌到我的房间里来！

啊！窗口，你给我阻挡住——
令人战栗的黑夜的刺骨严寒，
使人眩晕的灰尘弥漫的狂啸的暴风雪，
叫人心绪凝固的夜晚的黑暗，
啊，窗口，把它阻挡在我的窗外！

啊！窗口，你给我传送进来——
快乐的小鸟啼叫的悦耳声音，
可爱的昆虫合奏的唧唧小曲，
和那笑容满面的美丽的少女们的动人歌声，
啊，窗口，让它们传到我的房间里来！

（霍尔查、漠南 译）

成吉思汗的马鞍

仁·斯琴朝克图

总有一种预感
使我走向那拴马桩
秋风，仍无边无际地吹过
蓦然听到雁阵的鸣叫声

充满阳光的戈壁
草木悄悄燃烧
白发苍苍的母亲
还在熬着茶
期望儿子回来

传说中的英雄们
一肩扛起天边
走了很远很远的地方
只有成吉思汗
身披着曙光
策马而归

我梦见
海青鸟在号哭
贺兰山上
见狼烟又起

人们都追问
成吉思汗的去向
我问苍鹰
我的可汗在哪里
可汗没去哪里

依然在他的家园
我闻到了……
他那褪色的袍子的太阳……

成吉思汗并没有走远
汗水未干的马鞍
仍在
鄂尔多斯高原
刚放下马鞍的人
不会走很远很远的……

上都魂
——写在元上都遗址申报世界遗产成功之际

李慧兰

七百年的心事
今日了却
欢呼之后
总想再说点什么

背着故去的帝都
我走了七百年
我是你的后人
无羞无愧的后人
今天我在家谱最显赫的位置
写上你的名字

怀揣着帝都灵魂
我呐喊了七百年
今天我可以骄傲
我在世界文化遗产的祭坛上

摆放了你的牌位
元上都
请原谅啊我的先人
七百年后才又把你隆重安葬

说你是一座都城
更想说你是一个英雄
一个马蹄拓疆血沃欧亚的英雄
说你是一部历史
更想说你是一段心事
一段隐藏在历史背后的心事
说你是一处遗址
更想说你是一个灵魂
一个不可一世的灵魂

坐落在草原腹地的辉煌帝都
在风云深处走来
六位大汗埋下的种子
破尘而出
沉寂了七百年
今天将孤独与灵魂袒露给世人
流浪了七百年
今天回来了
回到世界文明史的行列

一抔黄土
一段残垣
一尊石人
一川金莲
都是我绕不过去的心结
都是压在我胸口的疼痛

承载了历史太多的沉重

承载了后人太多的使命
那一张牛皮地图
成为我的精神疆域
任意辽阔
又任意失落
我的心啊
在历史与传说之间奔波
在自豪与惭愧之间撕扯

渐渐被野草吞噬的金莲花
在岁月里怒放
怒放的金莲
还在顽强地讲述着百年辉煌
你先天的称霸后天的孤寂
以及散落在花间的传奇
被我一一拾起

反复描摹你的轮廓
我看见《马可·波罗游记》里的上都
我看见宫城、皇城、外城驿道贯通
我听见一百六十多座寺庙的暮鼓晨钟
我听见波斯突厥商人来来往往的脚步
你留下了太多的痕迹
是怕我变成一个走失的孩子么
是怕我找不到寻根的路么

所有的窑彩石印
所有的墓志碑文
所有的青砖古榆

那玻璃柜中锈迹斑斑的兽足火盆
还有迎风而立的苏鲁锭
都是缠绕在历史底座的真实
都是你深埋于时间深处的线索
都是你万劫不灭的灵魂

描写正蓝旗的其他诗篇

七律·金莲川

青格里

绿野金莲百里川，骄阳热土玉生烟。
龙冈北卧说青史，滦水东流话大元。
曲径幽通存故址，百灵亦唱质孙筵。
寻踪方外何求远，丛草萋萋隐圣泉。

七律·元上都慢咏

郭建茂

一代天骄今古传，龙冈风雨忆当年。
运筹毡帐开新史，策马草原除旧天。
粟转东西控欧亚，瓷赍南北锁烽烟。
回眸霸业千秋事，夕照乌桓落日圆。

你说想来正蓝旗

张慧婷

你说想来正蓝旗
在杨树飘絮的春季
深蓝的天空是秋千
荡起白云层叠的欢喜

我坐在忽必烈广场的石阶上
为你漾出整整一个笑窝的诗意

你说想来正蓝旗
在和风拂面的夏季
滨河公园雕梁画栋
四面宾朋垂纶嬉戏
我光着脚丫将水花溅起
为你呈现蒙元文化的印记

你说想来正蓝旗
在金风送爽的秋季
闪电河水潺潺清澈
金莲川草原萋萋碧绿
我是金莲花中的一朵
为你低吟元上都七百年深沉的韵律

你说想来正蓝旗
在银装素裹的冬季
漫步在敖包希热公园的回廊
醉品琉璃火树般的沙棘
我是草原歌者百灵的化身
为你高歌正蓝旗荡气回肠的美丽

爱在草原

柴秀娥

清晨一轮红日在东方冉冉升起来
草原上弥漫着一层淡淡的雾霭
远处的山峦起伏延绵
近处的花香随着微风弥漫

醉人的乳香在空气里飘散
站在这故乡的草原
耳畔仿佛又听见妈妈的呼唤
激荡的情感
似乎又回到了从前
早出的羊群咩咩的叫声忽近忽远
几匹骏马奔向河边
清澈的河水在草原深处蜿蜒
这里有最蔚蓝的天
这里有最亲切的脸
远处有绿草连着天
近处有幽幽的花香你可闻见
这里有白云飘飘的自然
还有我梦里长长的思念
微风轻轻掠过草原
这是我梦里的金莲川
站在这山巅
望着雄鹰翱翔的高天
听牧歌唱回古远
仿佛看见英雄的成吉思汗
跨上那雕花的马鞍
弯上虎筋的弓箭
去体验那金戈铁马的历史瞬间

我用诗意的语言
问问你可知道这蔚蓝的高原
我用画的语言
来给你形容这绿色的家园

时间之上的故乡——五一牧场

牛爱耕

这是一个美丽的牧场
有着享誉世界的元上都遗址
一身胡服裹着七百年的英明
有着伟岸的大敖包
那是场子里的至尊
有着蜿蜒曲折的闪电河
那是舞在金莲川上的彩带
从故事里打捞出的往事
沉淀出岁月的迷香
当枪炮声停止了四年
脱掉戎装的一批军人
奉命到这里拓荒
丹心似火
在这里燃烧着青春
荒田变成绿洲
牧鞭逐梦草原
你来
让我告诉你
农场链轨车拖着五铧犁
在肥沃的黑土地里耕耘着
在康拜因轰鸣的声音里
收获着希望
一分场的细毛羊
四分场的草原红牛
八分场的锡林骏马
是那些畜牧师智慧的结晶
更是牧场的骄傲

这是一个美丽的牧场
你来
让我告诉你
场边的“五一情”欢迎你
那是五一牧场的孩子
那是孩子们一片赤诚的心
你来
你会喜欢这里的岁月和风情
电影院
一个让灵魂和思想栖息的场所
那经典的老电影
董存瑞、佐罗、小兵张嘎……
像种子一样耕植于我们的心间
励志着我们一代一代
那些年的“春晚”
纪念着我们青涩的懵懂
钢特木尔老师的手风琴
拉响了《啊，朋友再见》
那跳跃的音符
回荡着影院的上空
《草原上升起不落的太阳》
那是冯公永富的独唱
向蓝天诉说着他的眷恋
那《五哥放羊》和《走西口》
传承着内蒙古的二人台……

这是一个美丽的牧场
你来
让我告诉你
明德拉庙
一缕炊烟挑逗着屋顶上的狗尾巴草

缥缈着宗教的皈依
工副业队
老醋和烧酒弥漫着清香
那可是纯粮酿造的
站在猪场山上
辐射着小农队
北场院旁生长着娇艳的牵牛花
那是丰收的场景
林水队叽喳的麻雀鸟语花香
砖瓦窑的小河游弋着鸭鹅
大车队的狗吠唤醒旧梦
那个飘着瑞雪的窑房
藏着我们的初恋
一棵树的喜鹊登着烂漫
绰号叫外打三的颠马
扬鬃向着远方
落马湖畔
有着天水相融雁不惊的画面

这是一个美丽的牧场
你来
让我告诉你
当跨过闪电河的石头桥时
是我们走向远方的驿站
谋生、生存
无论天涯海角
总走不出父母亲的目光
那目光绵绵长长……
总走不出那浓浓的乡愁
那乡愁似聆听古道西风的歌唱
如今我已华发

我独行在场部的大街
看修配厂东边冉冉升起的日出
看北山坡夕阳下苍鹰的盘旋
我醉了
醉在蓝天白云下
醉在绿草如茵的毛公山下
感叹诗酒人生
感叹我已年过黄金时代

此去经年
故乡风光已换新颜
让我们怀抱故乡
怀抱如八九点钟太阳的故乡
怀抱时间之上的故乡—— 五一牧场

后　记

我从2004年开始从事宣传工作近12年，于2015年底调到正蓝旗委改革办公室。2016年初，旗委常委、宣传部部长柒拾捌，旗政协副主席乌云达来两位领导找到我说，2017年适逢内蒙古自治区成立70周年，上级要求每个旗县出一本反映本地的宣传册子，基于我积累了一些宣传资料，认为我可以胜任这项工作。我愉快地接受了任务。

从2016年到2017年，在旗委宣传部副部长刘长永同志的协调下，我历经一年编成初稿。期间，内蒙古人民出版社南丁、王瑶两位老师前来正蓝旗给予指导，锡林郭勒盟党史地方志编纂委员会办公室副主任李建文同志到正蓝旗给予点拨，民俗专家沙·东希格老师提出宝贵意见，旗人力资源和社会保障局管永新同志热心提供图片，旗委宣传部组织召开座谈会，征求了旗各部门、有关苏木镇场同志们的意见。

在本书编写期间，旗委书记霍锦炳，旗委副书记、旗长宝音图给予关心支持，旗委副书记领柱，旗委常委、常务副旗长巴达日拉图，旗人大常委会副主任那日苏等领导给予了指导，民俗专家沙·东希格还为本书作了序，书中还吸收借鉴了田学臣等老领导和郭海鹏、杨常明、陈耀全、仁·斯琴朝克图、张巨林等同志的部分作品内容，莫日格吉呼帮助翻译了部分作品，苏雅拉、张建民、王宏涛、巴伊苏拉、特古斯、其那日图、宋雷等同志给予帮助，在此一并表示谢意。

本书在编写过程中，参考了《元上都研究丛书》《元上都研究文集》《蒙古及蒙古人》《口北三厅志》《正蓝旗志》《察哈尔史》《元上都论》《马可·波罗游记》等书籍。尽管本书的创作倾注了大量心血，但由于本人学识有限，缺点和不足之处在所难免，恳请读者斧正。

高家鑫

2017年5月10日